## 权威·前沿·原创

皮书系列为
"十二五""十三五""十四五"时期国家重点出版物出版专项规划项目

BLUE BOOK

智库成果出版与传播平台

北京市哲学社会科学研究基地智库报告系列丛书

北京产业蓝皮书
BLUE BOOK OF BEIJING INDUSTRY

# 北京产业发展报告（2022）
ANNUAL REPORT ON DEVELOPMENT OF BEIJING INDUSTRY (2022)

李孟刚　贾晓俊 等 / 著

社会科学文献出版社
SOCIAL SCIENCES ACADEMIC PRESS (CHINA)

图书在版编目（CIP）数据

北京产业发展报告.2022 / 李孟刚等著. --北京：社会科学文献出版社，2022.11
（北京产业蓝皮书）
ISBN 978-7-5228-0869-7

Ⅰ.①北… Ⅱ.①李… Ⅲ.①产业发展-研究报告-北京-2022 Ⅳ.①F269.271

中国版本图书馆 CIP 数据核字（2022）第 185999 号

北京产业蓝皮书
**北京产业发展报告（2022）**

著　　者 / 李孟刚　贾晓俊　等

出 版 人 / 王利民
组稿编辑 / 周　丽
责任编辑 / 郭　峰
文稿编辑 / 吴尚昀
责任印制 / 王京美

出　　版 / 社会科学文献出版社·城市和绿色发展分社（010）59367143
　　　　　 地址：北京市北三环中路甲 29 号院华龙大厦　邮编：100029
　　　　　 网址：www.ssap.com.cn
发　　行 / 社会科学文献出版社（010）59367028
印　　装 / 天津千鹤文化传播有限公司

规　　格 / 开　本：787mm×1092mm　1/16
　　　　　 印　张：18.25　字　数：271 千字
版　　次 / 2022 年 11 月第 1 版　2022 年 11 月第 1 次印刷
书　　号 / ISBN 978-7-5228-0869-7
定　　价 / 128.00 元

读者服务电话：4008918866

▲ 版权所有 翻印必究

# 北京产业蓝皮书课题组

组　　　长　李孟刚
副 组 长　贾晓俊
课题组成员　（按姓氏笔画排序）
　　　　　　王猛猛　许亚东　芮光伟　李孟刚　李竞成
　　　　　　吴荣正　宋　光　张欣月　陈杨龙　陈昊洁
　　　　　　赵月皎　贾晓俊　高林安　蒋雨涃　路　阳
　　　　　　路　明

# 主要编撰者简介

**李孟刚** 经济学博士、北京交通大学教授、博士生导师。现任北京交通大学国家经济安全研究院院长、国家经济安全预警工程北京实验室主任、北京产业安全与发展研究基地首席专家、中国人力资源开发研究会副会长、光华工程科技奖励基金会副理事长。主要研究方向为产业安全、经济安全。主持各类项目共计66项，其中国家社科基金重大项目1项、国家社科基金重点项目1项、省部级项目15项、横向及其他项目49项。在《光明日报》等国内外期刊及报纸发表学术论文180余篇；出版教材及专著45部；组织编写20余部产业安全蓝皮书报告；共获得7次省部级奖项，其中教育部高等学校科学研究优秀成果奖（人文社会科学）二等奖2次，北京市哲学社会科学优秀成果奖一等奖1次，二等奖4次。

**贾晓俊** 北京交通大学副教授，现任北京交通大学国家经济安全研究院副院长，北京产业安全与发展研究基地副主任。主持各类项目7项，其中国家级项目1项，省部级项目2项。在《经济研究》《财贸经济》《经济学动态》《财政研究》《税务研究》《人民日报》等报刊发表论文30余篇、出版2部专著。2项研究成果分别获省部级社会科学研究优秀成果二等奖和社会科学优秀成果三等奖。

# 摘　要

2021年，面对新冠肺炎疫情和复杂的外部环境，北京经济社会发展承受了双重考验，经济持续恢复，重点产业优势进一步突出，全年经济社会发展主要目标顺利实现。2021年，北京实现地区生产总值4.03万亿元，按可比价格计算，比上年增长8.50%，取得了难能可贵的成绩，其中高技术制造业和战略性新兴产业增加值全年分别增长9.5%和9.2%，智能手机、工业机器人、集成电路等高技术产品产量分别增长18.9%、13.4%和9.7%。

2021年是"十四五"开局之年，也是全面建设社会主义现代化国家新征程的起步之年。北京市政府为实施京津冀协同发展战略、落实首都城市战略定位、加强"四个中心"功能建设、提高"四个服务"水平，在2021年先后发布了《北京市"十四五"时期高精尖产业发展规划》《北京市"十四五"时期优化营商环境规划》等规划方案。这些方案为北京产业发展、产业升级制定了更为具体的发展目标、主要任务和实施保障。

本报告紧跟北京"十四五"时期各产业规划的前瞻视角，立足梳理北京产业发展全貌，分析北京产业调整动态，为充分发挥北京既有产业优势、补足产业短板提供研究支持。本报告通过全景式回顾2021年北京产业结构变化、北京上市企业经营情况，探寻北京市及各区的产业发展动能，并采用指数分析法对北京"高精尖"产业创新发展、服务业扩大开放、国际科技创新中心发展进行研究，评估探究北京在上述领域的发展阶段、突出优势、相对弱点等。同时本报告还以专题形式对北京多个产业进行案例或实证分析，为北京数字经济产业、半导体产业、文化产业、房地产产业发展提供了

针对性建议，并研究了北京市场主体活力、区域金融安全等影响全局目标实现的重大问题。

**关键词：**"高精尖"产业创新发展　服务业扩大开放　国际科技创新中心

# 目 录

## Ⅰ 总报告

**B.1** 2021~2022年北京产业发展状况分析及2023年展望
　　　　　　　　　　　　　　　　　　　　李孟刚　陈杨龙 / 001
　　一　北京三大产业发展状况分析 …………………………… / 002
　　二　北京产业融资概况（2021年1月至2022年4月）
　　　　………………………………………………………… / 009
　　三　2023年北京产业发展展望 ……………………………… / 015

## Ⅱ 指数评价篇

**B.2** 北京市"高精尖"产业创新发展指数设计与评价
　　　　　　　　　　　　　　　贾晓俊　李竞成　路　明 / 027
**B.3** 北京市服务业扩大开放水平指数研究
　　　　　　　　　　　　　　　李孟刚　李竞成　蒋雨滆 / 042
**B.4** 北京国际科技创新中心发展指数及评价
　　　　　　　　　　　　　　　贾晓俊　赵月皎　李竞成 / 061
**B.5** 北京市市场主体活力指数研究 ………… 陈昊洁　王猛猛 / 084

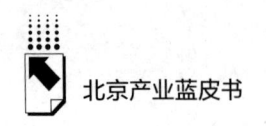

## Ⅲ 产业篇

B.6　北京市数字经济产业发展研究……………………李孟刚　芮光伟 / 105
B.7　北京半导体产业发展研究……………………………赵月皎　吴荣正 / 133
B.8　北京新能源汽车产业发展趋势研究
　　　………………………………………………宋　光　高林安　路　阳 / 163
B.9　北京房地产业发展及政策建议………………………………宋　光 / 178

## Ⅳ 专题篇

B.10　北京数字文化产业高质量发展研究
　　　………………………………………赵月皎　许亚东　蒋雨湉 / 193
B.11　北京区域性金融安全发展及预警研究
　　　………………………………………陈杨龙　路　明　张欣月 / 209
B.12　北京产融结合发展研究……………李孟刚　高林安　张欣月 / 238

Abstract ……………………………………………………………… / 261
Contents ……………………………………………………………… / 263

# 总报告

General Report

**B.1**

## 2021~2022年北京产业发展状况分析及2023年展望

李孟刚 陈杨龙*

**摘 要：** 2021年新冠肺炎疫情防控常态化，全国经济回暖。本报告首先对2021年北京三大产业发展状况进行分析，发现北京市第二产业同比增速远高于第三产业；其次分别从GDP增速、上市公司2021年财务报告的宏微观视角分析北京各区的经济发展情况、各行业上市公司的经营状况；再次对北京产业融资状况进行分析，北京证券交易所的设立为中小企业创新发展提供了强有力支撑；最后展望2023年，北京将迈进全球数字经济发展的"六个高地"，迎接新能源汽车行业的发展机遇，同时随着国际科技创新中心的不断建设，北京人才、创新、金融也将更加密切地融合，推动北京产业发展走在国际前列。

---

\* 李孟刚，北京交通大学经济管理学院教授，博士生导师，研究方向为国家经济安全、产业安全；陈杨龙，北京交通大学经济管理学院博士后，研究方向为金融安全。

**关键词：** 产业结构　产业融资　北京证券交易所

# 一　北京三大产业发展状况分析

## （一）北京三大产业发展趋势

根据北京市统计局数据，2021年北京市实现GDP 4.03万亿元，同比增速为8.50%；其中第一产业增加值111.30亿元，占比为0.28%，同比增速为2.70%，第二产业增加值7268.60亿元，占比为18.05%，同比增速为23.20%，第三产业增加值32889.60亿元，占比为81.67%，同比增速为5.70%（见图1）。2021年新冠肺炎疫情防控常态化，缓解了2020年新冠肺炎疫情对全国各行各业造成的影响，经济逐步回暖。从北京市各产业发展情况来看，2021年北京市第二产业增加值同比增速远快于第三产业，北京市第二产业增加值占比较2020年增加2.22个百分点；由于第三产业基数较大，2021年北京市第三产业增加值占比较2020年下降2.20个百分点；第一产业增加值占比较上年下降0.02个百分点。北京市"三、二、一"的产

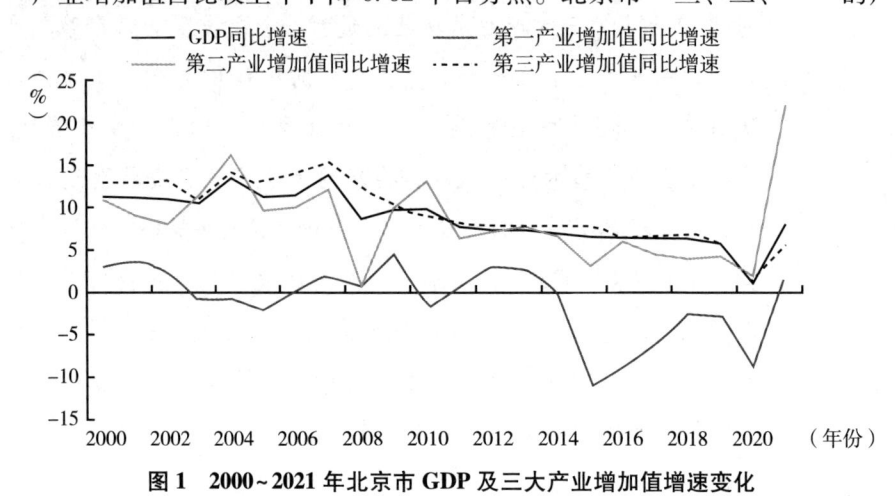

**图1　2000~2021年北京市GDP及三大产业增加值增速变化**

资料来源：Wind数据库。

业格局并未发生改变。

在第二产业增加值构成中，工业产业增加值为5692.50亿元，同比增速为31.00%；建筑业增加值为1619.70亿元，同比增速为0.80%，两者占北京市GDP比重分别为14.14%和4.02%，工业产业增加值占比上升2.46个百分点，建筑业增加值占比下降0.24个百分点。整体来说，北京市2021年第二产业增加值较2020年有了快速提升，其中工业产业增加值增速最为明显。2021年新冠肺炎疫情防控常态化，复工复产成效显著，从而促进第二产业增加值迅速增长。

在第三产业增加值构成中，仍以金融业，信息传输、计算机服务和软件业为第一梯队，批发和零售业、房地产业、租赁和商务服务业为第二梯队，其他第三产业为第三梯队（见图2）。

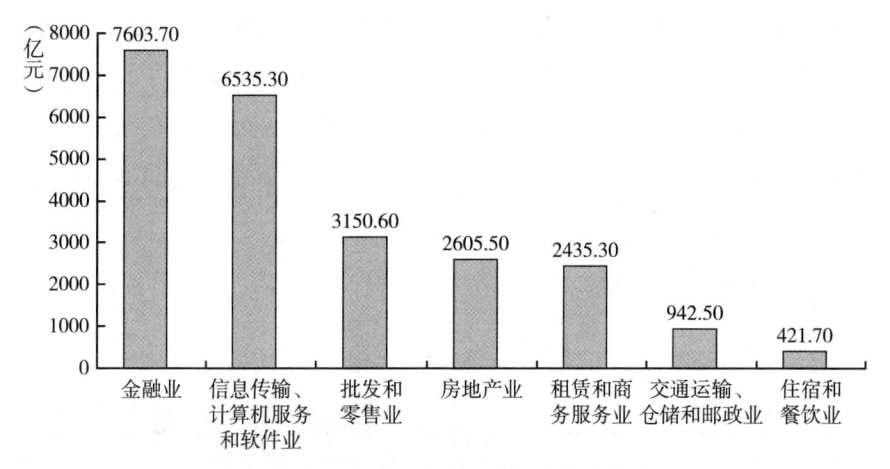

**图2　2021年北京市第三产业增加值构成**

资料来源：Wind数据库。

2021年北京市金融业增加值为7603.70亿元，占全市GDP比重为18.88%，较2020年下降1.03个百分点；2021年金融业增加值同比增速为4.50%，较2020年下降0.90个百分点。

2021年北京市信息传输、计算机服务和软件业增加值为6535.30亿元，占全市GDP比重为16.23%，较2020年增加0.88个百分点；2021年信息传输、计算

机服务和软件业增加值同比增速为11.00%，较2020年下降3.40个百分点。

2021年北京市批发和零售业增加值为3150.60亿元，占全市GDP比重为7.82%，较2020年上升0.18个百分点；2021年批发和零售业增加值同比增速为8.40%，较2020年上升10.80个百分点。

2021年北京市房地产业增加值为2605.50亿元，占全市GDP比重为6.47%，较2020年下降0.85个百分点；2021年房地产业增加值同比增速为4.60%，较2020年上升4.50个百分点。

2021年北京市租赁和商务服务业增加值为2435.30亿元，占全市GDP比重为6.05%，较2020年减少0.04个百分点；2021年租赁和商务服务业增加值同比增速为3.40%，较2020年上升17.90个百分点。

从北京市第三产业各行业增加值增速看，可以分为两档：第一档为高增速，包括住宿和餐饮业（同比增速13.70%）、信息传输、计算机服务和软件业（同比增速11.00%）、批发和零售业（同比增速8.40%）；第二档为中等增速，包括交通运输、仓储和邮政业（同比增速5.90%）、房地产业（同比增速4.60%）、金融业（同比增速4.50%）、租赁和商务服务业（同比增速3.40%）（见图3、表1）。

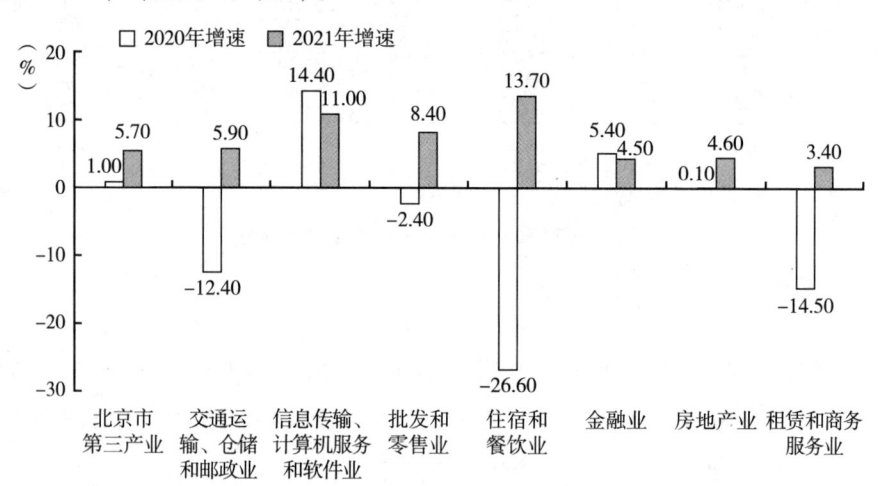

图3 2020~2021年北京市第三产业各行业增加值增速对比

资料来源：Wind数据库。

表1　2005~2021年北京市第三产业各行业增加值增速及占比

| | 第三产业 | 交通运输、仓储和邮政业 | 信息传输、计算机服务和软件业 | 批发和零售业 | 住宿和餐饮业 | 金融业 | 房地产业 | 租赁和商务服务业 |
|---|---|---|---|---|---|---|---|---|
| 2005~2021年增长倍数 | 5.78 | 1.34 | 10.20 | 3.47 | 1.31 | 8.05 | 4.28 | 6.02 |
| 2021年增加值（亿元） | 32889.60 | 942.50 | 6535.30 | 3150.60 | 421.70 | 7603.70 | 2605.50 | 2435.30 |
| 2020年占比(%) | | 2.32 | 15.35 | 7.64 | 1.08 | 19.91 | 7.32 | 6.09 |
| 2021年占比(%) | | 2.34 | 16.23 | 7.82 | 1.05 | 18.88 | 6.47 | 6.05 |
| 2021年占比变化（个百分点） | | 0.02 | 0.88 | 0.18 | -0.04 | -1.03 | -0.85 | -0.04 |
| 2020年增速(%) | 1.00 | -12.40 | 14.40 | -2.40 | -26.60 | 5.40 | 0.10 | -14.50 |
| 2021年增速(%) | 5.70 | 5.90 | 11.00 | 8.40 | 13.70 | 4.50 | 4.60 | 3.40 |
| 2021年增速变化（个百分点） | 4.70 | 18.30 | -3.40 | 10.80 | 40.30 | -0.90 | 4.50 | 17.90 |
| 2022年第一季度增速(%) | 4.50 | 2.50 | 8.40 | 4.20 | 2.20 | 4.80 | -1.00 | -4.00 |

资料来源：Wind数据库。

从不同行业的2021年增速看，信息传输、计算机服务和软件业及金融业在2020年未受疫情显著影响，增速维持稳定，其他行业随着疫情防控常态化，增速也得到明显提升。主要原因在于全社会倡导减少人员流动和线下活动，大量会议、文件、流程维持线上沟通，疫情实时防控提升了社会对计算机软件和硬件的需求。而疫苗接种率提升取得疫情防控的显著成效，促进了全社会第三产业中住宿和餐饮业，批发和零售业，交通运输、仓储和邮政业等行业增加值增速的提升。

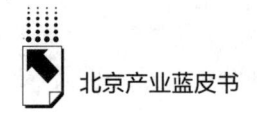

## （二）北京市各区经济增长分析

从2021年北京市各区增速能够看出，北京全市17个区GDP增速全部为正，11个区的增速达到8.00%，分别是：东城区、西城区、丰台区、石景山、海淀区、顺义区、昌平区、大兴区、北京经济技术开发区、怀柔区和平谷区；5个区的增速在7.00%~8.00%，分别是：朝阳区、房山区、通州区、门头沟区和密云区；仅延庆区增速最缓慢，为4.10%（见表2）。

海淀区由于其教育、科技产业具有显著优势，新冠肺炎疫情发生以来，计算机软硬件、信息技术、医疗卫生等领域的需求保持稳定，2021年GDP维持稳中有进的态势。昌平区依托汽车制造业、专用设备制造业、医药制造业等工业领域的经济增长助力全区经济继续维稳。通州区经济体量居中，正处于大型项目和房地产投资建设期，同时其优越的地理位置、丰富的自然资源、良好的经济环境为社会经济发展提供了有利的条件，2021年其GDP增速随经济复苏进一步提升。大兴区继续凭借大兴国际机场与临空经济区，大力发展航空科技、航空物流等航空核心产业，打造国家物流枢纽、智慧物流示范区，同时依靠其主导产业中生物工程和医药产业，以及北京重要农产品基地的地位，实现全市各区中GDP增速最高，达到56.40%。2020年11月24日印发的《北京市"十四五"时期国际科技创新中心建设规划》中提到，建设"北京三城一区"，即中关村科学城、怀柔科学城、未来科学城和北京经济技术开发区，说明北京经济技术开发区将会成为北京加强全国科技创新中心建设的主平台，同时北京经济技术开发区也在大力发展高端制造业，目前已培育了高端汽车、产业互联网、生物医药、新一代信息技术产业4个千亿元产业集群，拉动了北京经济技术开发区GDP快速增长，2021年增速高达28.80%。东城区、西城区属于首都功能核心区域，以央企、大型国企、外企、金融机构等为主，正在实现功能转型。朝阳、顺义、平谷、密云等区的产业结构则相对传统，以商业、交通、餐饮旅游等为主，在全国经济整体复苏的大背

表 2　2020~2021 年北京市各区 GDP 对比

| | 东城区 | 西城区 | 朝阳区 | 丰台区 | 石景山区 | 海淀区 | 房山区 | 通州区 | 顺义区 | 昌平区 | 大兴区 | 北京经济技术开发区 | 门头沟区 | 怀柔区 | 平谷区 | 密云区 | 延庆区 |
|---|---|---|---|---|---|---|---|---|---|---|---|---|---|---|---|---|---|
| 2021年GDP(亿元) | 3193.10 | 5408.10 | 7617.80 | 2009.70 | 959.90 | 9501.70 | 818.40 | 1206.30 | 2076.00 | 1287.00 | 1461.80 | 2666.00 | 268.80 | 432.60 | 359.28 | 360.31 | 204.74 |
| 2020年GDP占比(%) | 8.18 | 14.02 | 19.49 | 5.14 | 2.37 | 23.56 | 2.10 | 3.06 | 5.19 | 3.18 | 2.58 | 5.67 | 0.70 | 1.10 | 0.79 | 0.94 | 0.54 |
| 2021年GDP占比(%) | 7.93 | 13.43 | 18.92 | 4.99 | 2.38 | 23.60 | 2.03 | 3.00 | 5.16 | 3.20 | 3.63 | 6.62 | 0.67 | 1.07 | 0.89 | 0.89 | 0.51 |
| 2021年GDP占比变化(个百分点) | -0.25 | -0.59 | -0.57 | -0.15 | 0.01 | 0.04 | -0.07 | -0.06 | -0.03 | 0.02 | 1.05 | 0.95 | -0.03 | -0.03 | 0.10 | -0.05 | -0.03 |
| 2020年GDP增速(%) | 0.20 | -1.10 | -1.90 | 0.30 | 4.70 | 5.90 | -5.70 | 3.40 | -5.90 | 4.60 | 2.00 | 6.40 | 0.20 | -1.30 | -3.80 | -1.60 | -1.30 |
| 2021年GDP增速(%) | 8.00 | 8.10 | 7.50 | 8.20 | 9.20 | 8.80 | 7.70 | 7.80 | 10.60 | 10.40 | 56.40 | 28.80 | 7.00 | 9.70 | 9.80 | 7.50 | 4.10 |
| 2021年GDP增速变化(个百分点) | 7.80 | 9.20 | 9.40 | 7.90 | 4.50 | 2.90 | 13.40 | 4.40 | 16.50 | 5.80 | 54.40 | 22.40 | 6.80 | 11.00 | 13.60 | 9.10 | 5.40 |

资料来源：Wind 数据库。

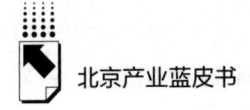

景下，GDP也实现了明显的正增长。延庆区经济总量本身较小，2021年经济增速最低，居民生活水平在全市属于下游，进步空间巨大。

北京市各区GDP排名前4的分别为海淀区、朝阳区、西城区、东城区，均高于3000亿元，4个区GDP合计占北京市GDP六成以上，各区增速与全市增速接近。

2021年海淀区GDP为9501.70亿元，在全市排第1名，占全市GDP的比重为23.60%，较2020年上升0.04个百分点；2021年海淀区GDP同比增速为8.80%，较2020年上升2.90个百分点。

2021年朝阳区GDP为7617.80亿元，在全市排第2名，占全市GDP的比重为18.92%，较2020年减少0.57个百分点；2021年朝阳区GDP同比增速为7.50%，较2020年上升9.40个百分点。

2021年西城区GDP为5408.10亿元，在全市排第3名，占全市GDP的比重为13.43%，较2020年减少0.59个百分点；2021年西城区GDP同比增速为8.10%，较2020年上升9.20个百分点。

2021年东城区GDP为3193.10亿元，在全市排第4名，占全市GDP的比重为7.93%，较2020年减少0.25个百分点；2021年东城区GDP同比增速为8.00%，较2020年上升7.80个百分点。

2021年北京各区GDP增长最快的是大兴区，其次是北京经济技术开发区，一方面得益于2021年经济恢复，另一方面得益于大兴区、北京经济技术开发区的产业格局较优、发展较快。

2021年大兴区GDP为1461.80亿元，在全市排第8名，占全市GDP的比重为3.63%，较2020年上升1.05个百分点；2021年大兴区GDP同比增速为56.40%，较2020年上升54.40个百分点。

2021年北京经济技术开发区GDP为2666.00亿元，在全市排第5名，占全市GDP的比重为6.62%，较2020年上升0.95个百分点；2021年北京经济技术开发区GDP同比增速为28.80%，较2020年上升22.40个百分点。

2021年石景山区GDP为959.90亿元，在全市排第11名，占全市GDP

的比重为2.38%，较2020年上升0.01个百分点；2021年石景山区GDP同比增速为9.20%，较2020年上升4.50个百分点。

2021年丰台区GDP为2009.70亿元，在全市排第7名，占全市GDP的比重为4.99%，较2020年减少0.15个百分点；2021年丰台区GDP同比增速为8.20%，较2020年上升7.90个百分点。

2021年顺义区GDP为2076.00亿元，在全市排第6名，占全市GDP的比重为5.16%，较2020年减少0.03个百分点；2021年顺义区GDP同比增速为10.60%，较2020年上升16.50个百分点。

2021年昌平区GDP为1287.00亿元，在全市排第9名，占全市GDP的比重为3.20%，较2020年上升0.02个百分点；2021年昌平区GDP同比增速为10.40%，较2020年上升5.80个百分点。

## 二　北京产业融资概况（2021年1月至2022年4月）

### （一）北京产业的证券融资分析

2021年1月1日至2022年4月30日，北京各行业通过证券融资合计3956.42亿元，其中首发融资2202.85亿元，增发融资1672.00亿元，可转债融资54.38亿元，配股融资18.49亿元，可交换债融资8.70亿元（见表3）。

表3　2021年1月至2022年4月北京各行业证券融资概览

单位：亿元

| 行业 | 首发 | 增发 | 可转债 | 配股 | 可交换债 | 总计 |
|---|---|---|---|---|---|---|
| 电信服务Ⅱ | 998.85 | | | | | 998.85 |
| 材料Ⅱ | 8.72 | 353.86 | | 6.77 | | 369.35 |
| 软件与服务 | 160.07 | 198.95 | 8.00 | | | 367.02 |
| 制药、生物科技与生命科学 | 327.29 | 38.97 | | | | 366.26 |

续表

| 行业 | 首发 | 增发 | 可转债 | 配股 | 可交换债 | 总计 |
|---|---|---|---|---|---|---|
| 能源Ⅱ | 322.92 | | | | | 322.92 |
| 公用事业Ⅱ | 233.49 | 36.33 | 30.00 | | 2.70 | 302.52 |
| 银行 | | 300.00 | | | | 300.00 |
| 技术硬件与设备 | 4.29 | 293.77 | | | | 298.06 |
| 半导体与半导体生产设备 | 0.75 | 121.52 | | | | 122.27 |
| 资本货物 | 69.28 | 31.98 | | 11.72 | | 112.98 |
| 商业和专业服务 | 14.57 | 86.42 | | | | 100.99 |
| 医疗保健设备与服务 | 19.86 | 20.62 | 16.38 | | 6.00 | 62.86 |
| 汽车与汽车零部件 | | 55.00 | | | | 55.00 |
| 多元金融 | | 44.93 | | | | 44.93 |
| 零售业 | | 37.43 | | | | 37.43 |
| 消费者服务Ⅱ | | 30.00 | | | | 30.00 |
| 耐用消费品与服装 | 25.16 | 1.93 | | | | 27.09 |
| 运输 | 17.60 | 5.84 | | | | 23.44 |
| 媒体Ⅱ | | 14.45 | | | | 14.45 |
| 总计 | 2202.85 | 1672.00 | 54.38 | 18.49 | 8.70 | 3956.42 |

注：空白处表示无此项目。
资料来源：Wind 数据库。

各行业融资金额分别为：电信服务Ⅱ998.85亿元，材料Ⅱ369.35亿元，软件与服务367.02亿元，制药、生物科技与生命科学366.26亿元，能源Ⅱ322.92亿元，公用事业Ⅱ302.52亿元，银行300.00亿元，技术硬件与设备298.06亿元，半导体与半导体生产设备122.27亿元，资本货物112.98亿元，商业和专业服务100.99亿元，医疗保健设备与服务62.86亿元，汽车与汽车零部件55.00亿元，多元金融44.93亿元，零售业37.43亿元，消费者服务Ⅱ30.00亿元，耐用消费品与服装27.09亿元，运输23.44亿元，媒体Ⅱ14.45亿元。这些行业通过证券市场融资，投入研发或扩大生产，都为北京相关产业实现更强的竞争力和经济价值做出了贡献。

从证券融资方式看，增发和首发是主要的融资渠道，融资规模分别为1672.00亿元和2202.85亿元，两者差异较2020年有所扩大，但依旧占领北京证券融资方式的两大主导地位。可交换债、可转债、配股融资金额则明显不足，分别融资8.70亿元、54.38亿元、18.49亿元，仅相当于增发和首发针对某子行业的融资规模。从不同行业采用融资模式看，公用事业Ⅱ、材料Ⅱ、资本货物、软件与服务、医疗保健设备与服务采用的融资模式较为丰富，采用3~4种融资模式进行融资；而电信服务Ⅱ、能源Ⅱ、银行、汽车与汽车零部件、多元金融、零售业、消费者服务Ⅱ和媒体Ⅱ采用的融资模式则相对单一。这既有北京不同产业优势的因素，也与我国证券融资体系的监管体制和资金供应主体偏好有关。

从北京各区证券融资规模看，在3956.42亿元中，西城区以1451.81亿元占据了绝对优势，占比达到36.69%；海淀区、东城区、朝阳区、通州区、昌平区分别融资478.80亿元、467.35亿元、454.21亿元、301.82亿元、271.78亿元，均为200亿元以上，占比分别为12.10%、11.81%、11.48%、7.63%、6.87%；另有两区融资介于100亿~200亿元（北京经济技术开发区、石景山区），剩余各区融资不足100亿元，其中怀柔区不足10亿元，表明其产业证券融资能力非常欠缺，不利于当地产业发展，其与西城区、海淀区等头部强区的差距可能进一步拉大（见表4）。

表4 2021年1月至2022年4月北京各区证券融资概览

单位：亿元

| 区 | 可交换债 | 可转债 | 配股 | 首发 | 增发 | 总计 |
| --- | --- | --- | --- | --- | --- | --- |
| 西城区 | 2.70 | | | 1006.63 | 442.48 | 1451.81 |
| 海淀区 | 6.00 | 38.00 | 6.77 | 111.61 | 316.42 | 478.80 |
| 东城区 | | | | 322.92 | 144.43 | 467.35 |
| 朝阳区 | | | | 102.48 | 351.73 | 454.21 |
| 通州区 | | | | 301.82 | | 301.82 |
| 昌平区 | | 16.38 | | 255.40 | | 271.78 |

续表

| 区 | 可交换债 | 可转债 | 配股 | 首发 | 增发 | 总计 |
|---|---|---|---|---|---|---|
| 北京经济技术开发区 | | | | 34.41 | 101.85 | 136.26 |
| 石景山区 | | | | | 129.12 | 129.12 |
| 顺义区 | | | | 16.89 | 80.00 | 96.89 |
| 丰台区 | | | 11.72 | 18.07 | 64.13 | 93.92 |
| 门头沟区 | | | | 5.07 | 30.00 | 35.07 |
| 大兴区 | | | | 24.37 | | 24.37 |
| 房山区 | | | | | 11.84 | 11.84 |
| 怀柔区 | | | | 3.19 | | 3.19 |
| 总计 | 8.70 | 54.38 | 18.49 | 2202.86 | 1672.00 | 3956.43 |

注：空格处表示无此项目。
资料来源：Wind 数据库。

### （二）北京产业的债券融资分析

2021年1月至2022年4月，全国信用债发行数达到6.64万只，其中北京地区发行信用债5952只，占比达到8.97%，仅次于浙江（占比11.10%）、广东（占比10.81%）和江苏（占比9.93%），位列全国第4。其间全国累计信用债融资55.47万亿元，其中北京信用债融资14.52万亿元，占比达到26.17%，位列第1名，高于第2、第3名之和（上海和广东占比分别为13.78%和12.18%）（见表5）。

表5　2021年1月至2022年4月全国信用债融资概览（未包含台湾、澳门）

| 地区 | 发行数（只） | 发行数占比（%） | 发行金额（亿元） | 发行金额占比（%） |
|---|---|---|---|---|
| 合计 | 66371 | 100.00 | 554693.08 | 100.00 |
| 浙江 | 7368 | 11.10 | 44486.45 | 8.02 |
| 广东 | 7172 | 10.81 | 67573.31 | 12.18 |
| 江苏 | 6591 | 9.93 | 43134.28 | 7.78 |
| 北京 | 5952 | 8.97 | 145183.25 | 26.17 |
| 上海 | 4632 | 6.98 | 76447.69 | 13.78 |
| 山东 | 3538 | 5.33 | 20369.19 | 3.67 |

续表

| 地 区 | 发行数(只) | 发行数占比(%) | 发行金额(亿元) | 发行金额占比(%) |
| --- | --- | --- | --- | --- |
| 天津 | 3497 | 5.27 | 15647.04 | 2.82 |
| 四川 | 2884 | 4.35 | 13380.12 | 2.41 |
| 福建 | 2866 | 4.32 | 30463.35 | 5.49 |
| 河南 | 2212 | 3.33 | 8742.25 | 1.58 |
| 重庆 | 1920 | 2.89 | 10774.74 | 1.94 |
| 河北 | 1821 | 2.74 | 4535.30 | 0.82 |
| 江西 | 1756 | 2.65 | 7558.50 | 1.36 |
| 湖南 | 1728 | 2.60 | 9280.97 | 1.67 |
| 广西 | 1671 | 2.52 | 5233.99 | 0.94 |
| 湖北 | 1450 | 2.18 | 8800.28 | 1.59 |
| 贵州 | 1423 | 2.14 | 5478.51 | 0.99 |
| 安徽 | 1202 | 1.81 | 8466.22 | 1.53 |
| 辽宁 | 1102 | 1.66 | 3537.26 | 0.64 |
| 山西 | 779 | 1.17 | 4276.20 | 0.77 |
| 陕西 | 720 | 1.08 | 5910.19 | 1.07 |
| 云南 | 683 | 1.03 | 3193.89 | 0.58 |
| 黑龙江 | 665 | 1.00 | 1285.92 | 0.23 |
| 新疆 | 658 | 0.99 | 2771.22 | 0.50 |
| 甘肃 | 564 | 0.85 | 2075.08 | 0.37 |
| 吉林 | 441 | 0.66 | 1538.94 | 0.28 |
| 宁夏 | 433 | 0.65 | 634.60 | 0.11 |
| 海南 | 225 | 0.34 | 475.40 | 0.09 |
| 内蒙古 | 191 | 0.29 | 1641.20 | 0.30 |
| 青海 | 140 | 0.21 | 430.70 | 0.08 |
| 西藏 | 63 | 0.09 | 603.72 | 0.11 |
| 香港 | 48 | 0.07 | 763.35 | 0.14 |

资料来源：Wind数据库。

2021年1月至2022年4月，北京全区14.52万亿元信用债融资中，主要集中于西城区（8.32万亿元）、东城区（2.49万亿元）、朝阳区（1.93万亿元）、海淀区（1.01万亿元），合计达到13.75万亿元，占比达到94.69%；其中又以西城区融资8.32万亿元为主。西城区、东城区、朝阳区三区融资显著高于其他各区，得益于北京金融机构主要集中于这三区，金融机构属于负债经营，在股权融资之外，也通过永续债、次级债、短融、存单等进行融资。丰台区信用债融资额达3099亿元，石景山区融资1253亿元，其他各区均不足1000亿元，其中门头沟区、房山区、平谷区发债不足100亿元，表明这些区缺乏大型金融机构和满足发债条件的大型企业，这也进一步制约了后续产业发展（见表6）。

表6 2021年1月至2022年4月北京各区信用债融资概览

| 区 | 发行规模（亿元） | 平均期限（年） | 平均年利率（%） |
| --- | --- | --- | --- |
| 西城区 | 83158 | 1.70 | 2.73 |
| 东城区 | 24868 | 1.18 | 2.72 |
| 朝阳区 | 19313 | 2.56 | 2.82 |
| 海淀区 | 10135 | 2.83 | 2.95 |
| 丰台区 | 3099 | 2.57 | 2.60 |
| 石景山区 | 1253 | 2.00 | 2.40 |
| 北京经济技术开发区 | 746 | 2.07 | 3.17 |
| 顺义区 | 617 | 2.39 | 2.97 |
| 通州区 | 616 | 3.72 | 2.89 |
| 昌平区 | 552 | 2.45 | 3.08 |
| 大兴区 | 310 | 3.18 | 3.50 |
| 延庆区 | 228 | 1.76 | 3.09 |
| 怀柔区 | 104 | 3.20 | 3.43 |
| 门头沟区 | 27 | 14.68 | 1.43 |
| 平谷区 | 18 | 4.50 | 4.34 |
| 房山区 | 18 | 13.03 | 3.17 |
| 其他区 | 122 | 7.68 | 2.57 |
| 总计 | 145184 | 1.96 | 2.77 |

资料来源：Wind数据库。

2021年1月至2022年4月，从北京不同行业、不同区域的信用债融资分布看，银行融资高达9.80万亿元，显著高于其他各行业；公用事业Ⅱ（如国网、三峡、大唐、中电投等能源发电行业）、多元金融（证券为主）、资本货物（如中车、中航、中铁、中化等央企）等行业的融资规模在1万亿元左右，这些行业在北京各城区都有分布；运输、能源Ⅱ、材料Ⅱ、房地产Ⅱ等行业的融资规模介于1000亿～5000亿元，虽然这些行业门槛较高，但是分布较为广泛，大部分区都有分布；消费者服务Ⅱ、软件与服务、保险Ⅱ、汽车与汽车零部件、商业和专业服务、零售业、电信服务Ⅱ等行业的融资规模介于100亿～1000亿元，分布相对集中，主要分布在西城区、丰台区、石景山区、北京经济技术开发区、顺义区、通州区、昌平区等，其他偏远区则很少有满足发债的大型企业；至于食品、饮料与烟草，技术硬件与设备，制药、生物科技与生命科学，媒体Ⅱ，医疗保健设备与服务，半导体与半导体生产设备，耐用消费品与服装等行业的融资规模都不足100亿元，其原因在于这类行业较为分散，很多公司存续时间不长、公司规模相对较小，不满足监管部门对于发债主体的规模要求，其中部分行业因为科技属性较强、行业竞争激烈，所以更适合股权融资，难以吸引债权资金（见表7）。

## 三 2023年北京产业发展展望

### （一）数字经济发展大放异彩

**1. 数字经济发展的制度环境不断优化**

数字经济发展为北京市经济高质量发展释放了新动能。北京市政府在中国数字化发展中充当创新引领者以及产业先行者的角色，立足自身资源禀赋，结合自身发展特色，从重点数字产业引领、强化数字基础设施建设、优化数字产业营商环境等方面积极发力，制定了各项具有针对性的数字产业发展政策。这些政策包括《北京市新技术产业开发试验区暂行条例》、《中关村科技园区条例》、2017～2020年累计出台的88项数字经济相关文件等，这些政策的出台为数字经济发展注入了源源不断的活力。2021年8月印发的《北京市关于加快建设全球数字经济标杆城市的实施方案》（以下简称《实施方案》）中提出，到2025年，北京市数字经济增加值达到地区生产总值

表7 北京各区各行业信用债融资概览

单位：亿元

| 行业 | 北京经济技术开发区 | 昌平区 | 朝阳区 | 大兴区 | 东城区 | 房山区 | 丰台区 | 海淀区 | 怀柔区 | 门头沟区 | 平谷区 | 石景山区 | 顺义区 | 通州区 | 西城区 | 延庆区 | 未披露 | 总计 |
|---|---|---|---|---|---|---|---|---|---|---|---|---|---|---|---|---|---|---|
| 银行 |  | 133 | 12125 |  | 22746 |  | 175 | 12 |  |  |  |  |  |  | 63117 |  |  | 98000 |
| 公用事业Ⅱ |  | 90 |  |  |  |  |  | 1458 |  | 10 |  | 309 |  | 115 | 9863 | 180 |  | 12333 |
| 多元金融 | 19 |  | 2549 |  | 405 |  | 1910 | 1003 | 60 |  |  | 283 | 52 |  | 3691 | 13 |  | 9972 |
| 资本货物 | 205 | 299 | 1484 | 198 | 102 | 8 | 764 | 2202 | 26 |  | 18 | 21 | 38 | 239 | 4312 |  |  | 9929 |
| 运输 |  |  | 200 |  |  |  | 105 | 3217 |  |  |  |  | 411 |  | 776 |  |  | 4509 |
| 材料Ⅱ |  |  | 297 |  | 265 |  | 85 | 1533 |  |  |  | 485 | 20 |  | 57 |  |  | 2742 |
| 能源Ⅱ |  | 12 | 1610 |  | 715 |  |  | 8 |  | 17 |  |  |  |  | 255 |  |  | 2617 |
| 房地产Ⅱ |  | 24 | 310 | 109 | 395 |  | 11 | 308 |  |  |  | 123 |  | 7 | 547 |  |  | 1834 |
| 零售业 | 477 |  |  |  |  |  |  | 10 |  |  |  |  |  |  | 30 |  |  | 717 |
| 商业和专业服务 |  | 18 | 100 |  | 221 |  | 15 | 168 |  |  |  | 15 |  | 35 | 51 | 5 | 13 | 641 |
| 汽车与汽车零部件 |  |  | 308 |  |  |  |  |  |  |  |  |  | 80 |  | 28 |  |  | 416 |
| 保险Ⅱ |  | 50 | 40 |  |  |  | 20 |  |  |  |  |  | 11 | 50 | 120 | 30 |  | 321 |
| 消费者服务Ⅱ |  |  | 96 | 3 |  |  |  | 10 |  |  |  |  | 165 | 165 | 22 |  |  | 296 |
| 电信服务Ⅱ |  |  |  |  |  |  |  | 40 |  |  |  |  |  |  | 153 |  |  | 193 |

续表

| 行业 | 北京经济技术开发区 | 昌平区 | 朝阳区 | 大兴区 | 东城区 | 房山区 | 丰台区 | 海淀区 | 怀柔区 | 门头沟区 | 平谷区 | 石景山区 | 顺义区 | 通州区 | 西城区 | 延庆区 | 未披露 | 总计 |
|---|---|---|---|---|---|---|---|---|---|---|---|---|---|---|---|---|---|---|
| 软件与服务 | | | | | | | 10 | 83 | | | | | | | 10 | | | 103 |
| 食品、饮料与烟草 | | | | | | | | | | | | | 5 | 5 | 75 | | | 85 |
| 技术硬件与设备 | | | 20 | | | | | 57 | | | | | | | | | | 77 |
| 制药、生物科技与生命科学 | 45 | | | | | | | | | | | | | | | | | 45 |
| 媒体Ⅱ | | 16 | | | 18 | | | | | | | | | | | 10 | | 28 |
| 医疗保健设备与服务 | | | 15 | | | | | | | | | | | | | | | 15 |
| 半导体与半导体生产设备 | | | | | 2 | | | | | | | | | | | | | 2 |
| 耐用消费品与服装 | | | | | | | 10 | 25 | 18 | 27 | 18 | 17 | | | 50 | | 99 | 292 |
| 其他 | 69 | | | | | | | | | | | | | | | | | |
| 总计 | 746 | 552 | 19313 | 310 | 24869 | 18 | 3099 | 10134 | 104 | | | 1253 | 617 | 616 | 83157 | 228 | 122 | 145183 |

资料来源：Wind 数据库。

的50%左右，进入国际先进数字经济城市行列；到2030年，北京市建设成为全球数字经济标杆城市。此外，《实施方案》中提到，未来5~10年北京市要从城市数字智能转型、国际数据要素配置、新兴数字产业孵化、全球数字技术创新、数字治理中国方案、数字经济对外合作开放等六个方面打造数字经济发展高地。

北京市从顶层设计、制度架构等层面做实做细数字经济发展政策方案，加快全球数字经济标杆城市的建设进程。

在数字经济发展方面，北京市制定了《北京市促进数字经济创新发展行动纲要（2020—2022年）》，构建了北京市数字经济发展机制，确定了九个重点工程以推进数字经济发展。在数字产业化发展方面，分产业制定发展指导建议和部署战略，从核心技术、产业集群、产业链、产业融合与创新等角度深入细化推进数字产业发展。在数字经济营商环境方面，国务院相继发布了《深化北京市新一轮服务业扩大开放综合试点建设国家服务业扩大开放综合示范区工作方案》和《中国（北京）自由贸易试验区总体方案》，提出推进北京数字经济和数字贸易发展，加快打造服务业扩大开放先行区、数字经济试验区，优化数字经济发展环境，鼓励数字经济进行新业态、新模式发展。北京市也颁布实施了《北京市优化营商环境条例》和《北京市进一步优化营商环境更好服务市场主体实施方案》，简化行政许可和审批、优化数字经济市场准入环境和营商环境，全方位、多方面推进北京市数字经济高质量发展。

**2. 数字经济发展的基础设施持续强化**

一方面，优惠政策为北京数字经济发展提供了有力的保障；另一方面，北京市雄厚的产业基础也推动了数字经济高质量发展。"十三五"期间，在多方合力下，北京市数字经济发展成效显著、成果丰硕。在数字经济发展规模上，北京市2021年数字经济增加值达到16251.9亿元，占全市GDP的40.40%，同比提高了0.4个百分点。在数字经济增速上，北京市2021年数字经济增加值较2020年增长13.10%，比同期GDP名义增速高出4.6个百分点。在数字经济发展结构上，北京市2021年数字经济核心产业实现增加值8918.1亿元，同比增长了16.4%，占数字经济增加值总量的54.90%。在数字经济发展活力上，北京市数字经济企业活跃度达85%，位居全国第1。

区位优势使北京市数字经济拥有得天独厚的发展沃土。北京市高校、科研院所众多，并拥有128家国家重点实验室，每年有20多万名高校学生毕业，学术研究氛围浓厚、创新高学历人才集聚。此外，北京市研发投入力度连续多年居全国首位，科研产出连续三年居全球第1，研发资源、创新人才、研发环境为北京市数字经济高质量发展提供了强大智力支撑，也不断吸引优秀人才、优秀企业集聚北京。在各类资源要素和政策制度持续催化作用下，北京市数字经济发展大放异彩，形成了数字经济产业集群。在互联网企业市值排名前30的企业中，坐落于北京市的有11家，如百度、京东、美团等头部企业，以及字节跳动、滴滴出行、猿题库等独角兽企业。在电子信息制造业方面，京东方、联想、小米、中芯国际等领军企业，以及五大电信运营商总部均位于北京。

北京市作为中国数字基础设施建设的新高地，其完备的数字基础设施为打造数字经济发展标杆城市夯实了基础。北京市的5G基站建设数量处于全国领先地位，截至2021年7月底，北京市已建成5G基站超过4.4万个，5G终端用户达到1151.6万户；平均每万人拥有5G基站数19.6个，位列全国第1。在人工智能领域，早在2019年北京市拥有的AI企业数量已排全球第1位，当前约有1500家人工智能企业汇聚北京，百度人工智能算法框架、寒武纪芯片等软硬件在全球具有领先优势。完善的数字基础设施和丰富的技术资源为北京市数字经济发展培育了一批数字标杆企业。从2021年中国上市公司市值500强来看，北京拥有98家上市公司，位列全国第1；从2021年中国上市公司营业收入500强来看，北京有101家上市公司跻身前500强，独占榜单1/5，位列全国第1。北京数字经济产业体系中，小米、百度、京东、美团等信息技术企业集聚，这类总部经济和"高精尖"龙头企业为数字经济高质量发展提供了支柱，龙头企业数量多、产业基础坚实、"高精尖"产业聚集等优势构筑了北京数字经济发展的标杆区。

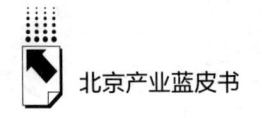

## （二）新能源汽车行业稳中向好

### 1. 多维政策加速新能源汽车行业发展

近年来，为促进新能源汽车的发展，国家和北京市政府都采取了一系列新能源汽车消费激励政策。从货币激励角度来看，主要包含购置补贴政策、税收优惠政策、新能源汽车贷款额度提高三个方面。在购置补贴政策上，自2009年起，购置新能源汽车均可享受国家补贴，大力推动了新能源汽车行业的发展。2020年4月，财政部等四部委联合发布了《关于调整完善新能源汽车补贴政策的通知》（以下简称《通知》），该《通知》综合考虑技术进步、规模效应等因素，合理延长补贴政策时效，实施补贴差异化，推动公共交通及特定领域汽车的电动化进程。2014年12月《北京市示范应用新能源小客车财政补助资金管理细则》印发，明确规定了纯电动小客车和燃料电池小客车所享受的补助标准，新能源汽车也迎来了中央和地方政府的双重购置补贴时代。近年来，为引导企业"练好内功"，降低对补贴政策的依赖程度，国家和北京市政府对新能源汽车补贴政策实施退坡机制。2019年6月，北京市调整了《北京市推广应用新能源汽车管理办法》，即从2019年6月26日起取消对纯电动汽车的市级财政补助，按照中央与地方1∶0.5的比例对燃料电池汽车安排市级财政补助。2021年12月《关于开展新能源汽车补助资金清算工作的通知》明确，自2022年2月1日起不再受理2016年及以前年度新能源汽车市级补助资金申请。在税收优惠政策上，自2014年9月1日以来，我国对购置的新能源汽车免征车辆购置税，直接降低了消费者的购买成本，有效推广了新能源汽车。在新能源汽车贷款额度上，2017年11月中国人民银行和中国银行业监督管理委员会对《汽车贷款管理办法》进行修订，提出自2018年1月1日起，自用新能源汽车贷款的发放比例不超过85%，商用新能源汽车贷款的发放比例不超过75%。

从非货币激励角度来看，主要体现在新能源汽车牌照指标单独配置和不限号出行政策两个方面。关于新能源汽车牌照指标单独配置，2014年2月北京市新能源汽车首轮摇号如期开展，因配置的新能源指标较多，申请者全部中签,而同期传统能源车辆摇号中签率仅为1∶111。2016年1月,北京市交通委员会发布了《关于示范应用新能源小客车配置指标轮候配置有关规则的通告》,自此北京市新能源车牌照开始采取轮候配置政策,即按照个人、单位指标申请顺序先到先得。2020年12月,北京市交通委员会等13部门发布了《〈北京市小客车数量调控暂行规定〉实施细则》,增加了以"无车家庭"为单位摇号和积分排序的指标配置方式,新能源小客车配置指标数量优先向"无车家庭"配置,优先解决"无车家庭"群体的用车需求。在新能源汽车不限号出行政策上,自2015年4月11日至今,每年发布的《北京市人民政府关于实施工作日高峰时段区域限行交通管理措施的通告》中都规定纯电动小客车不受工作日高峰时段区域限行交通管理措施限制。

**2.配套设施助力新能源汽车行业发展**

2009年,北京市入选第一批"十城千辆节能与新能源汽车示范推广应用工程"城市。在国家顶层设计和政策方案的指引下,北京市积极建设配套基础设施,大力推广新能源汽车。国家和北京市政府先后印发《政府机关及公共机构购买新能源汽车实施方案》《关于加快新能源汽车推广应用的指导意见》《北京市2013—2017年清洁空气行动计划》《北京市电动汽车推广应用行动计划(2014—2017年)》《北京市示范应用新能源小客车管理办法》《关于加快电动汽车充电基础设施建设的指导意见》《北京市新能源小客车公用充电设施投资建设管理办法(试行)》《关于统筹加快推进停车场与充电基础设施一体化建设的通知》《关于加强停车场内充电设施建设和管理的实施意见》《关于进一步提升电动汽车充电基础设施服务保障能力的实施意见》《新能源电动汽车充电设施在人防工程内安装使用指引》,自此新能源汽车充电设施被纳入城市公共基础设施,成为城市建设发展总体规划中的重要部分。《北京市"十四五"时期能源发展规划》中提到,截至2021年12月,北京市已拥有25.6万个充电桩和10座加氢站,预计到2025年各类充电桩将扩充至70万个,优化便利新能源汽车的日常使用场景。到2021年6月,北京市累计推广换电模式车辆达2.33万辆,其中私人小客车

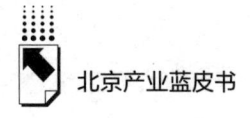

1.1万辆、出租汽车1.2万辆、租赁汽车77辆、货车200余辆；已建成换电站181座，其中已投运换电站134座，日最大服务能力达2万余次。

新能源汽车的蓬勃发展离不开科研创新的作用，各类科创平台为新能源汽车行业培养专业型人才、提高核心技术、促进产业融合。目前在新能源汽车相关行业，北京市已培育出19家国家级创新平台，涵盖新能源汽车、智能网联汽车、动力电池汽车等在内的新能源智能汽车业务核心平台，在带动新能源汽车行业的蓬勃发展中发挥了巨大作用。此外，北京市各区也在积极部署新能源汽车产业发展战略，如昌平区、大兴区、顺义区加快推进新能源汽车产业园区建设，北京经济技术开发区积极引入国家级新能源汽车技术创新中心、北汽新能源高端智能工厂等。同时北京市也在积极推进自动驾驶技术科学试验与产业探索，于2017年12月发布了《北京市关于加快推进自动驾驶车辆道路测试有关工作的指导意见（试行）》和《北京市自动驾驶车辆道路测试管理实施细则（试行）》，争做国内自动驾驶领域的排头兵和领头羊。截至2020年10月，北京市自动驾驶道路安全测试里程已经超过200万公里，并于2021年建成全球首个高级别自动驾驶示范区。

**3. 多重契机推进新能源汽车行业发展**

北京市新能源汽车行业的崛起与发展是受多重机遇推进的。一是"绿色办奥"的理念推动了北京市新能源汽车行业的发展。在2022年北京冬奥会上，奥运火炬首次采用氢作为燃料，节能与清洁能源车辆占全部赛时保障车辆的85.84%，以实际行动兑现"绿色办奥"的庄严承诺，也是中国大力支持氢能源汽车的又一标志事件。在北京冬奥组委的所用车辆中，小客车全部使用了清洁能源或新能源，并按照山地赛区用氢、平原赛区用电和天然气补充的原则进行配置。二是"双碳"承诺促进北京市新能源汽车行业腾飞。2020年9月中国明确提出，将于2030年前实现"碳达峰"、2060年前实现"碳中和"。2021年10月，《中共中央 国务院关于完整准确全面贯彻新发展理念做好碳达峰碳中和工作的意见》中提到，要加快推进低碳交通运输体系建设，推广节能低碳型交通工具，加快发展新能源和清洁能源车船，推动加氢站建设，加快构建便利高效、适度超前的充换电网络体系。同月，

《2030年前碳达峰行动方案》发布，明确提出到2030年，当年新增新能源、清洁能源动力的交通工具比例达到40%左右，民用运输机场内车辆装备等力争全面实现电动化。两个重要文件的发布进一步助推了新能源汽车行业的发展，新能源汽车已成为我国绿色发展、转型升级的主要方向。三是"国际科技创新中心"定位助推北京市新能源汽车行业发展。2021年11月，中共北京市委、北京市人民政府印发了《北京市"十四五"时期国际科技创新中心建设规划》，提到要瞄准新一代新能源智能网联汽车、绿色能源、节能环保、智能制造、航空航天、医药健康、信息技术等前沿领域，为具有首都特色的"高精尖"产业体系建设提供深度支撑。北京市"国际科技创新中心"的定位与发展目标为新能源汽车行业的腾飞提供了诸多发展支持。

### （三）北京国际科技创新中心加速度建设推进

**1. 多维创新政策助力北京国际科技创新中心建设**

《中华人民共和国国民经济和社会发展第十四个五年规划和2035年远景目标纲要》中明确提出支持北京打造国际科技创新中心，建设北京怀柔综合性国家科学中心。北京作为科技创新高地，在发展建设国际科创中心的进程中，积极顺应现代创新大势，将自身发展与国家整体需求紧密结合，打出了一套助力国际科技创新中心建设的组合拳。

在创新战略规划方面，2021年出台了《"十四五"北京国际科技创新中心建设战略行动计划》，制定了《"十四五"时期中关村国家自主创新示范区发展建设规划》，以持续深化科技体制改革。2021年11月北京市政府发布《北京市"十四五"时期国际科技创新中心建设规划》明确提出要遵循推动北京高质量发展这一主线，借助科技与体制机制创新这一动力，分别以"三城一区"和中关村国家自主创新示范区为主平台和主阵地，率先建成国际科技创新中心，到2025年北京国际科技创新中心基本形成，到2035年实现创新力、竞争力和辐射力全球领先。同月，中关村科技园区管理委员会发布了《"十四五"时期中关村国家自主创新示范区发展建设规划》，制定了

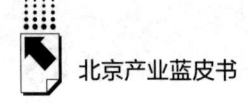

2025年、2035年两步走的发展目标，即到2025年，中关村国家自主创新示范区率先建成世界领先的科技园区，以便有力支撑北京国际科技创新中心的形成；到2035年，中关村国家自主创新示范区将成为世界创新版图的重要一极和全球科技创新的重要引擎，为加快建设科技强国、实现高水平科技自立自强提供战略支撑。

在实施细则方面，北京市依据实际发展情况"量体裁衣"，为国际科技创新中心建设量身定制了许多政策。一是"报备即批准"政策。为推进国家服务业扩大开放综合示范区和中国（北京）自由贸易试验区建设，按照科技部要求，2021年7月北京制定了《北京市高新技术企业认定"报备即批准"政策试点工作实施方案》，对在京从事集成电路、人工智能、生物医药、关键材料等领域生产研发类的规模以上企业，在认定高新技术企业时实行"报备即批准"政策，报备后可直接享受规定的所得税优惠等相关政策。二是"包干制"政策。2022年2月，《北京市财政科研项目经费"包干制"试点工作方案》（以下简称《方案》）得以正式印发，该《方案》将市自然科学基金专项、科技新星计划专项和独立法人研发机构科技专项三类项目纳入"包干制"试点项目，项目负责人负首要责任，无须提前编制项目预算表，实行项目经费负面清单管理。该《方案》切实减轻了科研人员负担，在较大程度上给予了科研人员技术路线的决策权以及人、财、物的支配自由，有效地调动了科研人员的积极性，提升了财政资金的使用效率，推动了北京市国际科技创新中心的建设。

**2. 多元创新主体赋能北京国际科技创新中心建设**

加速推进北京国际科技创新中心建设，既离不开多维政策的支撑，更离不开多元主体的赋能与发力。一是"三城一区"联合发力国际科技创新中心建设，即北京经济技术开发区依托国家级创新平台、重点产业资源建设产教融合基地，承接"中关村科学城""怀柔科学城""昌平未来科学城"的研发项目，并进行技术创新和应用转化，发挥在国际科技创新中心建设中的主平台作用。2021年9月中关村论坛上提到，2017年以来，北京经济技术开发区已累计承接900余个产学研合作研发新技术新产品和500余项"三城"科技成果转化项目，为北京市加快国际科技创新中心建设提供了有力支撑。二是"中关村国家自主创新示范区"赋能国际科技创新中心建设，即加快建设世界领先的科技园区，以便对北京国际科技创新中心建设形成有力支撑，对全国起到更好的示范引领作用。2021年11月发布的《关于支持中关村国家自主创新示范区开展高水平科技自立自强先行先试改革的若干措施》提出了24项重大改革举措，为示范区建设世界领先科技园区和创新高地提供了有力支撑。2021年中关村国家自主创新示范区全年累计创造了8.3万亿元的收入。三是"两区建设"积极助力国际科技创新中心建设，即发挥北京自贸区建设和服务业开放综合示范区建设的"中枢"作用，持续优化营商环境，以首善标准打造高水平开放新高地，带动形成开放型经济新业态，服务于国际科技创新中心建设。2022年2月，北京市"两区"建设专场新闻发布会上对建设成效进行了全方位介绍，如完成了200余项改革创新任务，完成率超过90%；首创"免税、保税和跨境电商"政策衔接试点，试点企业销售额超过57亿元；在全国率先开展跨境电商销售医药产品试点，试点药品品种增至66种，累计完成120余万单业务；编制"重点产业领域人力资源开发目录"和"技能人才急需紧缺职业（工种）目录"两个人力资源开发目录。四是"京津冀协同创新共同体"全力支撑国际科技创新中心建设，即遵循科技创新的内在规律，促进北京、天津、河北三地创新链和产业链的融合，北京科技创新成果在三地实现转化并促进三地产业发展，反过来三地产业发展又加速北京科技进步的良性循环，打造国际科技创新中心升级版。截至2021年底，中关村企业在天津和河北两地共设立9032家分支机构，签署5434个技术合同，成交额累计达350.4亿元。

**参考文献**

俞友春、刘畅、刘志：《北京全球数字经济标杆城市建设显成效》，《中国信息报》2022年6月22日。

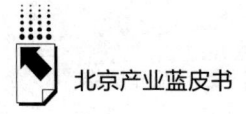

魏蔚：《增强源头创新北京成为"国际科技创新中心"》，《北京商报》2022年6月15日。

唐建国：《数据要素驱动，北京建设全球数字经济标杆城市》，《当代金融家》2022年第6期。

梁伟全：《北京2022年冬奥会是倡导绿色赛事最勇敢的实践》，《中华环境》2022年第3期。

《北京市：北京冬奥会碳排放全部实现中和》，《节能与环保》2022年第2期。

马梅若：《北京冬奥会的"绿色实践"》，《金融时报》2022年2月21日。

周璐璐、张利静：《北京证券交易所：开市以来市场生态发生六大积极变化》，《中国证券报》2022年1月10日。

张晓燕、殷子涵、王艺熹：《北京证券交易所新规对中小企业融资影响分析》，《多层次资本市场研究》2021年第4期。

陶凤、王晨婷：《北京国际科技创新中心建设有了路线图》，《北京商报》2021年11月25日。

武红利：《北京应率先走出国际科技创新中心建设新路子》，《北京日报》2021年9月25日。

屈庆超：《从复杂系统视角看北京数字经济》，《北京观察》2022年第4期。

# 指数评价篇
Index Evaluation

## B.2
## 北京市"高精尖"产业创新发展指数设计与评价

贾晓俊 李竞成 路 明*

**摘 要：** "十四五"标志着我国进入社会主义现代化建设的新阶段，也是北京市主动融入新发展格局、建立"高精尖"产业结构的关键时期。"高精尖"产业是我国摆脱粗加工生产方式的重要载体，对于当前北京市实现经济发展方式转变有着重要意义。本报告从"高精尖"产业环境、产业投入和产业产出三个维度，构建了"高精尖"产业创新发展指数，反映了北京市"高精尖"产业创新能力和发展潜力。结果显示，北京市的"高精尖"产业创新能力和发展潜力持续领先全国。2019年以后，北京市陆续颁布、推进、落实的一系列针对"高精尖"新兴产业的助推政策，有效地刺激了相关产业的创新发展，并且建立了较为坚实的先发优

---

* 贾晓俊，北京交通大学经济管理学院副教授，研究方向为财政与金融；李竞成，北京交通大学经济管理学院博士研究生，研究方向为产业安全；路明，北京交通大学经济管理学院硕士研究生，研究方向为产业安全。

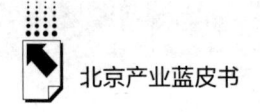

势，该项指数实现了大幅领先。北京市"高精尖"产业发展进入提质增效新阶段。

**关键词：** "十四五"时期　"高精尖"　产业创新发展指数

习近平总书记在党的十九大和经济重要会议中提到，科技创新发展是推动经济高质量发展的不竭动力，而促进产业结构升级更是其中的重点。"高精尖"产业的发展可以帮助中国提高国际竞争力，树立更好的国际形象，强化经济领域的话语权。从这些角度上出发，发展"高精尖"产业已经成为维护国民经济安全和稳定发展的重要工具。因此，要培育好、建设好相关产业，必须建设和塑造良好的创新发展模式与能力。北京作为中国高技术产业发展的先驱，对构建"高精尖"产业、促进经济高质量发展有更高要求。通过科技创新、制度创新、知识创新等方式提高全要素生产率，可以有效地推动北京市经济结构转型升级和战略新兴产业向着高质量发展方向迈进。而要发挥"高精尖"产业对我国经济、社会、军事等领域的强有力推动作用，必须确保相关产业的创新发展能力，提升产业竞争力。

北京市作为全国的科技创新中心，"高精尖"产业发展对于推动首都经济发展模式转型升级具有重要的战略意义。《北京"十四五"时期高精尖产业发展规划》中提到，要打造具有北京特色的"2441"高精尖产业体系（见图1），做大两个国际引领支柱产业以及抢先布局一批未来前沿产业。北京作为中国高技术产业发展的先驱，为使发展质量继续提升，对构建"高精尖"产业经济结构提出了更高要求。本报告以"高精尖"产业的创新发展水平为切入点，设计出对应的指标体系，构建指数，并加入了全国对应的指数得分进行对比，力求全面、客观地反映当前北京地区的相关产业发展创新水平。

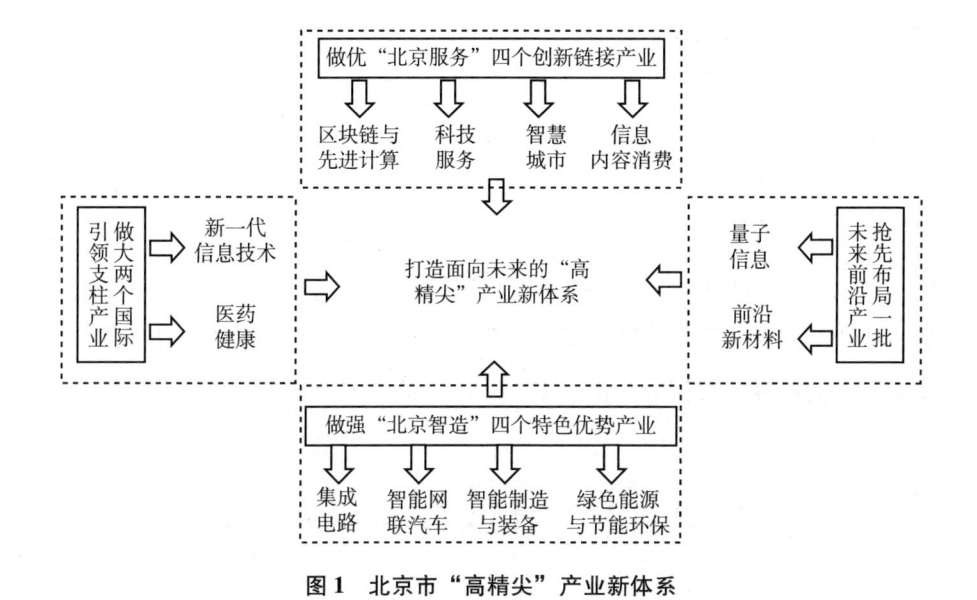

**图 1　北京市"高精尖"产业新体系**

## 一　"高精尖"产业定义

在不同的经济发展阶段,"高精尖"产业的定义也不尽相同。云小鹏等(2021)指出"高精尖"产业体系的构建实质是产业结构优化升级。"高精尖"产业是指具有高层次、新技术、高效率和低耗能的产业。依照《国民经济行业分类》(GB/T 4754-2017),调整和更新了"高精尖"的分类标准,本报告的高技术产业按照更新后的认定标准对相关产业进行界定。

根据 2021 年 8 月发布的《北京市"十四五"时期高精尖产业发展规划》(以下简称《规划》),应当紧紧围绕新经济发展理念和经济高质量发展要求,打造世界领先的"高精尖"产业集群。《规划》提到,要大力发展两大国际引领支柱产业,分别为医药健康和新一代信息技术;做强四个"北京智造"特色优势产业,分别为绿色能源与节能环保、智能制造与装备、集成电路及智能网联汽车。本报告选取信息技术、高端制造、新能源汽车、绿色经济和新一代信息技术等 10 个产业作为重点发展的"高精尖"产业,为北京市产业发展绘就"路线图"。依据各产业特点,10 个"高精尖"

产业中，新一代信息技术、节能环保、新能源汽车和智能网联汽车、前沿新材料4个产业为战略性新兴产业①；其余6个产业为高技术产业②，而其中的集成电路、医药健康、智能装备和人工智能4个产业为高技术制造业③，软件和信息服务、科技服务2个行业为高技术服务业。按照北京市的相关定义，本报告将绿色经济、新一代信息技术、新材料和智能网联汽车等作为战略性新兴产业。由于全国范围的统计口径和北京市的统计口径存在一定差异，为避免重复核算，在数据统计过程中，对于既是高技术产业又是战略性新兴产业的产业，仅记录一次数据。

## 二 北京市"高精尖"产业发展现状

### （一）产业规模不断扩大

党的十八大以来，北京市"高精尖"产业发展进入提质增效的新阶段。全市"高精尖"产业规模显著增长。从图2可以看出，2016~2020年北京市高新技术企业数量逐年增加。2019年以后，北京市"高精尖"产业规模迎来爆发式增长。2019年初北京市相继颁布一系列针对"高精尖"新兴产业的助推政策，标志着正式实施"高精尖"产业发展重点支撑项目和高校"高精尖"学科建设工作，有效地刺激了相关产业的创新发展，并且建立了较为坚实的先发优势。2020年北京市经科技部认定的高新技术企业数量为

---

① 战略性新兴产业是以重大技术突破和重大发展需求为基础，对经济社会全局和长远发展具有重大引领带动作用，知识技术密集、物质资源消耗少、成长潜力大、综合效益好的产业。包括：新一代信息技术产业、高端装备制造产业、新材料产业、生物产业、新能源汽车产业、新能源产业、节能环保产业、数字创意产业、相关服务业等九大领域。

② 高技术产业主要是指与高技术产品相关联的各种活动的集合。高技术产业标准是国家统计局在《国民经济行业分类》（GB/T 4754-2011）的基础上，根据高技术产业的特性，结合我国的实际情况制定的。北京市从2013年开始执行国家高技术产业统计标准。

③ 按照《高技术产业（制造业）分类（2017）》，高技术制造业是指国民经济行业中R&D投入强度相对高的制造业行业，包括：医药制造，航空、航天器及设备制造，电子及通信设备制造，计算机及办公设备制造，医疗仪器设备及仪器仪表制造，信息化学品制造等六大类。

547个，较2016年的215个增长了154%。随着各项支持政策的出台与落实，北京市"高精尖"企业数量不断增加，促使产业集群效应显现。

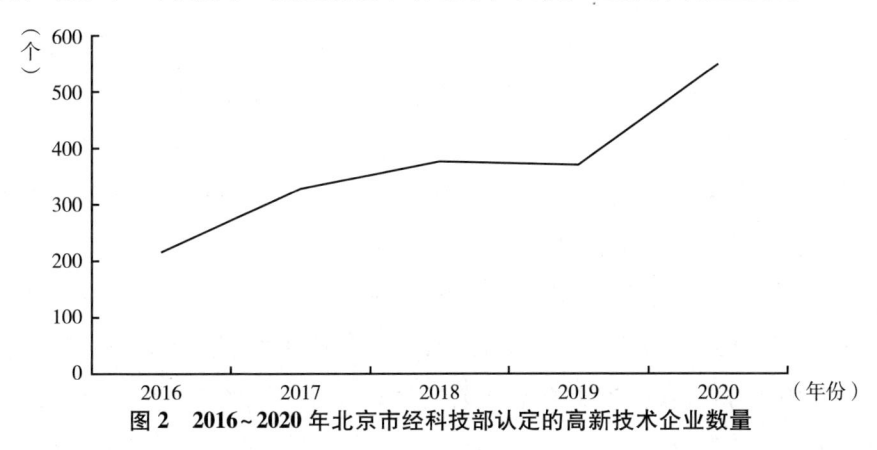

**图2  2016~2020年北京市经科技部认定的高新技术企业数量**

资料来源：中国火炬统计年鉴。

## （二）产业发展能级实现新跃升

从图3可以看到，2016~2020年北京市高技术产业和战略性新兴产业增加值不断创下新高。2020年全市高技术产业和战略性新兴产业增加值为18207.7亿元。同时，北京市"高精尖"产业落地取得重大突破，在海淀区、北京经济技术开发区等多个区重点发展了优质产业集群，打造创新驱动经济发展新模式。

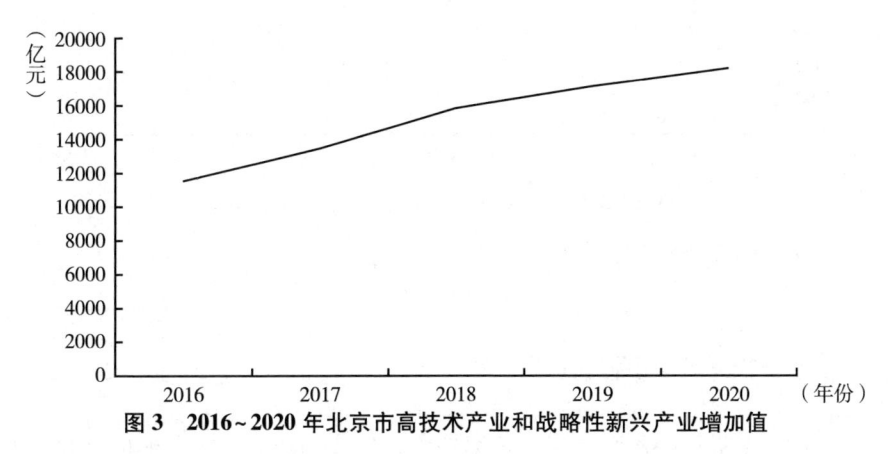

**图3  2016~2020年北京市高技术产业和战略性新兴产业增加值**

资料来源：中国火炬统计年鉴。

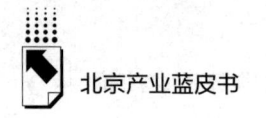

## （三）产业创新资源优势明显

目前共有近一百所大学院校坐落在北京。其中，"211"工程院校 26 所，占全国"211"工程院校总数的 22.4%；"985"工程院校 8 所，占全国"985"工程院校总数的 20.5%。北京有庞大的师资力量、优秀的实验条件和设备资源，研究范围涉及多个行业领域。专业的科技企业孵化机构是"高精尖"技术企业发展的重要保障。北京科技企业孵化器经过多年发展已由 2010 年的 80 家发展至 2020 年的 500 多家。2020 年北京市创业孵化器创新创业导师数量为 7483 人，较 2016 年的 1930 人同比增长 287.7%。北京市 2020 年创业孵化器成功孵化的企业数量为 1872 个。从图 4 中数据可知，在科学研究与开发（R&D）投入方面，2020 年 R&D 人员折合全时当量为 336280 人年。丰富的科技创新资源为北京市打造"高精尖"产业集群和促进经济高质量发展奠定了坚实基础。

**图 4　2016~2020 年 R&D 人员折合全时当量**

资料来源：中国火炬统计年鉴。

## （四）技术市场活力旺盛

科技创新是推动经济发展的不竭动力。科技创新可以有效地推动北京市

"高精尖"产业发展。从表1中可以看到,2021年北京市实现技术市场成交额和技术市场交易量"双突破"。技术市场成交额首次突破7000亿元大关,认定登记技术合同总量首次突破9万项,技术市场交易额较2019年同比增长了23%。技术市场交易额和技术交易活跃度呈现稳步增长态势,表明北京市技术市场活力旺盛。

表1 2008~2021年技术市场成交额与技术交易活跃率

| 年份 | 技术市场成交额(亿元) | 技术交易活跃率 |
| --- | --- | --- |
| 2008 | 1027.22 | 0.087 |
| 2009 | 1236.25 | 0.096 |
| 2010 | 1579.54 | 0.106 |
| 2011 | 1890.28 | 0.110 |
| 2012 | 2458.5 | 0.129 |
| 2013 | 2851.72 | 0.135 |
| 2014 | 3137.19 | 0.137 |
| 2015 | 3453.89 | 0.139 |
| 2016 | 3940.98 | 0.146 |
| 2017 | 4486.89 | 0.150 |
| 2018 | 4957.82 | 0.150 |
| 2019 | 5695.28 | 0.161 |
| 2020 | 6316.61 | 0.175 |
| 2021 | 7005.70 | 0.174 |

资料来源:北京市统计年鉴。

### (五)"高精尖"产业发展存在的问题

首先,土地资源稀缺是制约北京市"高精尖"产业发展的重要因素之一。土地资源稀缺和空间资源不足使得企业面临高昂的经营成本。初创高科技企业前期面临的资金压力较大，需要投入大量的资金用于研发，而高昂的经营成本不利于高科技企业的发展。土地资源稀缺和空间资源不足对北京市"高精尖"产业发展的约束作用日益明显。由于土地资源有限，高昂的地租成本使得许多刚刚成长的企业不得不选择在其他地区落户。许多已经成长起来的"高精尖"企业随着业务拓展和人员规模扩大，迫切需要更大的空间。

北京市"高精尖"产业体系分布不均衡问题仍缺乏具体解决措施。目前，多项产业指导意见对北京各区及重点产业园区如何选择性布局提出了规划，但是在"高精尖"企业创业环境打造、各层级企业均衡发展方面尚未提出更进一步的指导和举措。从国际竞争力的角度来看，北京正在探索和构建与首都城市战略定位相符合的现代化产业结构。优先发展"高精尖"产业是我国提高经济话语权和国际竞争力的战略举措。但是，目前北京市"高精尖"产业仍存在一些问题：如发展参差不齐、地区整体经济总量虽大但"高精尖"产业占比较低，尤其在人工智能、前沿新材料、智能终端等多个领域均呈现各层级企业分布不均、数量不足的情况；企业梯次和完善的科技企业孵化培养机制尚未形成。

其次，科研成果转化难是制约"高精尖"产业发展的关键因素。源源不断的先进科技成果为"高精尖"产业的发展注入动力。一些科研成果转化的政策明确提出鼓励科研人员参与企业经营并可长期持有股权，但目前的政策仍未涉及应用型技术项目立项改革、"高精尖"创业人才资金保障等关键环节，大量"高精尖"技术成果不能转化为行业应用的局面仍然难以改善。目前的政策举措不但对社会资本的进入设置了很高的门槛，同时对单个"高精尖"技术项目的资金引入渠道做出了过多的限制，不利于多层次多样化的资本体系构建。发展北京十大"高精尖"产业需要领先的技术基础和雄厚的企业基础作为支撑，但是从现阶段来看，这两方面均存在一些不足及薄弱环节，从而导致"高精尖"产业的发展呈现头重脚轻的局面。

## 三 指标选取和权重确定

"高精尖"产业创新发展指数的指标选取以四项原则为基准,结合我国高新技术企业和战略性新兴产业的产业特点和发展特征,用等权重法进行选取。

1. 科学性与可行性相结合原则

"高精尖"产业创新发展指数的指标选取遵循科学性和可行性。在保证选取的指标可获得的基础上,又能准确地反映北京市"高精尖"产业的创新发展状况。

2. 系统性与层次性相结合的原则

"高精尖"产业创新发展指数的指标选取遵循系统性和层次性。本报告兼顾"高精尖"产业发展的差异和经济发展的系统性,运用层次分析法将"高精尖"产业评价指标体系分解为多个层次,设立多层指标,以便更为清晰地反映影响产业发展的因素。

3. 定量分析与定性分析相结合原则

"高精尖"产业创新发展分析方法坚持以定量分析为主,以定性分析为辅。查找相关统计数据并利用定量分析方法可以直观有效地反映"高精尖"产业发展情况;对于难以量化的因素辅以定性分析,做到全面、客观地反映当前北京地区的相关产业创新发展水平。

## 四 "高精尖"产业创新发展指数构建

本部分主要涉及产业指标的选取、数据来源的介绍以及评价模型的构建。如表2所示,"高精尖"产业创新发展指数的构建及各指标赋权主要从产业环境、产业投入和产业产出三个方面考察。产业环境主要描述当前我国高新技术企业和战略性新兴企业经营、创新的环境氛围;产业投入和产业产出是从效益角度进行创新发展成果的度量。

表2 "高精尖"产业创新发展指标及权重

| 考察指标 | 一级指标 | 一级指标权重 | 二级指标 | 二级指标权重 |
| --- | --- | --- | --- | --- |
| "高精尖"产业创新发展指标 | 产业环境 | 33 | 经科技部认定的高新技术企业数量 | 8.25 |
| | | | 创业孵化器成功孵化的企业数量 | 8.25 |
| | | | 创业孵化器创新创业导师数量 | 8.25 |
| | | | 学术交流活动参与人数 | 8.25 |
| | 产业投入 | 33 | 当期公共财政支出中涉及科学技术的金额 | 11.00 |
| | | | 高技术产业和战略性新兴产业研发人员折合全时当量 | 11.00 |
| | | | 孵化基金总额 | 11.00 |
| | 产业产出 | 33 | 当期技术转让合同金额 | 6.60 |
| | | | 国家自主创新示范区企业收入 | 6.60 |
| | | | 高新技术产品出口额 | 6.60 |
| | | | 当期获批的发明创新专利数量 | 6.60 |
| | | | 高技术产业和战略性新兴产业增加值 | 6.60 |

**1. 相关指标的选取思路**

产业环境指标选取。高新技术企业均经科技部认定，可以有效体现出当前创新的整体氛围和质量，因此选取经科技部认定的高新技术企业数量作为产业环境指标。在欧美发达国家，商业孵化器的运作已经有较长历史，且运行模式已经完善和成熟，因此与孵化器相关的指标可以反映当前的创新发展环境。学术会议是开展学术交流、促进科研发展和科学技术进步的重要平台，因此学术交流活动参与人数可以有效反映一个地区的学术创新动能和开放程度，并将其作为描述产业环境指标之一。

产业投入指标选取。政府财政支出是当前高校和科研院所研究创新的主要经济来源，因此必须将当期公共财政支出中涉及科学技术的金额纳入指标构建。高技术产业和战略性新兴产业研发人员折合全时当量反映了这两个行业的研发创新密度，战略性新兴产业和高技术产业均是知识密集型产业，因此研发人员折合全时当量能很好地反映相关产业的投入规模。科技孵化器是培育国家创新型企业的重要平台，孵化基金为当地中小创新型企业带来发展机遇，孵化基金总额代表当地创新投入水平，因此在产业投入指标中加入孵化基金总额是比较符合我国当前实际情况的。

产业产出指标选取。当期技术转让合同金额反映了一段时间内技术转让市场的活力，可以有效反映当前我国技术进步的情况。当前我国国家自主创新示范区处于蓬勃发展阶段，对新入驻的企业有诸多规定和要求，其中对公司盈利能力的要求可以作为考察相关企业业绩的一个窗口，换言之，能够入驻国家自主创新示范区的高技术产业和战略性新兴产业必然有着较为优秀的盈利能力和财务状况，从这个角度出发，将国家自主创新示范区企业收入作为产业产出的考察指标之一。专利方面，发明创新专利是最有价值的一类专利，是当前创新创意能力的较好体现。高技术产业和战略性新兴产业增加值能够从整体上展示某个产业的发展状况，许多夕阳产业虽然有较大的产业规模，但是每年的产业增加值寥寥无几，甚至部分出现了负增长，因此产业增加值可以客观地展示相关产业的发展趋势和未来前景。

综上所述，进行相关产业创新发展指标的分析，其中一级指标3项，分别是产业环境、产业投入、产业产出；二级指标12项，分别是经科技部认定的高新技术企业数量、创业孵化器成功孵化的企业数量、创业孵化器创新创业导师数量、学术交流活动参与人数、当期公共财政支出中涉及科学技术的金额、高技术产业和战略性新兴产业研发人员折合全时当量、孵化基金总额、当期技术转让合同金额、国家自主创新示范区企业收入、高新技术产品出口额、当期获批的发明创新专利数量和高技术产业和战略性新兴产业增加值。

2. 数据来源

本报告数据源自《北京市统计年鉴》、《火炬计划统计年鉴》、《中国工业统计年鉴》和 Wind 数据库，涵盖时间为 2016~2020 年。

3. 线性加权综合评价模型

利用线性加权综合评价模型得到相应的综合评价结果。

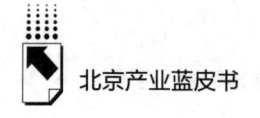

计算过程如下。

首先，设评价指标集有 $n$ 个评价指标（一般来说，这 $n$ 个指标是相关的，不是独立的），评价指标用 $x$ 表示，且每个指标有 5 期观测值，这样 $n$ 个指标，5 期观测值可以表示为以下（1）式向量形式：

$$XX^{(i)} = (x_{i1}, x_{i2} \cdots x_{i5})^T, 且有(i = 1,2,3 \cdots n) \quad (1)$$

$n$ 个指标的权重向量可以表示为（2）式：

$$W = (w_1, w_2 \cdots w_5)^T \quad (2)$$

其次，对原始数据用各种标准化方法进行处理，然后运用处理后的数据，应用（1）式和（2）式即可建立如（3）式线性综合评价模型：

$$Index = y_1 w_1 + y_2 w_2 + \cdots + y_n w_n \quad (3)$$

上式中 $Index$ 为综合评价值，$w$ 为权数，$y$ 为指标标准化值。

本节采用 Z-score 标准化（zero-mean normalization）方法对数据进行标准化处理，计算公式为：

$$X^* = \frac{x - \mu}{\delta}$$

$\mu$ 为所有样本数据的均值，$\delta$ 为所有样本数据的标准差。

## 五 结果评价

2016~2020 年北京和全国"高精尖"产业创新发展指数测算结果如图 5 所示，需要注意的是，本报告的目的是考察 2016~2020 年北京地区和我国创新发展能力的变动发展情况，出于对可比性和直观性的考虑，在图 5 中的指数均以 2016 年为基期，其余年份的结果均为相对于基期的创新发展指数测算结果，并不代表绝对的创新发展水平。

由图 5 可知，北京市的"高精尖"产业创新能力和发展潜力在 2016~

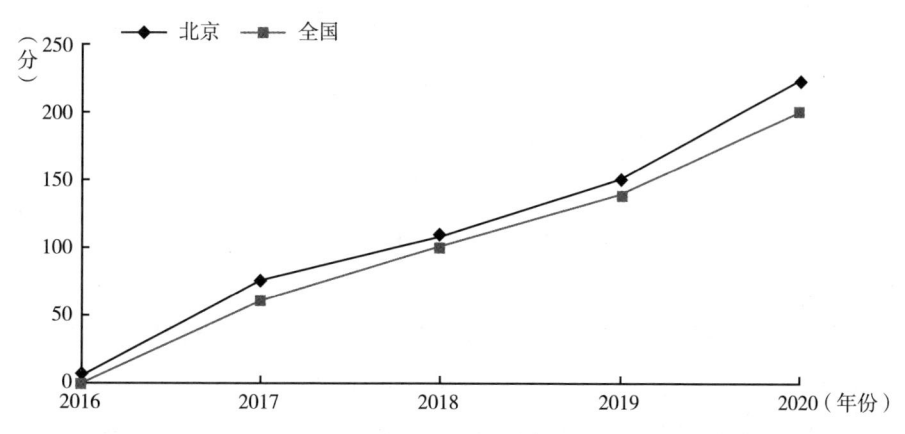

图 5　2016~2020 年北京和全国"高精尖"产业创新发展指数测算结果

资料来源：笔者计算。

2020 年持续高于全国水平，尤其是 2019 年以后，北京在该项指数上实现了大幅领先，这充分说明了北京在 2019 年初颁布、推进、落实的一系列针对"高精尖"新兴产业的助推政策，有效地刺激了相关产业的创新发展，并且形成了较为坚实的先发优势。2016~2017 年，全国范围内相关产业的创新能力有了较大的提高，其原因可能是 2016 年之后，国家层面相继出台了多个"高精尖"产业鼓励政策。2015 年 5 月《中国制造 2025》发布，这是我国发展高端制造、促进"高精尖"产业发展的第一个十年行动纲领。北京市政府紧紧围绕这一纲领总体目标和发展要求，依据其自身定位与经济发展特点，制定"高精尖"重点领域发展规划，相继出台了一系列鼓励"高精尖"产业发展的政策作为创新产业发展的重要指引和支撑。

但是在 2019 年以后，北京再次拉开了与全国的距离，在创新发展能力上的领先幅度加大。北京市以数字经济、高端制造为特征，建立"高精尖"产业示范区；智能制造优秀项目和优质解决方案供应商数量大幅提高；建成全球首个网联云控式高级别自动驾驶示范区；国家级专精特新"小巨人"和高端制造企业数量不断增加。其中，新一代信息技术的发展在北京"高精尖"产业中表现突出，人工智能、网络安全、先进通信网络、虚拟现实等新一代信息技术已成为推动北京经济高质量发展的引擎。这说明北京市的

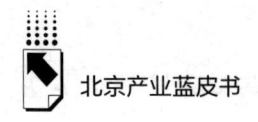

发展创新动能持续保持高涨,"高精尖"产业创新发展势头强劲。北京市政府集中力量,按照"以责定事、以事定钱",对"高精尖"产业关键领域、重大项目进行突破,为其提供资金支持,鼓励其协同创新。

## 六 政策建议

当前北京市的"高精尖"产业发展取得了令人瞩目的成绩,发展创新指数持续增长,但当前仍存在一些问题亟须引起重视。

(1) 融资难是阻碍"高精尖"产业发展的主要因素之一。由于"高精尖"产业具有研发投入高和研发活动风险大等特征,银行等金融机构为了控制贷款风险,不仅减少了贷款量,而且设置了较高的贷款利率。这使得许多发展初期的企业在获取贷款时难度增加,不利于北京市"高精尖"产业的发展。

(2) 产业链、供应链"卡脖子"现状仍未改变。我国高端制造业发展较为滞后,部分核心技术仍依赖进口。高端科技行业依赖大量尖端材料和生产部件,如高性能集成电路、碳纤维和特种功能材料等。

(3) "高精尖"产业体系建设支撑不足。尖端科技从实验室研发到实际落地难度较大,北京市的科技创新闭环仍未形成。虽然近些年来,在我国政策的大力扶持之下,"高精尖"产业发展成果显著,但仍存在产业低端重复建设和恶性竞争等问题。

(4) 产权纠纷严重,核心专利数量较少。近年来,我国专利数量稳步增长,专利水平也逐年提高。北京市专利申请量和获批数量均在全国处于领先地位,这一优势也反映在了创新发展指数上,相应的,北京市也面临更加严峻的知识产权风险,而这一风险虽然难以量化,但也值得关注。目前我国申请的专利多在商业用途领域,核心技术专利的数量仍较少,并且会有诸如"专利蟑螂"等现象频繁出现,干扰正常创新发展环境,需要及早制定相应对策。

为了培育好、建设好"高精尖"产业,北京市应当做到以下几点。

(1) 强化资金支撑作用,拓宽投融资渠道,扩大优质金融信贷供给。

加大普惠性产业资金扶持力度，有效发挥各类产业基金的引导作用。鼓励银行等金融机构在风险允许的情况下，优先向"高精尖"产业提供低利率贷款。发挥资金的支持作用，给企业提供更多的投资融资渠道。

（2）拓宽战略性新兴产业发展渠道。积极搭建"高精尖"培育孵化平台，帮助有潜力的高新技术企业发展壮大；对符合条件的战略性新兴产业项目和园区，提供更好的基建服务和公共平台服务，实现创新发展环境的进一步飞跃。

（3）建立"高精尖"项目发展综合评价机制和重大项目落地统筹协调机制。鼓励各区积极主动地引入和扶持拥有新技术的企业，主动承担招商引资任务和项目谋划工作，推进创新政策落地。建立与当地"高精尖"产业发展相适应的土地支持政策，吸引高技术企业来京投资。

（4）完善财税相关政策，发挥财政资金对投资的引导作用。系统的财税支持政策可以有效地同国家"四个中心"建设工作相适应。政府可以通过与社会资本合作、股权投资等方式引导社会资金投入"高精尖"领域，有效地帮助企业实现技术创新，推动"高精尖"经济结构的形成。

**参考文献**

贾晓俊：《北京"高精尖"产业亟须财税政策支持》，《人民论坛》2018年第16期。

云小鹏、朱安丰、郭正权：《高精尖产业发展的创新驱动机制分析》，《技术经济与管理研究》2021年第12期。

田新民、胡颖：《以供给侧结构性改革推进"高精尖"产业结构的构建——以北京市为例》，《经济与管理研究》2016年第8期。

杨正一、张杰：《北京市"高精尖"产业集聚水平及效应研究》，《经营与管理》2019年第1期。

# B.3
# 北京市服务业扩大开放水平指数研究

李孟刚　李竞成　蒋雨浠*

**摘　要：** 过去几年，全球经历了巨大的贸易和制造业环境变化，地缘政治风险增大，外商直接投资有所回落。本报告将聚焦构建北京市服务业开放水平指数，以定量的视角考察北京市服务业在2021年以来的开放水平变化。实证结果显示，北京市服务业的开放水平在2021年以来展现出巨大的经济韧性，"引进来"和"走出去"齐头并进，服务业开放水平稳步提升。

**关键词：** 北京市服务业　扩大开放指数　等权重法

2015年，国务院颁布了《北京市服务业扩大开放综合试点总体方案》，自此，北京市服务业扩大开放综合试点在政策层面上开始了积极的践行。当前，服务业扩大开放已经成为扩大开放的重要内容。2020年，国务院批复了《深化北京市新一轮服务业扩大开放综合试点建设国家服务业扩大开放综合示范区工作方案》，推动北京市服务业扩大开放试点进入新阶段。2021年，北京市将该方案的实施工作列入《2021年市政府工作报告重点任务清单》中，并推出了一系列配套政策以配合该方案。这些政策致力于促进《北京市"十四五"规划编制工作方案》中"2025年在全市基本健全以贸

---

\* 李孟刚，北京交通大学经济管理学院教授，博士生导师，研究方向为国家经济安全、产业安全；李竞成，北京交通大学经济管理学院博士研究生，研究方向为产业安全；蒋雨浠，北京交通大学经济管理学院研究生，研究方向为国家经济安全。

易便利、投资便利为重点的服务业扩大开放政策制度体系"这一目标的实现，成为服务业扩大开放的最新示范引领。

由于对制度高度敏感，服务业的更好发展必然需要站在完善的制度基础上，而改革是优化制度环境从而促进服务业发展的根本动力。因此，服务业扩大开放与体制改革密不可分。鉴于以开放促进改革并在扩大开放中深化改革的重要意义，服务业扩大开放不但能促进三大产业结构的优化，满足国民消费升级需求，而且能够增强服务业竞争力，从而提升我国国际竞争力。

2022年是北京市探索服务业扩大开放的第7年。在"十三五"期间，北京市的服务贸易额在全国始终维持着1/5的占比。可见，北京市已经使服务贸易成了其最新的经济增长点，其成功经验也能够为各地扩大服务业对外开放、有效促进服务业发展提供借鉴。鉴于此种情况，有必要使用指数的形式，客观、定量地评价北京市服务业的开放广度和深度，为以后的相关工作推进指明方向，为各地服务业扩大开放发展提供借鉴。

## 一 服务业扩大开放的新形势

自2015年国务院同意北京开展服务业扩大开放试点，到2022年北京市已经探索了多年的服务业扩大开放。2017年，国务院同意北京市继续深化开放探索；2019年，国务院批准北京市再度进行为期3年的服务业扩大开放试点；2020年，国务院同意北京市将服务业扩大开放探索从"试点"升级到"示范区"的新高度；2021年，习近平总书记为北京市的"两区"建设指明了方向，点明北京市应该继续进行开放创新探索。在过去7年间，北京市不负众望，服务业扩大开放取得了一系列阶段性成绩，向全国输送了一系列可推广、可复制的先进经验，为国家服务业扩大开放做出了重要的探索。2020年，北京市服务业利用外资总额在全市利用外资总额中占比96.5%，可见北京市服务业开放已经取得了一定的成果。2020年北京市服务业实际利用外资结构如图1所示。

北京产业蓝皮书

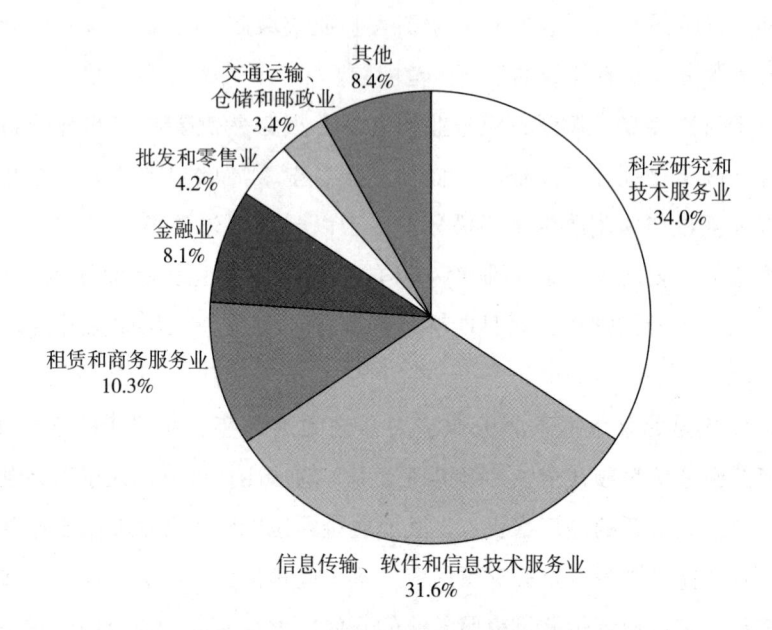

**图1　2020年北京市服务业实际利用外资结构**

资料来源：北京市商务局、北京市统计局。

"政策+项目"的落地是政策实施和探索改革的重要路径。北京市积极践行为全国探索服务业扩大开放路径、为经济发展注入新动能的时代使命，全力执行各项政策，帮助政策在项目层面成功落地。自2017年服务业深化改革开放以来，北京市落实了国务院批复的403个任务，使得一批极具代表性的项目成功在京落地，推动北京市服务业利用外资、服务业增加值、服务贸易等持续出现新高，为北京经济发展蓄能，为全国后来者推广了6批25个最佳试点经验与实践案例，为国家构建高水平开放型经济体制积累了宝贵经验。在此期间，促使200多个改革任务最终落地，完成率高达90%。在2022年北京市"3个100"重点工程项目中，有9个重要项目与服务业扩大开放相关（见表1）。可见，北京市服务业扩大开放不仅在政策层面上得到了高度重视，也在项目层面上得到了具体落实。

表 1 "3 个 100"重点工程项目中的服务业扩大开放项目

| 序号 | 项目名称 | 进展情况 |
| --- | --- | --- |
| 1 | 中关村论坛永久会址 | 新建项目 |
| 2 | 大兴国际航空总部园 | 新建项目 |
| 3 | 北京国际设计周永久会址配套项目 | 新建项目 |
| 4 | 天竺综保区联络线及园区附属设施(打捆) | 新建项目 |
| 5 | 国家会议中心二期项目 | 续建项目 |
| 6 | 新国展二期项目 | 续建项目 |
| 7 | 栖湖组团项目 | 续建项目 |
| 8 | 大兴国际机场教育科研基地 | 续建项目 |
| 9 | 东直门交通枢纽、东华国际广场商务区 | 续建项目 |

资料来源：北京市商务局。

当前，在政策重视度不断提升、项目落地取得阶段性成绩的新形势下，北京市服务业扩大开放更应该适当总结发展成果，适时以厘清优劣势来探求改革新方向。为有效促进"两区"建设，2022年2月，北京市提出了建设重点和最新方向，主要包括以下三个维度。

第一个维度：推行系统化改革。在2022年，北京市从点到面地推动扩大开放，聚焦科技创新等重点领域，从而实现全产业链扩大开放。

第二个维度：从四个要点加强协同联动。第一点，对创新企业实行支持政策，以此来服务国际科技创新中心的建设工作。第二点，致力于实现"两区"建设和数字经济标杆城市建设这两者之间的互促互融。第三点，通过政策创新和项目创新的共同发力来建设国际消费中心城市。第四点，致力于促成京津冀协同开放。

第三个维度：着力重心下沉。2022年，北京市瞄准园区特色，促进政策与体制创新在园区内组团落地。

可见，未来北京市将更为注重改革的系统化和协同联动，以重心下沉来更有效地促进服务业开放，并进一步为北京市经济发展注入新动能。

综上，在过去7年间，北京市服务业扩大开放获得了政策上的高度重视,也在项目落实方面切实取得了一些阶段性的成绩。与此同时,在"十三五"期间,北京市服务贸易总额呈现波动态势,占全市贸易总额比重也略有下降(见图2),可见,北京市服务业仍然面临一定的问题,而扩大开放是激发经济活力、解决现有问题的重要途径。

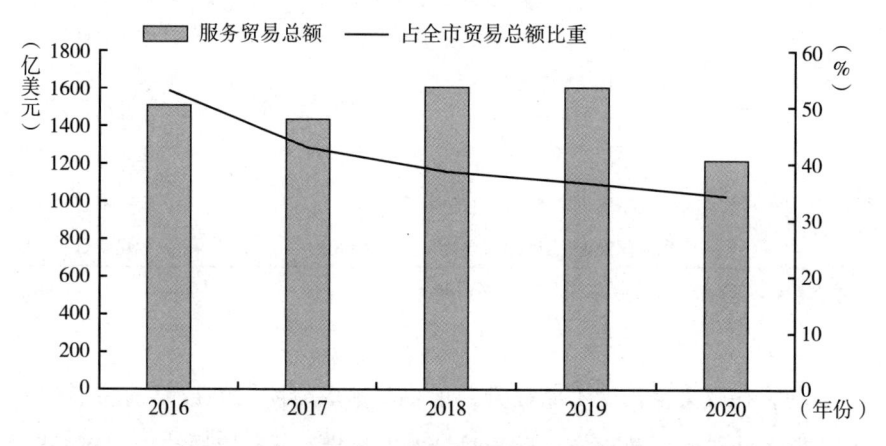

**图2 2016~2020年北京服务贸易总额及其占比变化**

资料来源:北京市商务局。

2022年,北京市服务业扩大开放将更加强调系统化改革、协同联动与重心下沉,以在新形势下更好地促进服务业扩大开放,顺应服务业发展新趋势并提高其改革效率。基于此,北京市可以解决此前服务业扩大开放中发现的问题,促进服务业开放的可持续发展。

## 二 北京市服务业开放水平指数构建

### (一)北京市服务业开放水平指数的指标选取

服务业开放水平指数构建的关键是选取合适、科学的指标。在实践中,每个指标的有效性和对实际情况的反映程度是不一样的,甚至有些指标是不切合实际的,因此我们应该慎重地选择科学的指标。在选取服务业开放水平指数的相关指标时应遵循以下原则。

（1）可靠性原则。所选取的指标应该比较稳定，没有太大的波动。来源可靠，才能使得选取的指标具有一定的公信力和实用性，能够从多个方面尽量全面地反映北京市服务业开放程度。

（2）敏感性原则。服务业受各类风险冲击较大，所选取的指标要具有高度的概括性和敏感性，要能及时准确地感应出微妙的变化，并且反馈出相关信号。

（3）实践性原则。构建北京市服务业扩大开放指数的目标是为了更好地指导北京市服务业发展，所选指标必须能够客观、真实地反映服务业开放程度的现状和走势，使之具有现实的经济意义。

本报告在选取指标时，从服务业活力、服务业发展和开放深化水平三个方面考察（见表2），指标体系如下。

服务业活力指标：包括港澳台服务业企业总数、外资服务业企业总数、港澳台服务业企业占比、外资服务业企业占比、港澳台服务业企业利润额[1]、外资服务业企业利润额。企业数目和利润水平可以直观地反映在北京的港澳台和外资服务业企业的经营状态，上述指标为正向指标。

服务业发展指标：包括北京市文化产业产值[2]、北京市文化娱乐业从业人员、港澳台服务业企业从业人员、外资服务业企业从业人员[3]。文化产业是服务业中的重要组成部分，北京市也在努力构建国际性的文化中心，将文化产业的发展情况纳入考察，可以更好地反映北京市服务业的发展情况。国

---

[1] 利润额指企业在一定会计期间的经营成果，是生产经营过程中各种收入扣除各种耗费后的盈余，反映企业在报告期内实现的盈亏总额。

[2] 文化产业执行国家统计局印发的《文化及相关产业分类（2018）》。文化及相关产业内涵具体包括：①以文化为核心内容，为直接满足人们的精神需要而进行的创作、制造、传播、展示等文化产品（包括货物和服务）的生产活动。具体包括新闻信息服务、内容创作生产、创意设计服务、文化传播渠道、文化投资运营和文化娱乐休闲服务等活动。②为实现文化产品的生产活动所需的文化辅助生产和中介服务、文化装备生产和文化消费终端生产（包括制造和销售）等活动。

[3] 从业人员指在报告期内（年度、季度、月度）平均拥有的从业人员数，包括在岗职工、使用的劳务派遣人员及其他从业人员。季度或年度平均人数按单位实际月平均人数计算。

务院曾提出应当"发展文化市场多元化服务模式",并强调促进行业内就业的重要性①,因此文化娱乐业的从业人数具有重要参考意义,可以反映出该行业竞争力的变化,进而反映出北京市服务业开放的态势,这与选择港澳台和外资服务业从业人数作为指标的原因是一致的。

开放深化指标:包括引进外资规模和入境北京的外国人数。引进外资规模是考察开放水平的重要标准;入境北京的外国人数不仅可以反映北京的开放力度,也可以反映出北京管控疫情的水平。

在指标的权重方面,本报告选择各级指标等比重的加权方法。

表2 北京市服务业开放水平指标权重

| 一级指标 | 二级指标 | 权重 |
| --- | --- | --- |
| 服务业活力指标 | a 港澳台服务业企业总数 | 5.50 |
|  | b 外资服务业企业总数 | 5.50 |
|  | c 港澳台服务业企业占比 | 5.50 |
|  | d 外资服务业企业占比 | 5.50 |
|  | e 港澳台服务业企业利润额 | 5.50 |
|  | f 外资服务业企业利润额 | 5.50 |
| 服务业发展指标 | g 北京市文化产业产值 | 8.33 |
|  | h 北京市文化娱乐业从业人员 | 8.33 |
|  | i 港澳台服务业企业从业人员 | 8.33 |
|  | j 外资服务业企业从业人员 | 8.33 |
| 开放深化指标 | k 引进外资规模 | 16.65 |
|  | l 入境北京的外国人数 | 16.65 |

---

① 根据国务院批复,2019年12月5日起至全面推进北京市服务业扩大开放综合试点期满(2022年1月30日),在北京市暂时调整实施部分行政法规和经国务院批准的部门规章规定,包括《旅行社条例》《外商投资电信企业管理规定》《中华人民共和国认证认可条例》《民办非企业单位登记管理暂行条例》《娱乐场所管理条例》《营业性演出管理条例》6部行政法规和《外商投资准入特别管理措施(负面清单)(2019年版)》的有关规定。

## （二）北京市服务业开放水平指数计算

### 1. 数据来源

本报告数据来源为《北京市统计年鉴》、北京市文化和旅游局、《中国统计年鉴》、Wind 数据库、北京市财政局，数据期间为 2021 年 1~12 月。

### 2. 数据标准化处理

选取 $m$ 个指标，共 $n$ 个样本，则 $X_{ij}$ 为第 $i$ 个样本的第 $j$ 个指标的值，$i=1, 2, 3, \cdots n$；$j=1, 2, 3 \cdots m$。

由于各个指标的单位并不统一，本文对各项数据均进行了标准化处理：

（1）对于正向指标（越大越好的指标）。

$$X' = \frac{X_{ij} - \mathrm{Min}(X_{ij})}{\mathrm{Max}(X_{ij}) - \mathrm{Min}(X_{ij})}$$

（2）对于负向指标（越小越好的指标）。

$$X' = \frac{\mathrm{Max}(X_{ij}) - X_{ij}}{\mathrm{Max}(X_{ij}) - \mathrm{Min}(X_{ij})}$$

数据标准化后按各自权重相加，得到 2021 年北京市服务业开放水平指数（见图 3）。

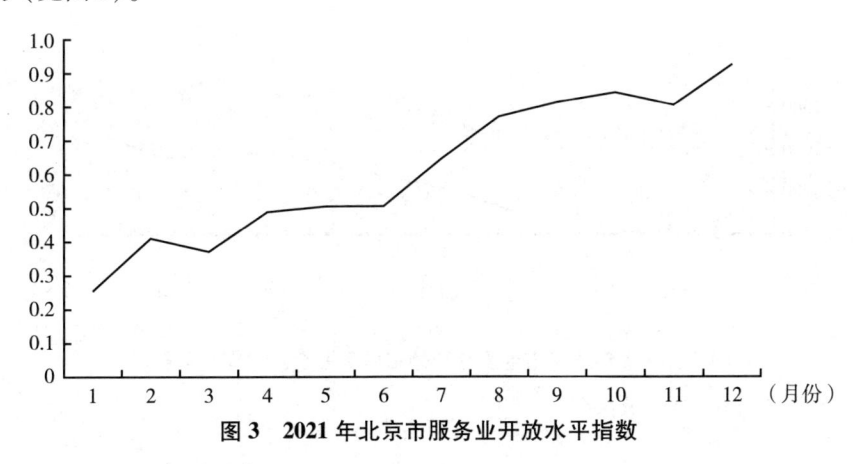

图 3 2021 年北京市服务业开放水平指数

资料来源：笔者计算。

如图 3 所示，2021 年北京市的服务业对外开放水平指数呈现偶有波动但整体上升的趋势。其中，偶然间的波动主要出现在 3 月和 11 月，其余月份都稳中有升。相较于 2020 年较大的震荡趋势，2021 年的情况显然有所好转，可见北京市服务业发展趋势良好，服务业对外开放的前景良好，开放水平正在向好发展。

### （三）北京市服务业开放水平指数趋势成因分析

2021 年北京市服务业开放水平稳中有升的原因有以下几点。

#### 1. 2021 年服务业企业利润逐渐上升

2020 年初，受新冠肺炎疫情冲击，港澳台和外资服务业企业的盈利情况均受到较大影响，服务业企业利润下降；2020 年末，随着疫情防控常态化，相关服务业企业的利润已经初步呈现震荡上升趋势。2021 年，北京市港澳台和外资服务业企业的利润均显著上升。这主要与疫情防控常态化有关，服务业是较为依赖客流量的产业，客流量的恢复与大众对消费态度的信任程度上升，共同促成了 2021 年服务业企业利润的上升（见图 4）。

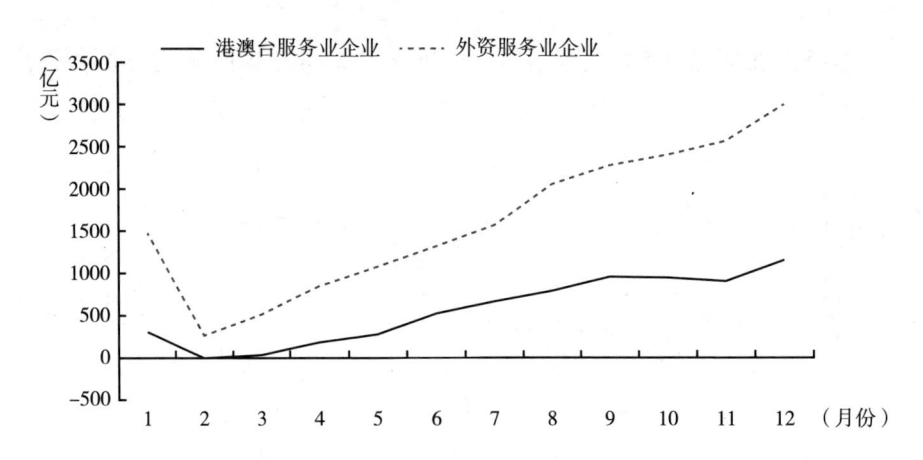

**图 4　2021 年北京市港澳台和外资服务业企业利润总额情况**

资料来源：北京市统计局。

## 2. 港澳台及外资服务业企业数量稳定

在2020年，港澳台服务业企业数量并没有明显减少，甚至有所上升；与之相反，外资相关企业的数量出现明显震荡，这说明外资服务业企业的抗风险能力较弱，部分企业缺乏维持在京业务的信心与魄力，但在2020年末仍出现了数量上升的情况。在2021年，随着疫情防控常态化，2020年内的震荡情况已经消失，两类服务业企业的数量均非常稳定，这为北京市服务业扩大开放提供了稳定保障（见图5）。

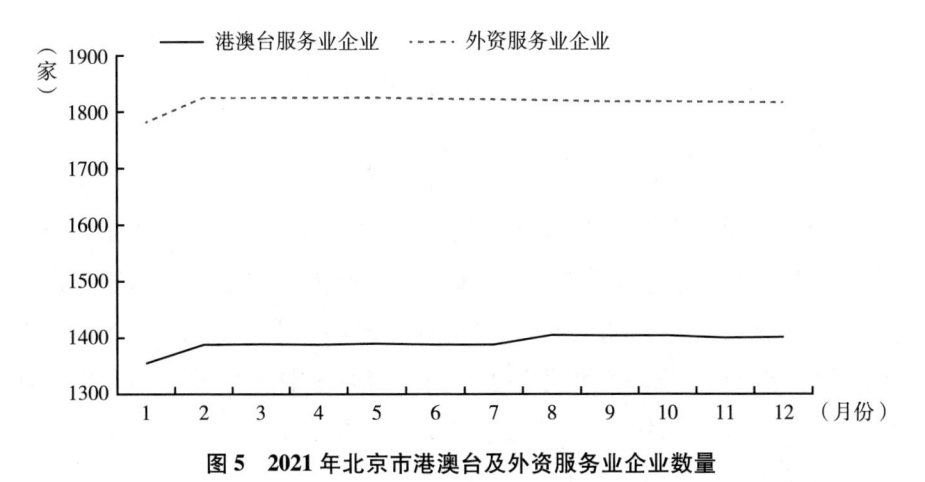

**图5 2021年北京市港澳台及外资服务业企业数量**

资料来源：北京市统计局。

## 3. 每月引进外资规模变化较大

如图6所示，同2020年相似，2021年北京市每月引进外资规模的波动仍然较大，同时北京市这两年外资引进规模的波动都存在周期性，但波动周期有所不同。2020年的2月、4月、8月、12月为外资引进低谷期，3月、6月、9月为外资引进高峰期；但在2021年，2月、4月、8月、12月却都是外资引进的高峰期，而3月、6月、9月等月份则是外资引进的低谷期，但这两年的波动周期长短是相似的。一个可能的解释是北京市外资引进规模差异较大，且大型外资项目的落地需要较长的时间准备，但其准备期长短是相似的。

北京产业蓝皮书

**图6 2021年北京市每月引进外资规模**

资料来源：北京市统计局。

实际上，改革开放40多年来，北京市一直是对外开放的领头羊。如图7所示，北京市对外资的利用水平不断上升。截至2020年，北京外资企业总计10233家，在全国127754家外资企业中占8%，同时拥有港澳台商投资企业6569家，在全国143350家港澳台商投资企业中占4.6%。据北京市商务局数据，2021年北京市实际利用外资为155.6亿美元，较2019年再攀新峰，足见北京市对外资的利用水平之高。

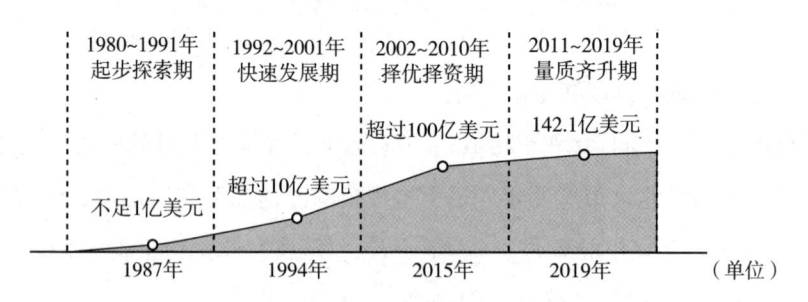

**图7 北京市引进外资规模历史变动**

资料来源：北京市商务局。

### 4. 北京文化娱乐产业迎来发展契机

如图8所示，北京市文化娱乐产业收入在2021年不断上升，从2月到

12月攀升至7.4倍，充分展示了北京市文化娱乐产业的发展潜力和广阔前景。如图9所示，北京市文化娱乐产业从业人数虽偶有波动，但整体上也出现了上涨，从61.3万人上升至64万人，涨幅较收入更小，这也说明文化娱乐产业是资本密集型产业，从业人员的价值创造能力较强。

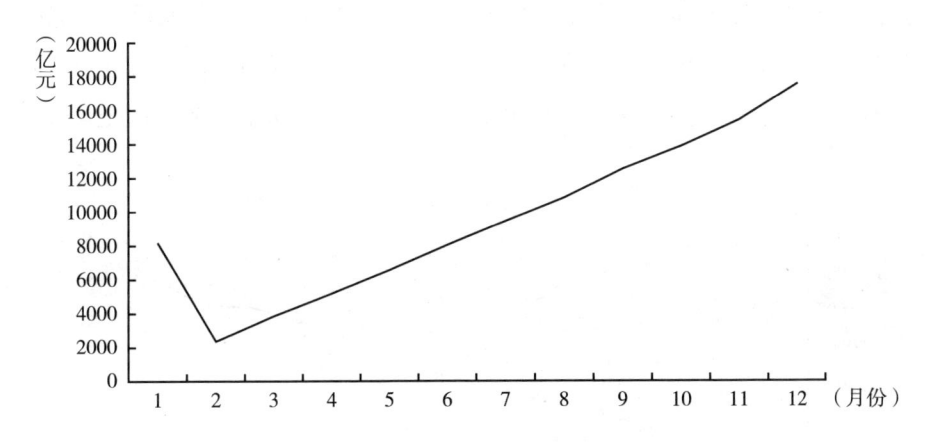

图8 2021年北京市文化娱乐产业收入

资料来源：北京市统计局。

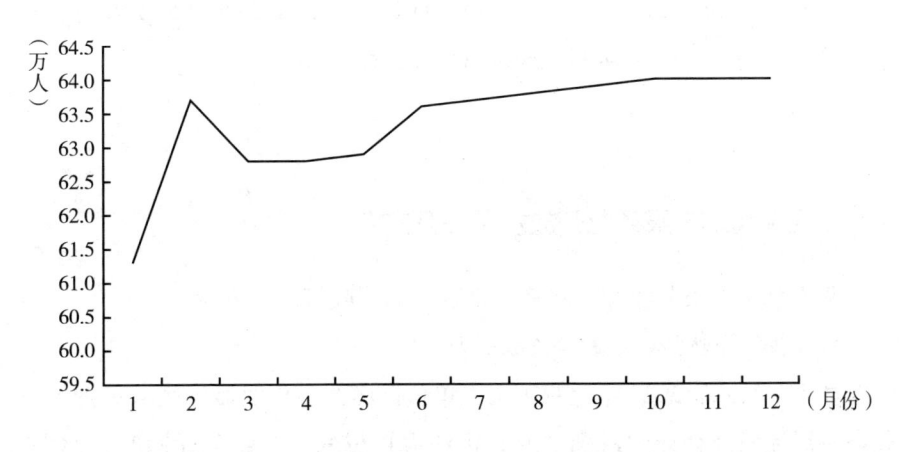

图9 2021年北京市文化娱乐产业从业人数

资料来源：北京市统计局。

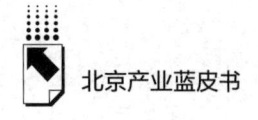

### 5.北京市经济发展势头蓬勃

如图10所示,2010~2021年,北京市在经济发展和对外开放的路程上高歌猛进。在国际竞争力方面,根据全球化与世界城市研究网络公布的世界城市排名,北京的评分已经达到A+级别,位列全球4强;根据日本森纪念财团发布的《全球城市实力指数报告》,北京市在经济维度上取得了全球排名第3的成绩,并在"全球城市指数"上位列第9。在国内,北京市专利数量始终位列第1,服务贸易占全国1/5以上,"独角兽"企业占全国2/5以上。

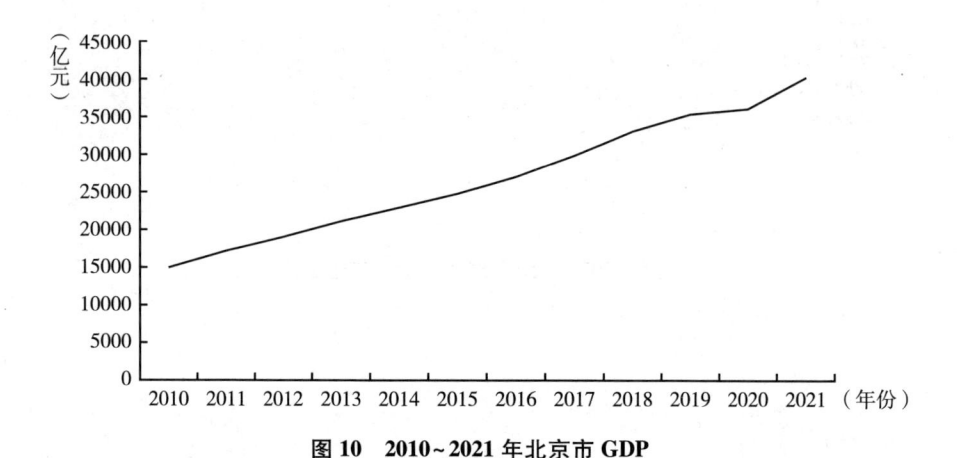

**图10 2010~2021年北京市GDP**

资料来源:北京市统计局。

### (四)北京市服务业开放水平提升方向

基于北京市服务业开放水平,现提出如下政策制定方向。

#### 1.发挥集聚优势,凝聚外资吸引力

如表3所示,2020年北京市法人单位已经体现出明显的区域集聚效应,朝阳和海淀两区合计约占到了北京市法人单位的50%;与此同时,北京市实际利用外资也已经体现出明显的集聚效应,朝阳和海淀两区合计占到了70%以上。基于此,应当继续保持对相应地区的政策扶持力度,进一步加强集聚效应,打出北京的好口碑,增强北京对外资的吸引力和国际竞争力。

表3 2020年北京市企业分布情况

|  | 法人单位 | | 实际利用外商投资额 | |
|---|---|---|---|---|
|  | 数量(家) | 占北京市比重(%) | 金额(亿美元) | 占北京市比重(%) |
| 朝阳区 | 12790 | 27.93 | 462027 | 32.76 |
| 海淀区 | 9683 | 21.15 | 566015 | 40.13 |
| 东城区 | 3025 | 6.61 | 60101 | 4.26 |
| 顺义区 | 2374 | 5.19 | 70270 | 4.98 |

资料来源：北京市统计局。

### 2. 拓宽外资来源渠道，多元化外资结构

如图11所示，2019年中国香港仍是北京外商投资主要来源地区，但荷兰、新加坡与韩国对北京的投资力度也在不断加大。这说明北京市对外资的吸引力不断增强，应当抓住这个契机，制定更有针对性的招商引资政策，进一步丰富北京市外资引进结构，增强北京市的全球营商竞争力。

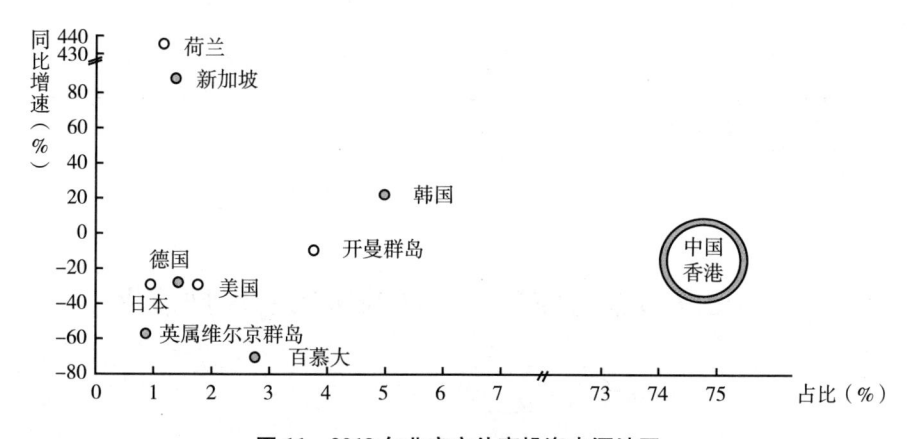

图11 2019年北京市外商投资来源地区

资料来源：北京市商务局、普华永道会计师事务所。

### 3. 因地制宜，开展特色引资

如表4所示，北京市各区的外商投资重点领域不尽相同，这说明各区的发展禀赋存在差异。基于此，相关的引资政策应当更加充分地考虑当地的区位优势，制定更具有吸引力的招商计划。

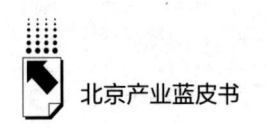

表4　北京市各区外商投资重点领域

| 行政区 | 外商投资重点领域 | 行政区 | 外商投资重点领域 |
| --- | --- | --- | --- |
| 东城区 | 金融业、商务服务业、信息服务业 | 通州区 | 健康服务业、文化创意、高端商务、科技农业 |
| 西城区 | 高端服务业 | 大兴区 | 高端汽车、临空服务、电子信息、高端装备、生物医药、都市服务、节能环保、文化创意、现代农业 |
| 朝阳区 | 文化创意、商务服务、金融、高新技术、健康养老、科技服务、体育休闲 | 昌平区 | 能源环保、智能制造、生物医药 |
| 丰台区 | 新兴金融、高新技术、文化创意 | 顺义区 | 航空航天、高端服务业、汽车、新能源、新一代信息技术、新材料、现代农业 |
| 石景山区 | 文化创意、现代金融、旅游休闲、高新技术、商务服务 | 怀柔区 | 环保、新材料、生物医药 |
| 海淀区 | 新一代信息技术、节能环保、新能源汽车、新材料、智能制造 | 平谷区 | 健康服务、现代农业、旅游休闲、文化创意 |
| 门头沟区 | 旅游休闲、医药健康、智能制造、节能环保、文化创意 | 密云区 | 新一代信息技术、高端智能装备制造、旅游休闲、现代农业 |
| 房山区 | 新能源汽车、新材料、智能装备、旅游休闲 | 延庆区 | 旅游休闲、新能源环保、现代农业 |

资料来源：北京市发改委。

## 三　北京市服务业扩大开放政策的阶段性成果

### （一）北京市营商环境大幅提升

营商环境是地区竞争力和软实力的重要内容。近年来，北京市的营商环境明显有所改善。据世界银行发布的《2020年营商环境报告》，北京市的营商环境良好，在全球排第28名，已经超越日本东京，处于国际先进水平。施耐德（中国）公司评价称："施耐德电气于1987年进入中国市场，如今中国已成为全球第二大市场。我们先后参与了西气东输、南水北调、北京市奥运会、上海世博会、杭州G20等重大项目，是中国改革开放的见证者、参与者和贡献者。北京市政府出台大力优化营商环境等一系列政策，为外资企业提供了很好的发展机遇，进一步坚定了我们在中国北京发展的信心。"

### （二）人才引进机制创意频出

为了提供"全领域"的国际人才保障，丰富高端人才资源，北京市在服务业扩大开放上创意频出，涌现出许多具有创新性的政策措施，北京市人才引进政策如表5所示。

表5　北京市人才引进政策

| 领域 | 政策 | 目的 |
| --- | --- | --- |
| 科技领域 | 外资研发中心或是世界500强总部负责者可以申请永久居留 | 吸引国际高端科技人才。A类外国人才在签证办理等方面享受便利 |
| | 持永久居留证的海外人才在创办科技企业时可以享受国民待遇 | |
| 金融领域 | 外国人可以担任新型科研事业单位法定代表人 | 金融等重点领域的外籍人才来京工作，最长可拿到5年工作许可 |
| | 外国人可以在国家、北京重大科技计划中领衔 | |
| 教育领域 | 境外自然人可以参与投资中小企业股份转让系统挂牌公司 | 支持"一带一路"沿线国家高端人才等多类人才来京学习 |
| 专业领域 | "高精尖缺"外国人才享受人才签证等办理便利措施和绿色通道 | 拥有港澳职业资格的人才，经相关部门备案后，可为本市企业提供服务 |
| | 北京市全面实施外国人永久居留证的社会化应用 | |

资料来源：北京市人民政府门户网站。

### （三）文娱产业蓬勃发展

2021年，北京市文化产业蓬勃发展。一方面，增长范围广。九大文化行业营业收入与2020年相比都增长了两位数，其中在43个行业中类里，41个行业的营业收入均呈现增长态势。另一方面，新业态发展强劲。数字文化新业态增势良好，其中，16个行业小类比上年增长18.9%。

## 四 北京市服务业开放水平提升政策建议

根据北京市服务业现有的开放规模和深度,现提出如下建议,以期促进北京在进一步提升开放水平的同时,维护好产业安全。

1. 聚焦关键领域

应当在了解产业结构升级情况和国际经济发展大环境变化的基础上,进一步提高关键领域的开放力度并降低其准入门槛,为经济发展提供关键的新动能。应当优先在保险、银行、证券等关键行业实施开放,并完善对外开放制度,从而鼓励外资与北京企业进行合作,并鼓励北京企业"走出去"。与此同时,应当优化财政税收等政策来对市场进行优化,以使其更利于小微服务业企业的发展,提升服务业市场的活跃度,从而解决服务业垄断问题,帮助维护服务市场的竞争性。

2. 以制度型开放来促进改革

由历史成功经验可知,服务业对外开放产生的经济效应主要源于制度改革。因此,应当根据各区实际情况来进行管理体制改革和创新,从而创造制度红利并促进经济发展。主要可以从以下路径进行改革:第一,完善负面清单制度,分类放宽准入门槛,从而转变服务业的治理方式。第二,理顺整体与重点的关系,对特定区域实施对标自由贸易港的重点突破,有选择地率先进行突破性试点,从而推动整体扩大开放。第三,建立与国际密切交流的有效机制,为国内企业与国际企业或组织的交流提供平台,从而深入理解标杆国家的先进实践经验,更好地促进服务业开放发展。

3. 为服务业开放建立风险预警机制

针对潜在风险,建立风险预警机制从而为服务业开放发展提供维稳机制。应当扩大服务业制度型开放,将其与扩大内需、稳外资、推动产业结构优化等发展策略有效结合,分类放宽准入门槛,尤其是放宽文化、教育、互联网等敏感行业的准入门槛。与此同时,将产业属性、商业属性与意识形态属性之间的关系进行稳妥处理,从而做到在守牢安全底线的同时也能够防止开放中的安全概念泛化。目前，互联网、文化、教育等行业对于国家安全的定义存在较大模糊空间，需要进一步完善相关的制度安排。

4. 重视服务业科技创新

核心技术是对外开放和合作的"定海神针"，可以增强我国在对外开放中的话语权，有助于将主动权握在我们手中，从而避免20世纪汽车产业对外开放中受制于人的窘境。在高端服务业环节，要持续加大资金投入、技术投入，以创新谋发展，凭硬科技抢份额，要避免伪创新、假创新和资源浪费。在对外交流中，筑好能够将全球领军企业和前沿创新机构等创新企业引入中国的"凤凰巢"。从这一角度出发，应当对服务业的相关底层建构和基础设施进行持续且高水平的投入和优化，还需要借鉴国外经验，进一步优化营商法律环境。

5. 打破行政壁垒，促进区域协同

北京市作为服务业扩大开放试点地区，要紧跟机制创新这条主旋律，利用好投资促进平台，在政策制定透明度、政策执行公平性和政策监管创新性上下功夫，提升外资企业对北京市政府服务能力的信心。在涉及区域合作的业务方面，应当尊重市场客观规律，合理且及时地回应市场诉求，不断提升公共服务水平和市场满意度，最大化地释放当地的创新创意活力，构建全国服务业水平的新高地。

6. 注重服务业人才培训

行业发展，人才先行。高等职业院校作为就业导向的学校应当发挥其特有优势，与企业、商会等联合发展，并将区域或行业的发展特色和方向结合起来，综合制定符合市场发展规律和行业内在需求的高职院校课程体系和学生培养标准。同时，要逐步完善社会相关培训，使厨师、月嫂等行业具备更为专业的技能考核通道，有效筛选出具备较强专业素养的服务业人才。

7. 优化开放布局，扩大开放领域

在党的十九届五中全会中，中国共产党强调应当推进服务业对外开放的有序扩大。当前，北京市服务业扩大开放已经取得了一定的发展成果，以吸

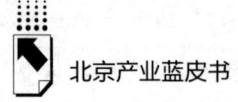

引、集聚和培育等方式来推动北京市及周边地区的经济高质量发展应当逐步得到重视。因此，应当继续优化服务业开放布局、促进服务业结构升级，从而帮助北京服务业更深入地参与国际合作，促进服务业发展层级和质量的双提升。在空间布局方面，依托"自贸试验区+"，应当致力于全面促进服务业扩大开放发展，发挥自贸片区、综保区等区域发展的天然优势，打造以创新开放、数字经济为主的开放试验区，从而形成自贸片区、综保区、开放园区协同发展的扩大开放新格局，最终有效地推动高水平开放平台的建设与改革。与此同时，充分利用北京服贸会、上海进博会等进行资源整合，共同努力建设我国新时期的全面对外开放展会平台，并加强与国际组织和协会的深度合作，从而整合各类开放平台与资源，帮助全球共享中国服务扩大开放的发展成果。

**参考文献**

国务院：《国务院关于深化北京市新一轮服务业扩大开放综合试点建设国家服务业扩大开放综合示范区工作方案的批复》，《中华人民共和国国务院公报》2020年第26期。

王立勇、常清：《服务业开放政策效果评估：来自准自然实验的经验证据》，《数量经济研究》2020年第3期。

张家辉、李新娥：《北京市人工智能政策对服务业的影响》，《时代经贸》2020年第17期。

王佃凯：《扩大服务业对外开放能产生"制度红利"吗？——以北京市为例》，《首都经济贸易大学学报》2020年第1期。

陆小成：《加快服务业扩大开放构建新发展格局》，《海峡科技与产业》2021年第3期。

# B.4
# 北京国际科技创新中心发展指数及评价

贾晓俊　赵月皎　李竞成*

**摘　要：** 北京已成为国际科技创新中心，在世界科技创新地区的角逐中占据重要地位。本报告基于创新动力、竞争潜力、辐射张力模型，结合国内外影响因素和产业生态关联，构建了北京国际科技创新中心指数。该指数包含3个一级指标、7个二级指标、36个三级指标，反映了近10年北京作为国际科技创新中心的创新能力、城市竞争潜力变化以及对周边省市创新的影响。在对指数趋势分析的基础上，本报告提出坚持开放政策、加强科研人员保障以及优先重点领域发展的建议。

**关键词：** 国际科技创新　发展指数　北京市

## 一　北京国际科技创新中心内涵

随着经济全球化，世界各国逐渐参与到全球产业链中。其中，科技创新在世界各国重要城市或地区的竞争中占据重要地位。王贻芳等指出要素驱动和资源消耗的发展方式将会逐渐被科技创新所影响的产业变革所取代，科技的竞争也将成为全球城市和地区之间经济竞争的重要一环。

《中共中央关于制定国民经济和社会发展第十四个五年规划和二〇三五

---

\* 贾晓俊，北京交通大学经济管理学院副教授，研究方向为财政与金融；赵月皎，国家经济安全研究院助理研究员，研究方向为产业经济；李竞成，北京交通大学经济管理学院博士研究生，研究方向为产业安全。

年远景目标的建议》提出，"布局建设综合性国家科学中心和区域性创新高地，支持北京、上海、成都、粤港澳大湾区形成国际科技创新中心"。因而，建设具有国际水平的科技创新中心，对北京而言是重要发展方向和战略指引，也是我国建设现代化经济体系、从中等收入经济迈向高收入经济体的核心支撑。

已有研究聚焦了全球技术创新中心、区域创新中心和技术增长中心的探索。2000年，美国 Cable 杂志首次提出"全球技术创新中心"的概念，并认为评价该类中心的要素应包括：当地科研机构院所培养技术工人和创新人才的能力、当地具有专业技术促进经济稳定的跨国企业数量、民众对待风险投资和创业的态度以及创业获得风险投资的可能性。

国内学者对国际科技创新中心也有研究。洪群联认为科技创新中心来源于科学中心，它不仅聚焦技术，同时也聚集经济。从定位来看，北京应当是基于经济的科技创新中心。陈诗波等认为国际科技创新中心是中国深度参与全球化分工、提升自身创新能力的支点，中国在创新环境、资源、知识转化和创新绩效方面具有构建该中心的实力。钱智等丰富了城市群科技创新中心的概念，提出了整合城市自身的科技创新资源、强化科技创新能力、塑造创新文化氛围等方面带动城市发展为具有较强辐射能力的中心城市。杜德斌等则认为，建设国际科技创新中心城市，除了以上涉及的多个方面，还应当加入"能够在全球价值链网络中占据重要地位或发挥重要作用的程度"这一评价标准。李兰芳等对国内外著名科技创新中心做了综述后发现，在马太效应作用下，创新人才和资源会向科技高地持续流入，并且与国际交流会越来越多，该城市逐渐发展为具有公共创新服务职能和国际创新技术交流的核心，形成国际科技创新中心。王子丹等增加了交通和信息网络要素，作为科技创新中心的评价标准之一。

关于科技创新中心的形成，有关学者认为城市中心本质是创新生态系统，而系统中的要素、运行、机制、环境、交换等是基础条件。陈劲等认为城市国际科技创新建设是区域经济中的集群现象，如同硅谷等产业聚集，城市区域资源、合作网络、政策引导等对企业创新活动决策影响重大。洪群联则提出社会凝聚力和创新张力在区域创新体系中缺一不可、相辅相成。区域创新网络中需要保持足够的社会凝聚力和创新动力。王贻芳等认为创新城市的愿景是以创新为宗旨，政府在鼓励创新城市发展时，可以采取的战略包括：提供优质的创新环境和创新服务、选择创新的关键参与者、提供适当的城市基础设施；充分发挥当地公司、大学、研究中心、公共机构的创新职能，实现不同创新机构之间的合作。

科技创新与创业有着千丝万缕的联系，创业为科技提供了土壤，科技为创业提供了技术依托。正如杜德斌所描述的，全球科技创新区域的兴起和发展，始终依托着科技革命。科技革命带动了产业发展，提高了生产效率，改变了产业生态。英国伦敦为了吸引科技初创企业和孵化器平台，进一步完善了金融体系建设。闫仲秋等也认为国际科技创新中心城市往往是从经济中心、金融中心、文化或艺术中心发展而来的。

钱智等、王彦博和清华大学产业发展与环境治理研究中心均对北京市的国际科技创新能力做过研究。他们认为，仅从科学创新能力进行评价是不够的，科学活动、人文与生态环境、国内外辐射能力等都是评价其国际化中心水平的核心要素。在此基础上，其他学者又增加了创业能力和创新资本两个维度。

北京打造国际科技创新中心，依托主平台，建立了"三城一区"创新型示范平台，集合十几个重点产业、给予全产业链金融支持、富含多种科创资源、提供了资质认证和项目申报。总体来看，北京不仅有清华大学、北京大学等全国顶尖的985院校，更是具有多个产业基地研发中心，尤其在超级计算机和科学设施方面名列前茅。在国际交流方面，能够师夷长技，积极交流，不断开拓，秉承了科学共享、合作开放的理念，成为国际科技创新交流的重要区域。

## （一）国际科技创新中心特征

国际科技创新中心是以创新为经济发展的新引擎，建立或集聚多样化资源，提升完善的创新服务，辅以数字政府治理，打造良好的创新创业环境，

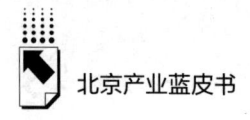

激发活力创新主体，在全球和国内产业链价值链创新链网络中占据领导地位、发挥枢纽功能的城市或地区，是国家科技实力的核心依托。国际科技创新中心具有以下特征。

1. 科研院所和科研机构聚集

科研院所和科研机构聚集是国际科技创新中心的主要特征。纽约、波士顿和硅谷等地的创新实践表明，科研机构和科研院所能够与本地的创新发展形成联动，充分发挥产学研的合作功能，扩大协同效应，促进科技创新，吸引周边科创主体。例如聚集于硅谷的斯坦福大学、加州大学、斯坦福直线加速器中心、帕洛阿托研究中心等都为当地企业科技创新贡献了不可或缺的力量。具体到北京，北京拥有高校共92所，占全国比重的3.5%，其中本科及以上67所；拥有科研机构2000多家。这些科研院所、机构不仅为创新活动提供了智力输出，也为创新人才提供了培养温床，为创业孵化形成了契机。

2. 多元人才汇聚

人才是科技创新的生力军，是科技创新的根本。许多国家都将人才战略纳入国家发展的首要战略。人才储备规模决定了该地区未来10年至20年的科研产出。人才的培养和汇聚是一个国家的百年大计。教育的发达与人才的积累关系密切，往往优秀的教研能够储备更多的创新人才。此外，由于人才交流、比较和激励的存在，人才荟聚会形成同类吸引，即人才越多的地方对人才吸引力越强。调研中有96%的学生表示，他们更向往技术创新型城市。

3. 金融系统支撑

发达的金融系统对国际科技创新城市起到支撑作用，保障了其中的科技创新工作，成为其资金储备池和资源联系纽带。在纽约成为顶尖国际科技创新城市的过程中，其金融功能的作用巨大。纽约金融部门员工数量接近46万人，为城市总体就业人数的10.1%。纽约新成立的金融科技创新工作室，为科技领域募集10亿美元以上的创业资金，纽约也成为全球最具吸引力的科技金融中心，作为以色列第二大城市的特拉维夫-雅法也享有风险投资聚集地的称号。许多国际银行及风险投资公司,都将其在以色列的总部设在特拉维夫-雅法。该地推出的金融一揽子工程,为风险投资者提供了保障,即风险投资标的为创新型项目时,即使投资失败,也由保险公司承担80%的投资损失,极大地促进了特拉维夫-雅法的金融市场及科技创新创业。

4. 服务保障完善

创新成果和知识产权的保护是对创新原动力的保障,以促进创新投入能够获得回报、提升人才创新的积极性。为申请和保护知识产权、创新流程等,需要有大量的中介服务机构,例如律师事务所、知识产权申请机构、技术转移实验室等。这些服务机构成为国际科技创新中心的保障机构。这些律师事务所能够提供注册新公司、起草投资合同书、金融借贷、产权纠纷等一系列的法律服务,其中一些甚至能够免费提供或延期支付。这种法律环境的营造,为该地区的科技创新提供了技术之外的社会和经济保障。北京也在营商环境和法律完善上不断耕耘。2020年,最高人民法院知识产权审结案件量高达0.5万件,这一数值为2011年的13倍。可见,北京在对创新创业的人文环境辅助保障上前进了一大步。

从技术转移中介机构来看,技术转移促进了当地的知识溢出与技术扩散,将技术转移孵化成创新型公司,引导科技研发从实验室走向产品市场。

5. 创新企业聚集

宏观环境的支持、中观产业的聚集、中介与金融机构的保障最终都离不开微观企业的创新。国际科技创新中心最根本的特征就是有一大批创新型企业在该地区的聚集。这些企业的聚集,形成了知识与科技的高地,将国内技术研发与国外技术转移相结合,不断激发该地区的创新活力,将科学创新用产业作为桥梁连接了国内与国外两端。创新企业的聚集反映了城市的创新程度。北京有独角兽企业92家,占全国总数的31.7%,平均估值369亿元,累计估值超过3万亿元。企业是市场的企业,它们能够及时感知市场中的研发动向,形成的聚集力量可以改善科技创新系统生态,催生相应的生态参与者与互补者,使越来越多的企业进入该区域,强化区域创新能力,吸引金融巨鳄和科技人才,促进国际交流,促使该区域发展为国际科技创新中心。

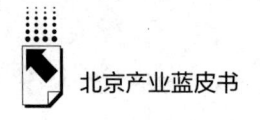

### 6.企业家才能突出

企业家才能总体上反映了企业家创业、创新、经营企业的能力。具有企业家才能或精神的人，往往具有长期导向，能够接收较高程度的风险。只关注短期利益的人，在创新活动中倾向于规避，因此会减少创新投入。国际科技创新中心城市的形成，归根结底是人的创新和人的管理。著名管理学者德鲁克在《创新与企业家精神》中说过，创新是经济发展的原动力，企业家精神的实践就是要产生变化、创造产品、贡献社会。由此可见，企业家才能是铸就国际科技创新中心的混凝土。模仿创新、小幅度的改良或者渐进式的创新，都能帮助企业家嗅到市场上微弱的获利机会，是企业家精神的体现。

## （二）国际科技创新中心模式比较

有学者认为国际科技创新中心模式有以下5种，如表1所示。

表1 国际科技创新中心模式

| 模 式 | 特 征 |
| --- | --- |
| 硅谷模式 | 以"热带雨林"型创新生态系统为依托充分激发创新创业活力 |
| 纽约模式 | 科技创新与国际大都市全面转型升级相结合 |
| 伦敦模式 | 依托市场机制和优势创新企业自发集聚形成科技创新中心 |
| 特拉维夫模式 | 本土初创企业与跨国公司共同推动科技创新 |
| 新加坡模式 | 政府主导创新和离岸科技创新的结合 |

资料来源：陈劲、杨硕、吴善超《科技创新人才能力的动态演变及国际比较研究》，《科学学研究》2022年7月13日。

学者针对中国情境，提出了不同的科技创新中心模式。周凯依据创新主体差异和资源配置机制差异对创新中心进行分类，北京模式是科研院所聚集主导型、上海模式是全面综合协调型、苏州模式是政府推动型、深圳模式是企业自主驱动型。伍建民在探讨北京应建设成为多重中心时提及，作为科技创新中心，北京应充分发挥创新的原创性、科研的主导性、体制环境的示范性、多种创新类型和主体的集成性以及创新的世界性。陈亚平等总结历次科技创新中心演变，指出除了经济实力、地理环境、创新资源、有为政府和有效市场配置，国际科技创新中心更重要的是要有创新生态，在当地的生态系统中，能够整合各类要素、各方主体，吸引外部主体参与，形成内外知识流动，打造开放式创新中心。

## 二 北京国际科技创新中心指数编纂

### （一）国际科技创新中心指数综述

从国内来看，学者的多点突破为国内科技创新城市评价提供了参考。刘耀彬等结合技术特点，采用主成分加权平均法，从社会环境、科学技术投入、创新产出以及持续创新能力四个维度进行了综合评价指标体系构建，通过19个二级指标测算了国内31个省（区、市）的创新能力。陈搏在综合前人研究的基础上，提出全球科技创新中心评价体系，包含资源、载体、投入、成果、产业、文化、创业和创新能力8个一级指标和89个三级指标，均为二手数据，可操作性强。王彦博对北京国际科技合作基地的创新能力进行了研究，以185家北京国际科技合作基地为研究对象，从国际合作交流、对外示范作用、队伍人才建设、日常运营四个方面构建了11个二级指标，评价上述合作基地的创新能力，为北京市整体科技创新能力提供借鉴。

赵峥等着眼于强调北京作为科技中心的发展目标，试图依托北京建立创新增长极。在分析了北京的比较优势、城市贡献之后，从创新竞争力、带动力和辐射影响力3个一级指标，纳入9个二级指标进行解释，选取64个三级指标进行测算，最终系统地提出了北京全国科技创新中心评价体系。该研究的贡献在于，在3个一级指标之下，具体化二级指标，为综合评价的有效性和准确性提供了证明。例如，竞争力包括人才、企业和环境三个维度；带动力包括经济、社会和生态，辐射影响力包括区域、国家和全球。其不足之处在于对北京市科技创新具体产出的衡量，未体现在二级指标中，生态环境评价指标偏多、创新金融指标较少，部分定性指标难以获取。张立恒采用

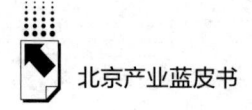

AHP-熵权法对中国区域科技创新能力进行了评价,从创新环境、投入产出、绩效以及合作四个方面,选取了20个二级指标。该测量指标的贡献在于,对不同的二级指标赋予了差异化的权重,将指标评价的科学性更推进一步,劣势在于一级指标未涉及环境及辐射力,且二级指标的选取过于简单未能反映一级指标的概念。席增雷等基于Malmquist-TFP模型,构建了区域城市科技创新效率评价模型,从科技资源、劳动和资本三个方面选取了区域科技创新投入指标,共7个二级指标,再通过进出口、发明专利和新产品销售收入衡量科学技术产出,计算了科技创新的效率。该方法的优势在于计算了京津冀的全要素生产率,反映了科技创新中的效率构想,不足在于选取的投入指标较少,没有反映环境和国际化的指标。

## (二)北京国际科技创新中心指标模型

北京建设发展为国际科技创新中心,不仅是中国对北京的要求,更是首都责任、创新集聚自然发展趋势和科技强国发展新格局的重要战略目标。《北京市"十四五"时期国际科技创新中心建设规划》指出,到2025年要基本形成北京国际科技创新中心,使其成为世界的科技创新高地。要充分把握资源、坚持合作开放,让北京在国际科技创新的理念下,建设成为全球人才高地,推进国家重点实验室在北京的生态化发展,着力建设前沿技术领域一流研发机构,推动人工智能、区块链和量子研发,引领绿色技术场景建设。在确定目标的前提下,仍需了解北京的现状,故对北京在国际科技创新中心维度下进行科学评价具有重要意义。近年来,北京在经济增长、科技成果数量和创新文化氛围等方面,已走在世界前列。但在科技创新的核心领域、顶尖技术应用与扩展、对国内外技术辐射与影响方面还有待成长。

在依据前述学者对国际或区域科学技术创新中心的定义和评价基础上,本报告梳理了北京国际科学技术创新中心的特征,分为以下三个方面。

**1. 全国创新动力源泉**

北京市技术市场活跃,2020年,北京技术合同成交总额约为6316亿元,近十年增长率的平均值为14.5%,展现了技术开发和技术服务的进步,其主要服务领域为电子信息、城市建设、社会发展和现代交通。北京市科技发展充分将技术要素融入社会和经济，为三城一区建设新格局、北京积蓄新动力提供了技术支撑。

"十三五"时期是继"首善之区"后，北京国际科技创新中心的全力加速时期。北京研发经费内部支出从2016年的1485亿元增长至2020年的2327亿元，增长了56.7%，占全国总投入的10%。研发经费占GDP的比重也从2016年的5.49%上升至2020年6.44%。这不仅表明研发经费绝对值的增加，更凸显了北京市重视并提升了研发经费占比。北京市发明专利从2016年的10万件增长至2020年的约16万件，是2016年的1.6倍，是2011年的4倍，是全国其他省（区、市）合计数的10倍。国家科学技术奖仅2020年一年获得64个，约占全国的29%。在创新领域方面，北京研发了超导量子比特芯片、量子通信原理样机、氢动力发动机等，中国海洋国家实验室、航天研究院等开发了全球领先的超级计算机。以上展现了北京在"十三五"时期，自主研发的魄力与实力。

正是在这样的技术发展之下，北京重视科技改善民生。例如北京公交硬件和软件更新之后，北京市民可享受免费WIFI网络；建立新能源汽车研发基地，使北京电动汽车达到50万辆；开发食品安全协同防控科技服务体系，做到食品安全可追溯等。

在科研院所合作方面，京津冀区域内世界排名前500的学校共有13家，世界排名前100的科研机构，北京有17家。北京上榜"全国科技创新百强"的企业、高校、科研机构共147家，科创高校50强中北京有11家，科创机构50强中北京有27家。研究表明中国最好的学科有一半在北京，两院院士有一半在北京，国家重点实验室有1/3在北京。由此可见，北京汇聚了国内大量的创新资源。这些科研院所、高校和企业既能为科学技术提供资源和人力，又是科技创新的主阵地，为北京打造国际科学技术创新中心贡献了智力与技术资本。

**2. 国际创新竞争潜力**

企业是微观创新主体之一。2020年世界500强企业中有65家来自北京。全国科创500强企业中有109家来自北京。2020年北京规模以上工业企业有3028家，其研发经费投入为297亿元；2020年经科技部认定的高新技术企业数量达到1.1万家。截至2020年底，世界500强企业的总部，有60家设在了北京，超越了美国纽约和日本东京的数量总和。这意味着北京作为国际都市，能够获得头部企业的青睐。截至2021年底，北京拥有独角兽企业的数量为92家，企业累计价值高达3万亿元，仅次于美国旧金山，是新兴涌现的全球"独角兽之城"。北京的独角兽企业涉及领域包含了人工智能、电子商务、健康科技、软件服务等，实现了数字化推动北京国际科技创新建设。

从国内来看，全国科技创新500强企业中，北京企业授权的专利数超过了30%，PCT专利申请数量超过20%，为能源、航天、通信、电力和交通等贡献了巨大的原创性成果，吸引了高端人才，充分展示了北京基础扎实、实力雄厚、能力突出、成果创新的特点。这些优秀的企业在北京创新环境的影响下、市场的引领下、政策的保证下，将更进一步提升北京国际创新能力。

**3. 国内外创新辐射张力**

在国内辐射影响力方面，加强北京市的全国引领作用，多方进行合作。例如中国科学院建立了多个国际技术转移平台、咨询平台等，建立了怀柔科教产业园，推进了大科学装置重点实验室等。在区域协同发展方面，北京市着力参与和服务共建"一带一路"、长江经济带发展，呼应粤港澳大湾区建设，搭建跨省市创新合作平台和网络，推进省（区、市）间重点领域技术研发，并将成果进行技术转移以应用到经济落后区域。北京市"十三五"时期成立的首都科技条件合作站与技术市场服务平台的合作模式，就为其他区域的科技创新资源提供了支撑平台。2020年，北京输出到国内其他省（区、市）的技术合同成交额高达3719亿元，占北京的一半以上，覆盖省外330多个城市。

从国际来看，北京先进技术不断走向全球。2020年北京技术合同出口成交额4126亿元，覆盖90多个国家，涉及环境生态保护、电子信息、资源高效利用和城市建设等方面。据北京市国际科学技术合作协会资料显示，北京与共建"一带一路"国家以及瑞典、西班牙、意大利、比利时等，都建立了技术转移合作计划。北京在"链接全球智慧、聚合科技力量"方面,具有了国际影响力开放创新平台的身影,同时在北京不断向全世界展示智能服务、数字科技、大数据制造等方面的创新时,北京逐渐踏入了国际科技创新的核心地带、开启了国际话语权发声的重要窗口、形成了对全球的技术辐射。

结合北京创新驱动发展战略、首都核心功能、全国科技创新中心战略等,秉承创新、发展、绿色、开放的理念,北京市必然夯实创新基础,把握创新需求,强化战略科技力量,提升国际科技创新整体能力。因此,本报告从创新力、竞争力和辐射力三个维度对北京市国际科技创新中心发展进行评价。创新力是北京可持续发展的动力,竞争力是北京重塑优势的内核,辐射力是北京作为国际创新中心开放式发展的牵引。

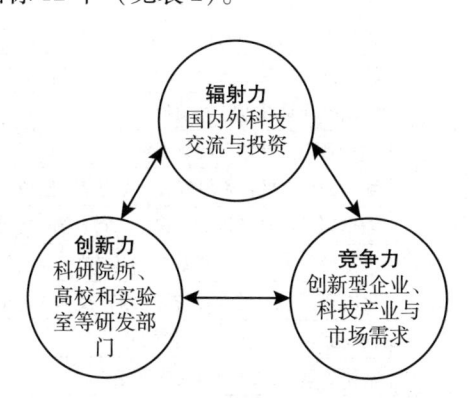

## (三)北京国际科技创新中心发展指数

北京国际科技创新中心发展指数如图1所示。该指数是政府、需求端、知识中心(供给端)和服务端的有机结合,在相关监测指标的选取上,也当遵循并反映这一规律。发展指数由三级指标构成。其中,一级指标3个,即北京建设国际科技创新中心需要着力于的"三力":创新力、竞争力和辐射力。三级指标包括36个,其中创新力三级指标9个,竞争力三级指标15个,辐射力三级指标12个(见表2)。

**图1 北京国际科技创新中心发展指数**

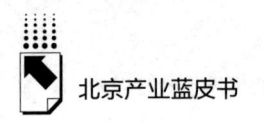

表 2　北京国际科技创新中心发展指数的各级指标及权重

| 一级指标 | 二级指标 | 三级指标 | 权重 |
| --- | --- | --- | --- |
| 创新力 | 创新产出 | 每万人 SCI/EI/CPCI-S 论文产出数 | 4.17 |
| | | 万人发明专利拥有量 | 4.17 |
| | | 万人技术合同成交额 | 4.17 |
| | | 研发经费支出占 GDP 比重 | 4.17 |
| | 创新环境 | 创业板上市企业增长数 | 3.33 |
| | | 研发机构数量 | 3.33 |
| | | 知识产权审结一审案件量 | 3.33 |
| | | 市科技人才数 | 3.33 |
| | | 外国专家来京人次 | 3.33 |
| 竞争力 | 生态环境竞争力 | 万元地区生产总值水耗 | 2.22 |
| | | 万元地区生产总值能耗 | 2.22 |
| | | 生活垃圾无害化处理率 | 2.22 |
| | | 污水处理率 | 2.22 |
| | | PM2.5 平均浓度 | 2.22 |
| | 人文环境竞争力 | 来华留学生数量 | 2.22 |
| | | 境外资金研发投入 | 2.22 |
| | | 万人研究生比例 | 2.22 |
| | | 举办国际会议数量 | 2.22 |
| | | 科技期刊数量 | 2.22 |
| | 产业环境竞争力 | 规模以上工业企业 R&D 经费占比 | 2.22 |
| | | "高精尖"产业研发人员折合全时当量 | 2.22 |
| | | 当期公共财政支出中涉及科学技术的支出占比 | 2.22 |
| | | 经科技部认定的高新技术企业数量 | 2.22 |
| | | 国家科学技术获奖情况 | 2.22 |
| 辐射力 | 国内辐射力 | 输出到国内其他省(区、市)的技术合同项数 | 2.08 |
| | | 输出到国内其他省(区、市)的技术合同成交额 | 2.08 |
| | | 输出到津冀技术合同项数 | 2.08 |
| | | 输出到津冀技术合同成交额 | 2.08 |
| | | 输出到长江经济带沿线省(区、市)合同项数 | 2.08 |
| | | 输出到长江经济带沿线省(区、市)合同成交额 | 2.08 |
| | | 输出到"一带一路"沿线省(区、市)技术合同项数 | 2.08 |
| | | 输出到"一带一路"沿线省(区、市)技术合同成交额 | 2.08 |
| | 国际辐射力 | 输出到国外的技术合同项数 | 4.18 |
| | | 输出到国外的技术合同成交额 | 4.18 |
| | | 输出到共建"一带一路"国家的技术合同项数 | 4.18 |
| | | 输出到共建"一带一路"国家的技术合同成交额 | 4.18 |

## 1. 创新产出

创新力分为创新产出和创新环境2个二级指标。创新产出包含4个三级指标，指标解释和来源如下。

（1）每万人 SCI/EI/CPCI-S 论文产出数。

该指标的计算方式为"SCI/EI/CPCI-S 论文产出数/北京市当年常住人口数[①]"。论文产出数来源于《中国科技论文统计分析》，北京常住人口数来源于《北京统计年鉴》。该指标为正向指标，论文产出数量越多，表明北京创新能力越强。

（2）万人发明专利拥有量。

该指标的计算方式为"北京专利申请授权数/北京常住人口数"。北京专利申请授权数来源于国家知识产权局数据，北京常住人口数来源于《北京统计年鉴》。该指标为正向指标，万人发明专利拥有量越多，表明北京技术创新能力越强。

（3）万人技术合同成交额。

该指标的计算方式为"技术合同成交总额/北京常住人口数"。以上两个数据均来自《北京统计年鉴》。该指标为正向指标，万人技术合同成交额越多，表明北京创新成果更多。

（4）研发经费支出占 GDP 比重。

该指标的计算方式为"研发经费支出/北京市生产总值"。以上数据均来自《北京统计年鉴》。该指标为正向指标，研发经费支出占 GDP 比重越大，表明北京越重视技术创新。

## 2. 创新环境

（1）创业板上市企业增长数。

该指标数据来源于 Wind 数据库，为正向指标，当创业板上市企业增长较多时，表明北京作为科技创新中心具有孕育创业企业的环境。

---

① 注：北京人口数单位为万人。

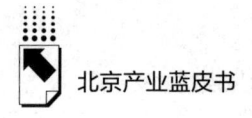

(2) 研发机构数量。

该指标来源于《北京统计年鉴》，为正向指标，当研发机构数量较多时，表明北京研发氛围浓厚。

(3) 知识产权审结一审案件量。

该指标来源于《最高人民法院知识产权案件年度报告》，为正向指标，当审结案件量较多时，表明北京对于知识产权重视度高，企业知识在北京更容易受到法律保护。

(4) 市科技人才数。

该指标为北京市科技新星人才数与科技领军人才数之和，数据来源于北京市科学技术委员会网站。该指标为正向指标，科技人才数越多，表明北京创新环境越好。

(5) 外国专家来京人次。

该指标来源于《北京统计年鉴》，为正向指标，外国专家来京人数越多，表明北京在科技领域越开放接纳。

**3. 生态环境竞争力**

生态环境竞争力包括5个三级指标，旨在衡量北京提供给科研人员的环境友好程度、居住适宜程度等。具体指标包括：万元地区生产总值水耗、万元地区生产总值能耗、生活垃圾无害化处理率、污水处理率和PM2.5平均浓度。以上指标均来自《北京统计年鉴》。

生活垃圾无害化处理率和污水处理率为正向指标，即该指标越大，表明北京的生态环境越好，相较于其他城市越有竞争力，越有利于创新。万元地区生产总值水耗、万元地区生产总值能耗和PM2.5平均浓度为负向指标，其消耗值和浓度越低，表明北京生态环境越有利于创新。

**4. 人文环境竞争力**

人文环境竞争力包括5个三级指标，用于衡量北京国际技术创新的文化环境和人才培养等。具体指标包括：来华留学生数量、境外资金研发投入、万人研究生比例、举办国际会议数量和科技期刊数量。以上数据均来自《北京统计年鉴》，均为正向指标，指标取值越高，表明北京对科技创新的认知度、价值认可度、态度观念认可度越高，越有利于技术创新。

（1）境外资金研发投入。

该指标的计算方式为"境外资金对科技研发领域的投入/总境外对北京的投资"。

（2）万人研究生比例。

该指标为北京当年硕博研究生人数与北京当年人数比值。

### 5. 产业环境竞争力

产业环境竞争力包括 5 个三级指标，均为正向指标。

（1）规模以上工业企业 R&D 经费占比。

该指标的计算方式为"规模以上工业企业 R&D 经费/地区生产总值"，数据均来自《北京统计年鉴》。北京工业企业 R&D 研发投入越多，表明北京地区的企业越重视创新，有良好的竞争环境。

（2）"高精尖"产业研发人员折合全时当量。

该指标为每年"高精尖"产业研发人员数量，数据来自《北京统计年鉴》。研发人员越多，表明北京越重视人才培养与保留，有良好的人才创新环境。

（3）当期公共财政支出中涉及科学技术的支出占比。

该指标的计算方式为"财政科学技术支出/北京当期财政总支出"，数据来源于北京市财政局。该指标表明地方政府在科技领域支出和投资越多，北京市创新环境越好。

（4）经科技部认定的高新技术企业数量。

该指标依据高新技术企业认定管理工作网所公示的"关于公示北京市＊＊年第＊批拟认定高新技术企业名单的通知"中的企业名单整理。该指标表明认定的高新技术企业数量越多，北京就有越多的企业从事高新技术研发，有良好的研发氛围。

（5）国家科学技术获奖情况。

该指标来源于北京科学技术委员会网站，北京市国家科学技术获奖成果越多，表明北京市产业研发能力越强，研发环境越好。

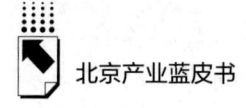

### 6. 国内辐射力

北京国内辐射力包含8个三级指标，分别为输出到国内其他省（区、市）、津冀、长江经济带沿线省（区、市）、"一带一路"沿线省（区、市）的技术合同项数和技术合同成交额。以上数据均来自《北京技术市场统计年报》，均为正向指标，当对国内各个地区辐射力较强时，说明北京对中国各地区的科技带动作用显著。

### 7. 国际辐射力

北京国际辐射力包括4个三级指标，分别为输出到国外、"一带一路"沿线国家的技术合同项数及技术合同成交额。以上数据均来自《北京技术市场统计年报》，均为正向指标，输出到国外的技术合同和成交额越多，表明北京科技创新对国际的辐射力越强。

## （四）北京国际科技创新中心指数编制

### 1. 数据标准化处理

对上述数据进行标准化处理。对于正向指标，标准化公式如（1）式所示；对于负向指标，标准化公式如（2）式所示。

$$X' = \frac{X_{ij} - \text{Min}(X_{ij})}{\text{Max}(X_{ij}) - \text{Min}(X_{ij})} \tag{1}$$

$$X' = \frac{\text{Max}(X_{ij}) - X_{ij}}{\text{Max}(X_{ij}) - \text{Min}(X_{ij})} \tag{2}$$

### 2. 权重设计

该报告采用等比重方法设计该指标权重。北京国际科技创新中心共有指标36个，创新力、竞争力和辐射力各占33.33%。创新力指标下共有2个二级指标9个三级指标，创新产出三级指标权重为4.17%，创新环境三级指标权重为3.33%。竞争力指标下共有15个三级指标，每个指标权重为2.22%。国内辐射力包含8个三级指标，每个权重为2.08%。国际辐射力包含4个三级指标，每个权重为4.18%（见表2）。

3. 指数计算

数据标准化之后与各自权重加权相加，得到北京市 2011~2020 年国际科技创新中心发展指数与一级指标得分，结果如图 2 和表 3 所示。

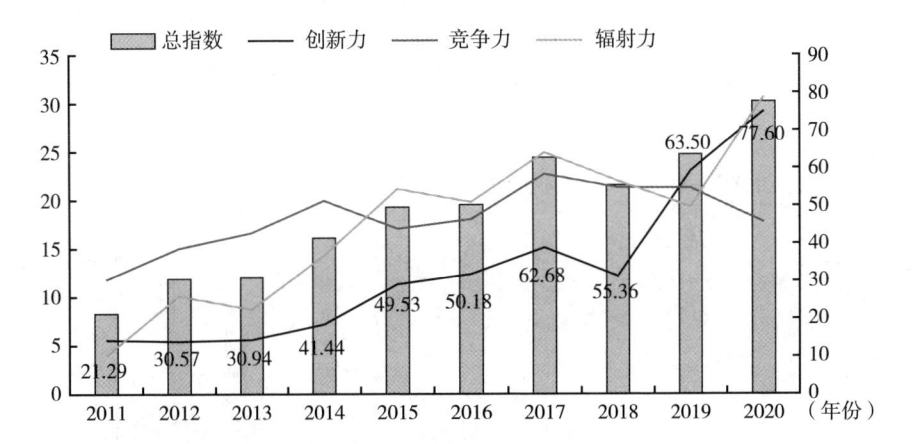

图 2　2011~2020 年北京国际科技创新中心发展指数与一级指标得分

资料来源：笔者计算。

表 3　2011~2020 年北京国际科技创新中心指数与一级指标得分

| 年份 | 2011年 | 2012年 | 2013年 | 2014年 | 2015年 | 2016年 | 2017年 | 2018年 | 2019年 | 2020年 |
|---|---|---|---|---|---|---|---|---|---|---|
| 总指数 | 21.29 | 30.57 | 30.94 | 41.44 | 49.53 | 50.18 | 62.68 | 55.36 | 63.50 | 77.60 |
| 创新力 | 5.55 | 5.43 | 5.59 | 7.18 | 11.31 | 12.35 | 15.11 | 12.12 | 22.99 | 29.20 |
| 竞争力 | 11.79 | 15.04 | 16.64 | 19.94 | 17.06 | 18.04 | 22.67 | 21.28 | 21.24 | 17.72 |
| 辐射力 | 3.95 | 10.10 | 8.71 | 14.32 | 21.15 | 19.79 | 24.90 | 21.96 | 19.27 | 30.68 |

资料来源：笔者计算。

2011~2020 年北京国际科技创新中心发展指数的二级指标得分如表 4 和图 3 所示。

表 4　2011~2020 年北京国际科技创新中心发展指数二级指标得分

| 指标 | 2011年 | 2012年 | 2013年 | 2014年 | 2015年 | 2016年 | 2017年 | 2018年 | 2019年 | 2020年 |
|---|---|---|---|---|---|---|---|---|---|---|
| 创新产出 | 1.23 | 2.58 | 3.83 | 4.28 | 5.75 | 6.31 | 6.84 | 9.65 | 14.01 | 16.68 |
| 创新环境 | 4.32 | 2.85 | 1.77 | 2.89 | 5.56 | 6.04 | 8.27 | 2.48 | 8.98 | 12.52 |
| 生态环境竞争力 | 0.00 | 2.06 | 3.59 | 4.69 | 6.23 | 7.67 | 9.00 | 9.87 | 10.55 | 11.10 |

续表

| 指标 | 2011年 | 2012年 | 2013年 | 2014年 | 2015年 | 2016年 | 2017年 | 2018年 | 2019年 | 2020年 |
|---|---|---|---|---|---|---|---|---|---|---|
| 人文环境竞争力 | 6.65 | 5.75 | 6.44 | 6.20 | 6.32 | 6.41 | 7.28 | 6.76 | 6.75 | 2.62 |
| 产业环境竞争力 | 5.14 | 7.23 | 6.60 | 9.06 | 4.52 | 3.96 | 6.38 | 4.65 | 3.94 | 4.00 |
| 国内辐射力 | 0.00 | 2.78 | 3.86 | 5.02 | 6.76 | 7.77 | 10.53 | 13.43 | 13.20 | 16.64 |
| 国际辐射力 | 3.95 | 7.33 | 4.85 | 9.30 | 14.39 | 12.01 | 14.37 | 8.53 | 6.07 | 14.04 |

资料来源：笔者计算。

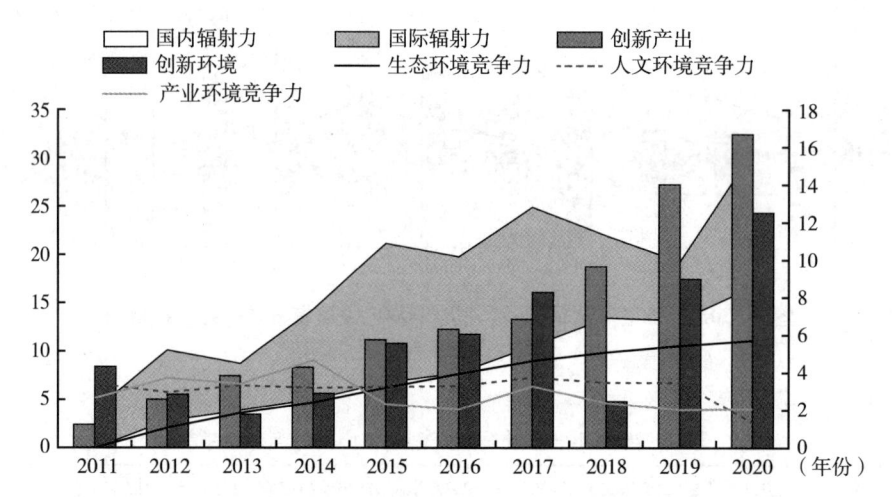

图3　2011~2020年北京国际科技创新中心发展指数的二级指标得分

资料来源：笔者计算。

## 三　北京国际科技创新中心指数分析

根据本报告计算得出的北京国际科技创新中心指数，总指数呈波浪式上升趋势，在2018年出现下降，在2020年达到最大值。总指数的波动来源于三个方面的波动。创新力在2018年呈现下降，后于2019年恢复到2017年的1.52倍。竞争力呈现波动增长，在2015年、2018年和2020年都出现过小幅下降。北京科技创新辐射力在2018年和2019年持续下降，后在2020年上升到最高值。

## （一）创新力分析

具体到各级指标来看，创新产出反映了北京市的研发投入、论文和专利产出以及技术知识流动的情况，该指标得分从 2011 年的 1.23 发展到 2020 年的 16.68，一直呈稳健上升趋势。北京市为其科技创新投入了巨大努力，在产出上获得了巨大成果。北京市创新环境指标得分在 2012 年和 2013 年略微下降，后从 2014 年的 2.89 上升至 2020 年的 12.52，其间 2018 年波动至 2.48。具体来看，创新环境波动主要因为创业板上市企业增加数和外国专家来京数。中国创业板于 2010 年开始，2011 年热潮较高，有 125 家新增创业板企业，但在 2012 年 11 月 16 日至 2013 年 12 月 30 日中国暂停公开募股进程，在 2013 年创业板增加上市公司数量为 0。因此，该三级指标在 2012 年和 2013 年数值较低。

外国专家来京人数从 2011 年的 426 人增至 2017 年的 1172 人，一直增加，但在 2018 年急剧下降至 256 人，后在 2020 年变为 302 人。2019~2020 年则是因为疫情，限制了专家人才在国家之间的地理流动。以上表明，在 2018~2020 年，北京国际相关的创新环境确实略微下降。

## （二）竞争力分析

北京国际科技创新的竞争力在图 3 中为三条折线。生态环境竞争力从 2011 年至 2020 年稳健上升，北京市从空气、能源、资源、生活辅助等方面不断优化，提供给科技创新工作者、合作者良好的生态环境支持。

人文环境竞争力从 2011~2019 年一直在 6.51 均值上下波动，没有剧烈变化，至 2020 年下降至 2.62。这是因为人文环境与境外相关的指标在 2020 年因为疫情显著下降。例如，来华留学生数量在 2020 年前每年的平均人数为 2.5 万人，但 2020 年因为受疫情影响，该值下降到 10 年以来的最低值，为 1.9 万人。境外资金对北京的研发投入，在 2016~2019 年均在 2.6 亿元左右，但 2020 年下降至 1.7 亿元，国外对北京科技研发的投入资金显著减少。国际会议数量也因疫情原因在 2020 年显著下降到历史最低水平，为 0.1 万

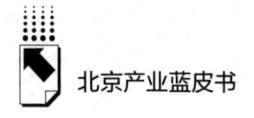

次，过去10年北京市国际会议举办最多的时候，每年举办0.8万次的国际会议。在国内研究生比例和科技期刊数量方面，2020年没有显著变化，国内仍然保持了稳定。

产业环境竞争力基本维持在5.5（均值）上下浮动，过去十年波动较小，仅在2014年突增至9.06，在2016年和2019年下降至3.96和3.94，2020年该指标回到4.00，但仍低于产业环境竞争力的平均值。这是由企业研发经费比例、"高精尖"产业研发人员数量、财政科学技术投入比例波动所致。虽然规模以上工业企业研发经费近十年一直增长，从2011年的165亿元增至2020年的297亿元，但是占北京市生产总值的比重却没有显著增长。这表明北京市生产总值的增加速度更快，而各产业中的企业研发投入比例仍然较低，甚至出现小幅度下降，该值在2020年仅为0.82%，在2014年达到最高值1.1%，这是因为2014年北京市制定实施创新驱动发展策略，企业对国际科技创新驱动的回应在市场中得到显现。

北京市"高精尖"产业研发人员在2011年为49829人，在2014年达到最高值57761人，2014~2020年，研发人员波动式下降，2020年仅为46172人，成为近十年最低值。"高精尖"人才的流失是造成北京市产业科技创新滞后的主要原因，也是造成产业环境竞争力在2019年和2020年下降的主要原因。北京市高端人才缺乏，有的单位为科研人员提供的薪酬少，造成许多研发人员转岗转业，从事"高精尖"产业的人才逐渐减少。国家科学技术获奖情况在2012年和2014年达到高值90项和84项，小幅上升后，在2019年和2020年下降为71项和64项。可见北京市企业国际科技创新能力在2014年之后有所下降，应当加大企业科技创新投入和成果转化。

### （三）辐射力分析

总的辐射力指标呈现波动式上升，从2011年得分3.95增长至2020年的30.68。其间，辐射力出现三个折线顶点，分别为2012年、2015年和2017年。2018年和2019年辐射力得分持续下降，直到2020年回归至正常水平。辐射力的波动主要来源于国际辐射力的变化。北京市对国内辐射力在近十年一直稳健上升，到 2020 年达到 16.64。而辐射到国内的技术合同成交额约占北京总体的 70% 左右，主要涉及了现代交通、城市建设与社会发展、电子信息、新能源与高效节能等行业。这表明北京对国内京津冀、长江经济带以及"一带一路"沿线省份都有充分的技术输出与合作。

在国际辐射力方面，十年之间出现四次辐射力下降的情况。北京市输出到境外的技术合同项数在 2015 年达到最高值 1311 项，其后 2016 年和 2017 年下降为 1270 项左右，此后到 2019 年持续下降。北京市技术出口到国际主要涉及资源综合利用、电子信息、新能源和高效节能减排等行业，近三年输出合同数和成交额的变动主要受到国际关系的影响。中国也在全球市场中不断寻求新的定位和目标市场。在总体输出动荡的前提下，可以看到中国与"一带一路"沿线国家的往来不断增加，输出到"一带一路"沿线国家的技术合同成交额从 2014 年的 247.4 亿元到 2020 年的 516.9 亿元持续增长。

## 四 增强北京国际科技创新功能建议

北京市增强国际科技创新功能，不仅要面对国际势力的经济挤压，还要面对疫情、政治和技术等其他因素带来的阻碍。增强国际科技创新功能，可从以下几个方面改进。

第一，坚定开放的政策，坚持多种形式的开发。

北京作为中国的首都，中国的政治、经济和技术中心，其科技创新能力名列全国前茅。但要打造国际科技创新中心，重在与国际的互动和交流。历史的经验证明，闭门造车容易落后。处于全球化的进程中，既要在全球经济网中重点发展自己擅长的科技领域，学习他人的"高精尖"技术，又要坚定不移地执行开放的政策，也要与其他友好国家建立更多科技领域的合作与互动，还要面对新形势和双循环，继续秉承开放精神。

从北京国际科技创新中心发展指数来看，近些年影响总指数下降的主要指标包括：创业环境中的外国专家来京人数、举办国际会议数量、来华留学生数量、输出到国外的技术合同数和金额等。这些指标反映了北京科技创新的"引进来"和"走出去"落地有限。尽管疫情防控导致了地域上的某些局限，但是可以开发出更多形式的交流方式。例如，国际线上会议、线上研讨会、虚拟团队研发、虚拟保密合作协议、函授留学生、点对点线上指导等。

第二，加强科研人员保障。

针对产业环境竞争力中"高精尖"人才的减少问题，其原因可能在于：一方面，生活空间有限、生活成本较高，研发人员待遇落后于企业中的其他人员；另一方面，投资者对科技创新投入的快速回报需求与科研工作者需要长时间沉淀基础研发的现状不一致。许多科研人员没能在低收入的情况下守住科研阵地，出现大量人才的转岗转业现象。对此，北京市应当充分挖掘周边城区和城市副中心的职能，将科技创新基地搬出去与科研人员住进来相结合，为"高精尖"产业人才流入提供物质和生活保障。高科技产业的基础创新、突破性创新往往都需要较长时间的积累，要给科研人员可持续劳动力的时间和待遇，帮助北京吸引更多人才。

第三，预判国际形势，专营重点领域。

从北京国际科技创新中心发展指数的国际辐射力来看，北京市对国内输出科技创新成果多且稳定，但对国外的输出和进口呈波动态势。流向国内的技术主要集中于交通、城市建设与社会发展等领域，流向国外的技术集中于电子信息、新能源、资源利用等领域。北京市对国际的辐射力波动来源于近年国际形势变化与中国在全球战略布局重点的变化。北京作为国际创新中心，要对新兴重点创新领域有所预判、对战略布局先行了解，进而在北京市产业和科技领域着重布局，既吸引外部合作者的兴趣，又符合国内战略需求。

**参考文献**

陈劲、杨硕、吴善超：《科技创新人才能力的动态演变及国际比较研究》，《科学学研究》2022 年第 7 期。

洪群联：《创新合伙人模式：理论探讨与区域实践——北京市海淀区推进国际科技创新中心核心区建设路径探索》，《科技管理研究》2022 年第 3 期。

郑林昌、顾燃、张亚楠：《科技创新国际化指数评价与分析》，《统计与决策》2021 年第 9 期。

王贻芳、白云翔：《发展国家重大科技基础设施、引领国际科技创新》，《管理世界》2020 年第 5 期。

王子丹等：《粤港澳大湾区国际科技创新中心四大核心体系建设研究》，《科技管理研究》2021 年第 1 期。

杜德斌、何舜辉：《全球科技创新中心的内涵、功能与组织结构》，《中国科技论坛》2016 年第 2 期。

闫仲秋：《以全面创新改革引领京津冀协同创新》，《北京观察》2016 年第 11 期。

钱智、李锋、李敏乐：《找准自身优势，体现国家战略"上海建设具有全球影响力科技创新中心北京高层专家咨询会议"综述》，《科学发展》2015 年第 6 期。

王彦博：《基于主成分分析的北京市国际科技合作基地国际科技合作能力评价模型研究》，《科技管理研究》2019 年第 1 期。

清华大学产业发展与环境治理研究中心：《国际科技创新中心指数 2021 报告》，2021。

# B.5 北京市市场主体活力指数研究

陈昊洁 王猛猛*

**摘 要:** 2021年,在习近平经济思想指导下,市场主体被赋予了前所未有的地位和作用。2020年7月,习近平总书记在企业家座谈会上指出,市场主体是北京市经济活动的主要参与者、就业机会的主要提供者、技术进步的主要推动者。在国家发展中发挥着十分重要的作用,要千方百计把市场主体保护好,为经济发展积蓄基本力量。2021年12月,在中央经济工作会议中,习近平总书记强调,微观政策要持续激发市场主体活力。可见,作为经济运行的"细胞",亿万市场主体是稳定宏观经济大盘的关键力量。近年来,北京市持续深化"放管服"改革,不断优化营商环境,健全社会信用体系,着力培育市场主体、激发市场活力和创造力,取得了显著成效,为稳定就业、推动经济社会创新发展提供了坚实支撑。

**关键词:** 市场主体活力 注册注销比 北京市

---

\* 陈昊洁,北京金堤科技有限公司智库负责人,高级经济师,中国社会科学院数量经济与技术经济研究所博士后,研究方向为数字经济与中国经济数字化转型、社会信用体系;王猛猛,北京金堤科技有限公司智库研究员,德国霍恩海姆大学经济学院硕士研究生,研究方向为时间序列、数据治理。

## 一　北京市市场主体发展特点

### （一）发展活力保持稳定增长

新增市场主体规模[①]波动增长，2012~2021年，北京市新注册市场主体[②]规模呈波动性增长态势，全国新注册市场主体整体呈稳定增长态势（见图1）。2021年北京市新增市场主体261539户，同比增长了28.98%，新增市场主体规模几乎达到"十三五"期间最高峰值（2015年为284229户，2016年为271903户），总量达到2324956户。2021年全国新注册市场主体28872541户，同比增长了15.42%，市场主体总量达到1.54亿户。

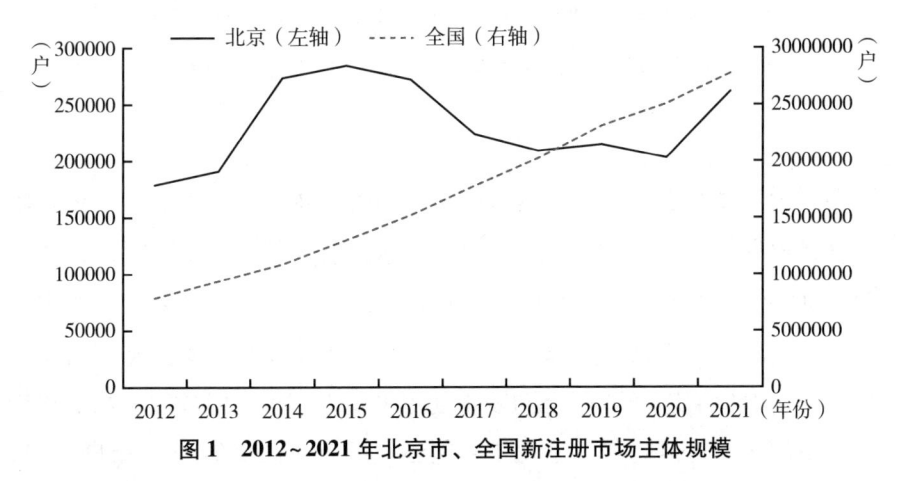

**图1　2012~2021年北京市、全国新注册市场主体规模**

资料来源：天眼查数据。

注销市场主体规模小幅增加，2012~2021年，北京市注销市场主体规模呈增长趋势，且在2019年达到最高（注销170606户），与全国注销市场主

---

[①] 新增市场主体规模为当期新注册市场主体数量。
[②] 根据2021年出台的《市场主体登记管理条例》，市场主体包括各类企业、个体工商户和农民专业合作社等。本报告中市场主体的相关数据仅包含各类企业和个体工商户，未包含农民专业合作社。

体的变化趋势基本一致（见图 2）。2021 年北京市注销市场主体 118992 户，同比增长了 1.10%，增长率明显小于全国平均水平，2021 年全国注销市场主体 8846120 户，同比增长了 42.33%。

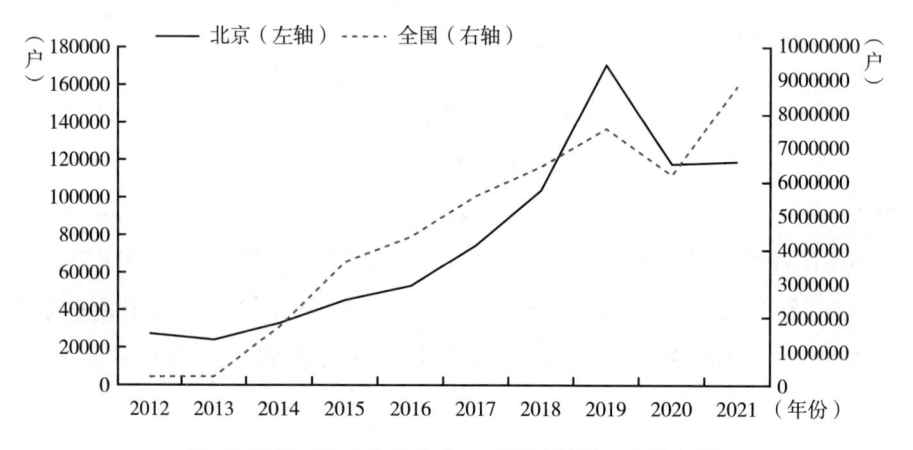

**图 2　2012~2021 年北京市、全国注销市场主体规模**

资料来源：天眼查数据。

市场主体注册注销比①呈下降的趋势，2012~2021 年，北京市市场主体注册注销比整体呈下降趋势，且在 2019 年达到最低（注册注销比为 1.26），2021 年回升到疫情前水平。全国市场主体注册注销比在 2014 年之后基本稳定，也呈波动下降趋势（见图 3）。2021 年北京市市场主体注册注销比为 2.20，同比增长了 27.57%，超过疫情前水平（2019 年为 1.26），虽然仍低于全国平均水平，但趋势上呈现增长趋势，而全国在 2021 年呈下降趋势，2021 年全国市场主体注册注销比为 3.13，同比下降了 22.25%。

市场主体存量增速呈增长趋势，2012~2021 年，北京市市场主体存量呈稳定增长趋势，增速在 2014~2020 年呈下降趋势，但 2021 年增速再次增长，恢复到 2017 年水平（2017 年存量同比增速为 10.50%），整体与全国市场主体存量变化趋势基本一致。2021 年北京市市场主体存量为 2324956 户，

---

① 注册注销比表示本期市场主体注册数量与注销市场主体数量的比值。比值越高，说明注册数量多于注销数量，形势向好；比值越低，说明市场主体经营不佳。

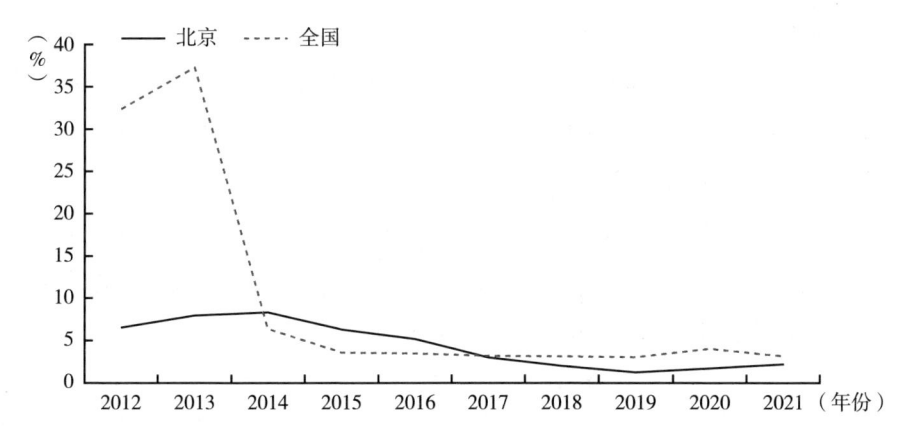

图 3  2012~2021 年北京市、全国市场主体注册注销比

资料来源：天眼查数据。

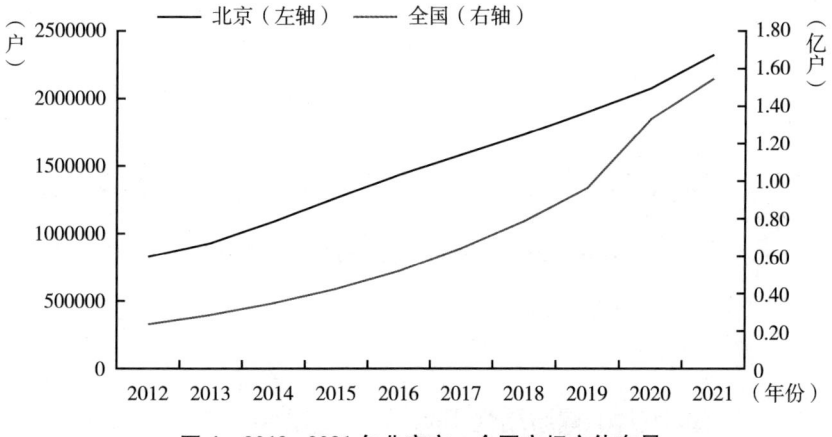

图 4  2012~2021 年北京市、全国市场主体存量

资料来源：天眼查数据。

同比增速为 11.96%。2021 年全国市场主体存量为 1.54 亿户，同比增速为 16.19%（见图 4）。

市场主体新增存量比①呈下降的趋势，2012~2021 年，北京市市场主体

---

① 新增存量比表示本期注册市场主体数量与市场主体存量的比值（%）。比值越高，说明市场主体创业活力越高，形势向好。

新增存量比在2014年小幅上升之后，整体呈下降趋势，且在2020年达到最低（新增存量比为9.76%），2021年基本回升到疫情前水平（2019年新增存量比为11.29%）。全国市场主体新增存量比也呈波动下降趋势（见图5）。2021年北京市市场主体新增存量比为11.25%，同比增长了15.20%，超过疫情前水平（2019年新增存量比为11.29%），虽然仍低于全国平均水平，但趋势上呈现增长趋势，而全国在2021年呈下降趋势，2021年全国市场主体新增存量比为17.93%，同比减少了4.76%。

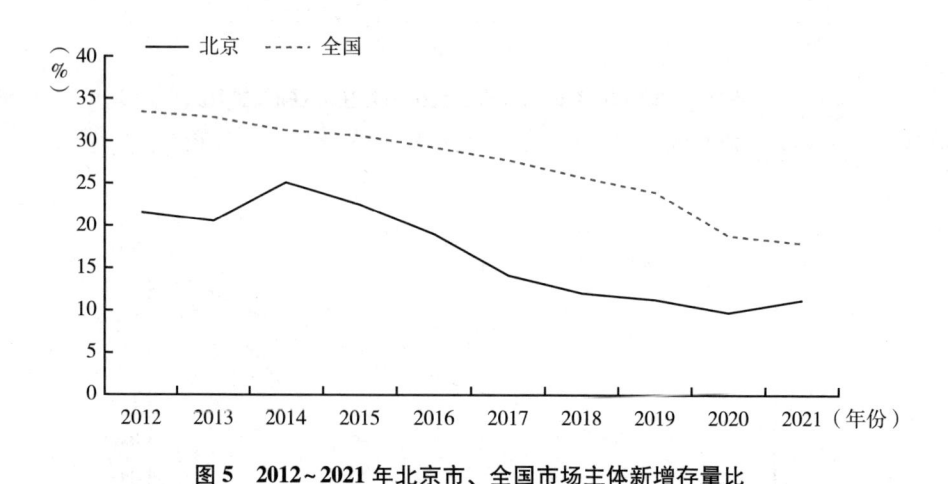

图5 2012~2021年北京市、全国市场主体新增存量比

资料来源：天眼查数据。

## （二）资本活力小幅波动性下降

新增市场主体注册资本波动性下降，2012~2021年，北京市新增市场主体注册资本规模自2013年之后，呈波动性下降趋势，全国新增市场主体注册资本整体呈波动上升态势，但2021年北京市和全国新增市场主体注册资本均呈下降趋势（见图6）。2021年北京市新增市场主体注册资本23880.43亿元，同比下降了13.44%，同年，全国新增市场主体注册资本831540.16亿元，同比下降了18.34%。

市场主体注册资本存量增速呈增长趋势，2012~2021年，北京市市场主体

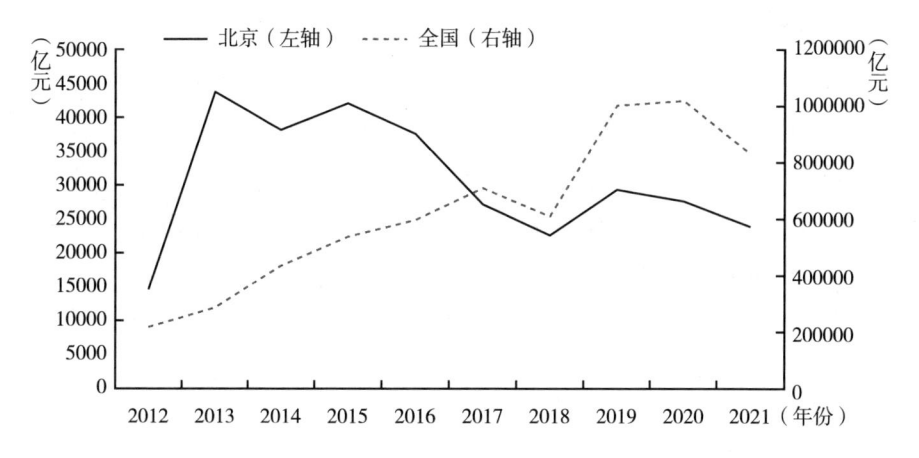

图 6　2012~2021 年北京市、全国新增市场主体注册资本

资料来源：天眼查数据。

注册资本存量呈稳定增长趋势，增速在 2012~2018 年呈下降趋势，2019~2020 年呈小幅增长，但 2021 年增速再次下降到 2018 年水平（2018 年存量同比增速为 4.09%），整体与全国市场主体注册资本存量变化趋势基本一致（见图 7）。2021 年北京市市场主体注册资本存量为 564796.32 亿元，同比增速为 4.17%。2021 年全国市场主体注册资本存量为 4830431.25 亿元，同比增速为 10.17%。

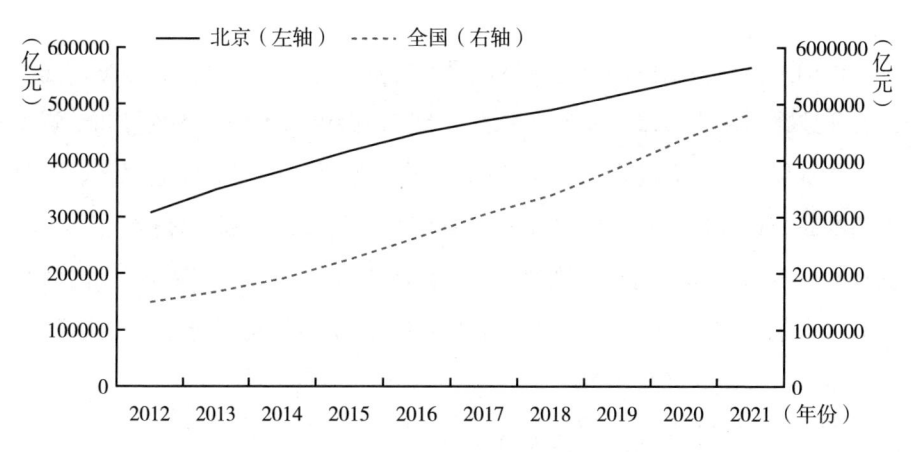

图 7　2012~2021 年北京市、全国市场主体注册资本存量

资料来源：天眼查数据。

市场主体注册资本新增存量比①呈下降的趋势，2012~2021年，北京市市场主体注册资本新增存量比在2013年之后，整体呈下降趋势，且在2021年降到最低。全国市场主体注册资本新增存量比也呈波动下降趋势（见图8）。2021年北京市市场主体注册资本新增存量比为4.23%，同比下降了16.91%。2021年全国市场主体注册资本新增存量比为17.21%，同比下降了25.88%。

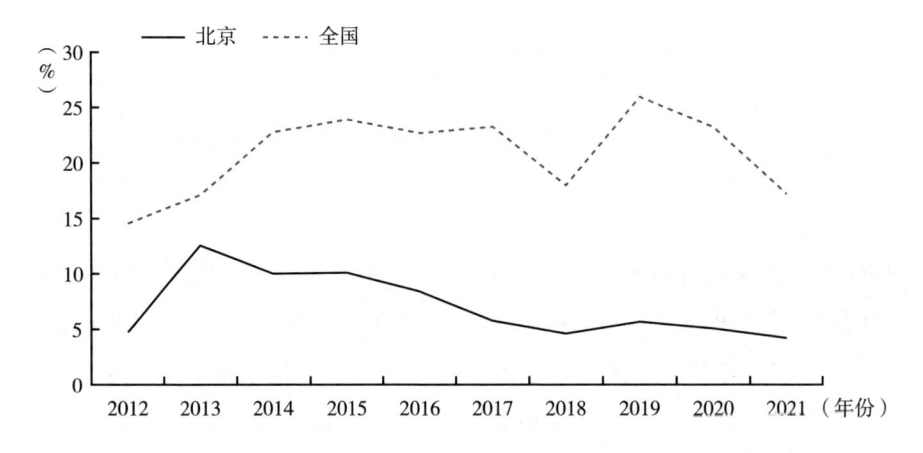

图8　2012~2021年北京市、全国市场主体注册资本新增存量比

资料来源：天眼查数据。

市场主体获得融资的市场主体数量和融资事件数基本稳定，根据市场主体公开披露信息，2012~2021年，北京市获得融资的市场主体数量和融资事件数基本保持在240起左右，但2020年降到最低，跌至200起以下，2021年基本回升到疫情前水平。2021年北京市获得融资的市场主体数量232户，融资事件数233起，同比分别增长了28.18%和28.02%。2021年全国获得融资的市场主体数量18766户，融资事件数21048起，同比分别增长了28.68%和27.07%（见图9）。

---

① 新增存量比表示本期注册市场主体数量与市场主体存量的比值（%）。比值越高，说明市场主体创业活力越高，形势向好。

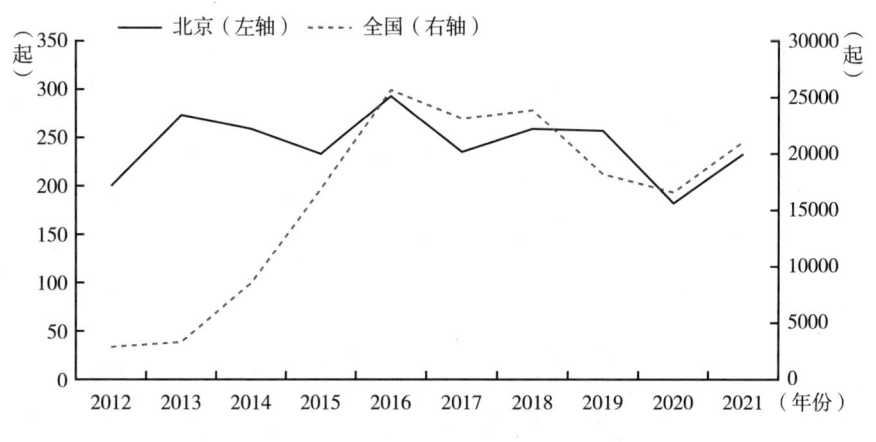

**图9　2012~2021年北京市、全国市场主体融资事件数**

资料来源：天眼查数据。

市场主体融资金额波动下降，根据市场主体公开披露信息，2012~2021年，北京市获得融资金额波动较大，整体呈下降趋势，全国的融资金额呈小幅波动上升趋势（见图10）。2021年北京市获得融资金额5194460.24万元，受疫情和2020年基数影响，同比增长169.47%。2021年全国获得融资金额351052816万元，同比增长44.39%。

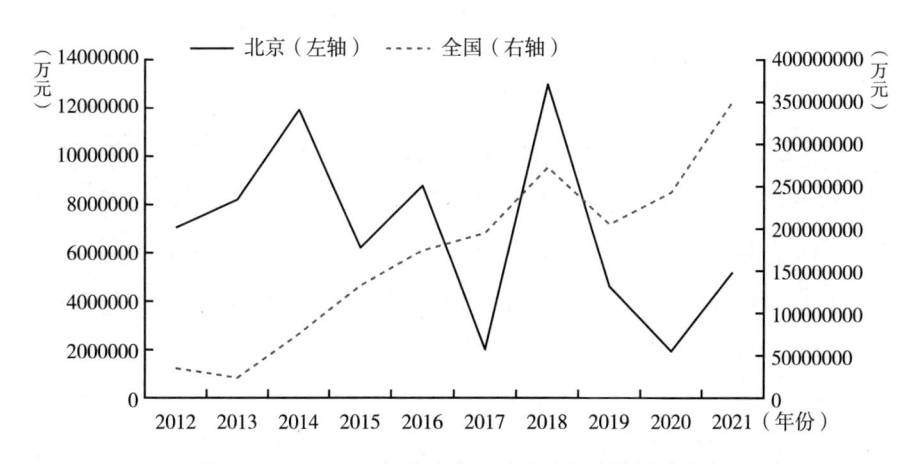

**图10　2012~2021年北京市、全国市场主体融资金额**

资料来源：天眼查数据。

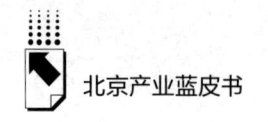

### （三）竞争活力小幅增强

市场主体存活率稳定，2012~2021年，北京市市场主体存活率①与全国平均水平相比更加稳定，基本保持在90%左右，2017~2020年均在90%以上，2021年降至2016年水平（2016年为88.27%），全国的市场主体存活率在2020年明显下降（2020年为72.37%）。2021年北京市市场主体存活率为89.32%，同比减少了2.38%。2021年全国市场主体存活率为86.06%，同比增加了18.92%（见图11）。

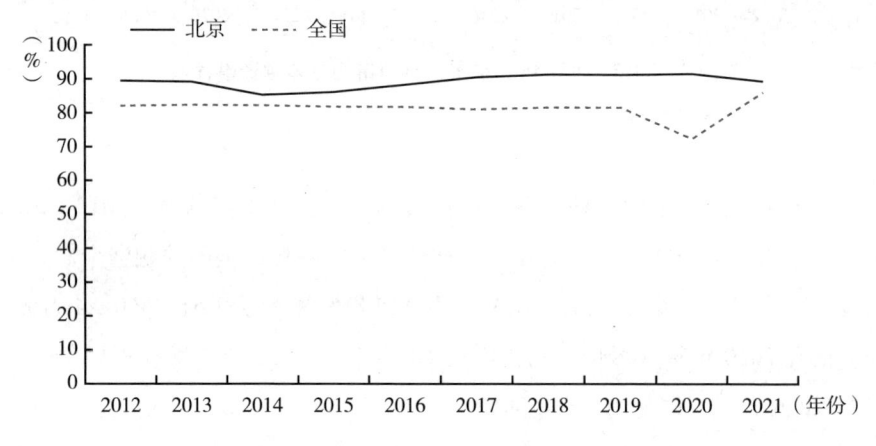

**图11　2012~2021年北京市、全国市场主体存活率**

资料来源：天眼查数据。

新增外商投资企业规模②受疫情影响明显，2012~2019年，北京市新注册外商投资企业规模呈波动性增长态势，但2020年减少了22.33%，2021年回到疫情前水平（2019年为1608户），与全国的变化规律基本一致（见图12）。2021年北京市新注册外商投资企业1636户，同比增长了30.98%。2021年全国新注册外商投资企业32318户，同比增长了27.98%。

---

① 市场主体存活率是上一期存量与本期存量比值，比值越大说明市场主体生存状况越好。
② 新增市场主体规模为当期新注册市场主体数量。

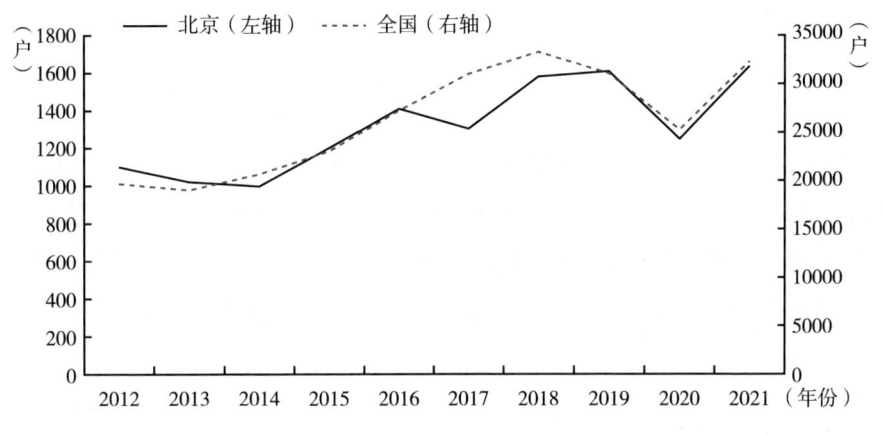

图12　2012~2021年北京市、全国新注册外商投资企业规模

资料来源：天眼查数据。

新增外商投资企业注册资本波动性上升，2012~2021年，北京市新增外商投资企业注册资本自2016年之后，呈波动性上升趋势，全国新增外商投资企业注册资本整体呈波动上升态势，但2020年显著上升之后，在2021年呈现明显下降趋势（见图13）。2021年北京市新增外商投资企业注册资本938.03亿元，同比增长了70.14%，同年，全国新增外商投资企业注册资本34281.80亿元，同比下降了89.56%。

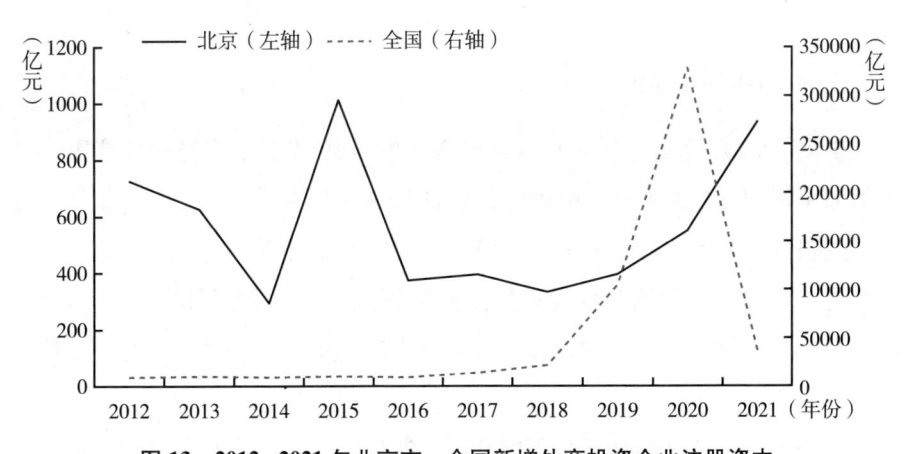

图13　2012~2021年北京市、全国新增外商投资企业注册资本

资料来源：天眼查数据。

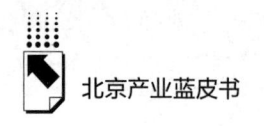

## （四）创新活力保持强劲

市场主体新增专利数量和商标数量整体呈上升趋势，2012~2021年，北京市市场主体新增专利数量和商标数量与全国变化趋势基本一致，呈上升趋势（见图14）。2021年北京市市场主体新增专利数量和商标数量分别为259545件和600806件。全国市场主体新增专利数量和商标数量分别为4469091件和7357790件。表明北京市市场主体知识产权创造、运用和保护的意识和能力不断提升。

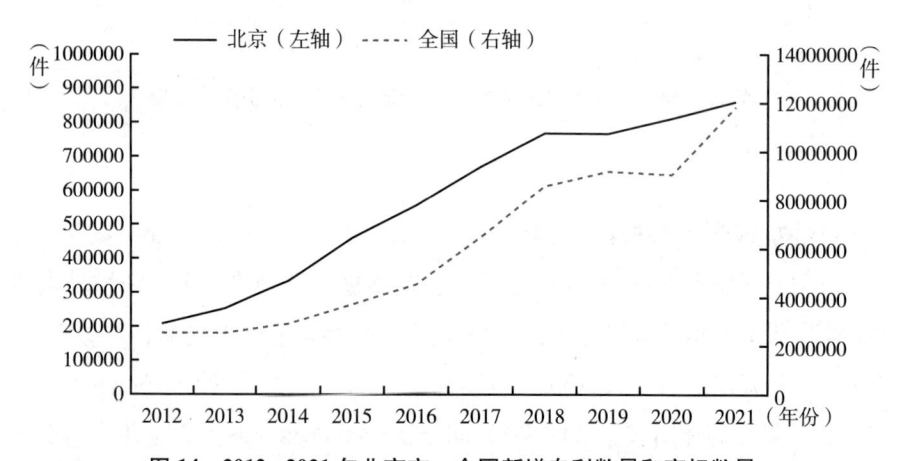

图14 2012~2021年北京市、全国新增专利数量和商标数量

资料来源：天眼查数据。

## （五）信用环境不断优化

根据2021年7月，国家市场监管总局制定的《市场监督管理严重违法失信名单管理办法》（国家市场监督管理总局令第44号）、《市场监督管理行政处罚信息公示规定》（国家市场监督管理总局令第45号）以及市场监管总局关于印发《市场监督管理信用修复管理办法》的通知（国市监信规〔2021〕3号）相关规定，对市场主体"违法、违规、违约"等失信违约行为进行分析。

市场主体失信违约情况呈下降趋势，2012~2018年，北京市市场主体失信违约数量与全国变化趋势基本一致，呈上升趋势。2019~2020年北京市市场主体失信违约数量呈现下降趋势，2021年小幅增加（见图15）。2021年北京市市场主体失信违约数量（经营异常信息、行政处罚信息、严重违法失信信息）总计248701件，同比增长了10.02%。2021年全国市场主体失信违约数量总计14442202件，受2020年基数影响（2020年4594557件），同比增长了214.33%，说明北京市市场主体诚信意识增强。

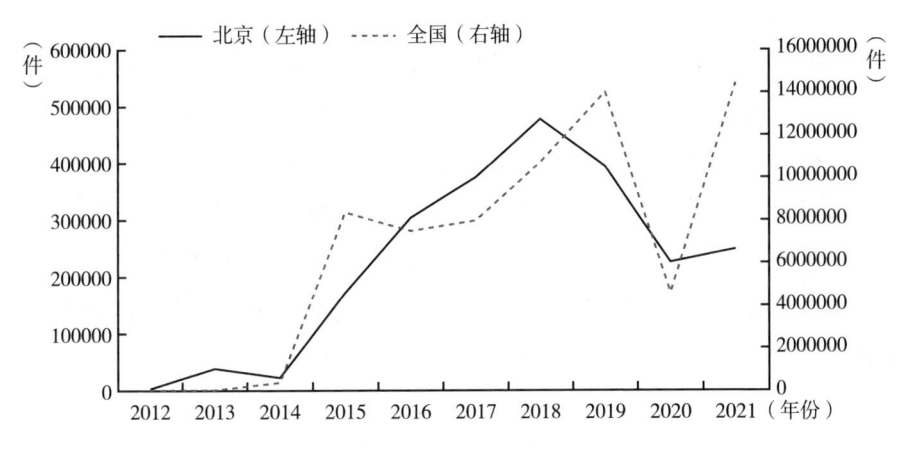

**图15　2012~2021年北京市、全国失信违约数量**

资料来源：天眼查数据。

## 二　北京市场主体活力指数编纂

### （一）市场主体活力指数综述

2022年1月28日，国务院印发《"十四五"市场监管现代化规划》明确要求，围绕"大市场、大质量、大监管"一体推进市场监管体系完善和效能提升，推进市场监管现代化，着力营造市场化、法治化、国际化营商环境，激发市场活力。

本报告根据2022年3月1日起执行的《中华人民共和国市场主体登记管理条例》对市场主体注册时间、注册资本、注销登记、信用信息公示等的相关要求，同时依据市场监督管理总局（原国家工商总局）《关于组织

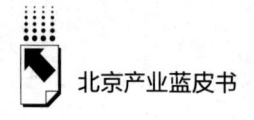

开展企业活跃度分析工作的通知》（办字〔2017〕128号）中的企业活跃度指标体系和模型，以及天津市《企业活跃度测评方法》（DB12/T 964-2020）中企业活跃度测评的指标体系和测评方法，在充分考虑单一市场主体的进入退出情况、资本活力情况下，综合测算某地区市场主体活力指数，包括发展活力、资本活力、竞争活力、创新活力以及信用活力。

1. 市场主体发展活力

为深化商事制度改革，进一步营造更加便利化、标准化、智能化的准入环境，切实提升市场主体退出便利化水平，北京市市场监督管理局以一揽子惠企实招促进市场主体活力再迸发。因此，本报告通过市场主体准入（注册）、市场主体退出（注销）、市场主体"新陈代谢"流动性（注册数量与注销数量比重）以及存量变化活力（注册存量比）等来说明北京市市场主体的发展活力。其中，注册注销的比值越高，说明注册数量多于注销数量，形势向好；比值越低，说明经营恶化。

2. 市场主体融资活力

国务院《关于印发注册资本登记制度改革方案的通知》（国发〔2014〕7号）中对于注册资本登记制度的相关要求是激发创业活力、催生发展新动力的重要举措，因此，本报告通过注册资本（新增存量比）情况结合本地区获得融资的企业数量、融资事件数量、融资金额反映市场主体的融资活力。

3. 市场主体竞争活力

在《国务院关于积极有效利用外资推动经济高质量发展若干措施的通知》（国发〔2018〕19号）、《国务院关于进一步做好利用外资工作的意见》（国发〔2019〕23号）以及《商务部印发"十四五"利用外资发展规划》中都明确了我国将坚持高水平对外开放，推动经济高质量发展和构建新发展格局。我国已经形成积极吸收外资的社会共识，自上而下努力优化外资营商环境，致力于打造市场化、法治化、国际化的营商环境，为外资企业创造公平竞争的制度条件。因此本报告通过新增外商投资企业数量和外商投资企业注册规模来反映市场主体竞争活力。另外，通过全部市场主体存活率反映市场主体生存情况，综合反映市场主体竞争活力。

**4. 市场主体创新活力**

国务院印发《"十四五"国家知识产权保护和运用规划》，明确知识产权对激励创新、打造品牌、规范市场秩序、扩大对外开放正发挥越来越重要的作用，我国市场主体创新活力得到激发，创造能力不断增强。本报告参考国家统计局社科文司中国创新指数研究课题组关于中国创新指数的结构，选择专利数量和商标数量来反映市场主体创新活力。

**5. 市场主体信用活力**

2017年，国家企业信用信息公示系统全面建成，党中央、国务院多次部署完善社会信用体系建设工作，用信用赋能提升市场主体活力。2020年12月，国务院办公厅出台《关于进一步完善失信约束制度 构建诚信建设长效机制的指导意见》（国办发〔2020〕49号），2022年1月，经国务院同意，市场监管总局印发《关于推进企业信用风险分类管理进一步提升监管效能的意见》（国市监信发〔2022〕6号），目的是使监管对违法失信者"无处不在"，对诚信守法者"无事不扰"，为市场主体建立公平竞争的环境。因此，本报告从经营异常情况、行政处罚情况、严重违法情况三个负向指标对市场主体"违法、违规、违约"等失信违约情况反映信用活力指数。

## （二）市场主体活力指数体系

本报告数据来源于统计局统计数据和天眼查数据库，统计时间为2012~2021年以及2021年1月至2022年4月。

市场主体活力指数由三级指标构成。其中，一级指标5个，包括发展活力指数、资本活力指数、竞争活力指数、创新活力指数以及信用活力指数，共包含11个二级指标和19个三级指标。

**1. 数据标准化处理**

对于市场主体相关数据，使用极差标准化算法进行计算。

对于正向指标标准化：

$$x'_i = (x_i - \min x_i)/(\max x_i - \min x_i), 且(i = 1,2,3\cdots n) \quad (1)$$

对于负向指标标准化：

$$x'_i = (\max x_i - x_i)/(\max x_i - \min x_i), 且(i = 1,2,3\cdots n) \quad (2)$$

其中，$x_i$表示第$i$个指标对应数据，$\max x_i$表示第$i$个指标所有样本中的最大值，$\min x_i$表示第$i$个指标所有样本中的最小值。经过极差算法，所有的指标均变为正向指标，同时指标对应数值范围在0~1。

2. 指标权重的确定

指标权重设计采用等比重方法。发展活力指数权重为20%，其包含的5个三级指标新增市场主体数量、注销市场主体数量、市场主体注册注销比、市场主体存量和市场主体新增存量比的权重均为4.00。资本活力指数权重为20%，2个二级指标注册资本规模和融资情况的权重均为10.00，其包含的6个三级指标新增注册资本、注册资本存量、注册资本新增存量比、获得融资的市场主体数量、市场主体融资事件数以及市场主体融资金额的权重均为3.33。竞争活力指数权重为20%，其包含的3个三级指标市场主体存活率、新增外商投资企业数量和新增外商投资企业注册资本的权重均为6.66。创新活力指数权重为20%，2个三级指标专利拥有量和商标拥有量的权重均为10。最后的信用活力指数权重为20，3个三级指标经营异常情况、行政处罚情况以及严重违法情况的权重均为6.66（见表1）。

表1 市场主体活力指数

| 一级指标 | 二级指标 | 三级指标 | 指标权重 | 计算规则 |
| --- | --- | --- | --- | --- |
| 发展活力指数 | 新增市场主体活力 | 新增市场主体数量 | 4.00 | 本期新注册市场主体数量 |
| | 注销市场主体活力 | 注销市场主体数量 | 4.00 | 本期注销市场主体数量 |
| | 市场主体注册注销比 | 市场主体注册注销比 | 4.00 | 本期新注册市场主体数量/本期注销市场主体数量 |
| | 存量市场主体活力 | 市场主体存量 | 4.00 | 本期市场主体存量数量 |
| | | 市场主体新增存量比 | 4.00 | 本期新注册市场主体数量/本期市场主体存量数量 |

续表

| 一级指标 | 二级指标 | 三级指标 | 指标权重 | 计算规则 |
| --- | --- | --- | --- | --- |
| 资本活力指数 | 注册资本规模 | 新增注册资本 | 3.33 | 本期新注册市场主体注册资本 |
| | | 注册资本存量 | 3.33 | 本期存量市场主体的注册资本 |
| | | 注册资本新增存量比 | 3.33 | 本期新注册市场主体注册资本/本期存量市场主体注册资本 |
| | 融资情况 | 获得融资的市场主体数量 | 3.33 | 本期本地区公开披露的获得融资的市场主体数量 |
| | | 市场主体融资事件数 | 3.33 | 本期公开披露的市场主体融资事件数 |
| | | 市场主体融资金额 | 3.33 | 本期公开披露的市场主体融资金额 |
| 竞争活力指数 | 市场主体生存情况 | 市场主体存活率 | 6.66 | 市场主体存活率=上一期存量/本期存量 |
| | 利用外资 | 新增外商投资企业数量 | 6.66 | 本期新注册外商投资企业数量 |
| | | 新增外商投资企业注册资本 | 6.66 | 本期新注册外商投资企业注册资本 |
| 创新活力指数 | 专利拥有量 | 新增专利数量 | 10.00 | 本期新增专利数量 |
| | 商标拥有量 | 新增商标数量 | 10.00 | 本期新增商标数量 |
| 信用活力指数 | 失信违约情况 | 经营异常情况 | 6.66 | 本期100*本地区经营异常信息/本地区企业存量 |
| | | 行政处罚情况 | 6.66 | 本期100*本地区行政处罚信息/本地区企业存量 |
| | | 严重违法情况 | 6.66 | 本期100*本地区严重违法信息/本地区企业存量 |

资料来源：天眼查数据。

## （三）线性加权综合评价模型

通过建立合适的综合评价数学模型将多个评价指标综合成为一个整体的综合评价指标，即得到相应的综合评价结果。

建立线性综合评价模型：

$$\text{Index } x_k = \sum_{i=1}^{n_k} w_{ki} * x'_{ki} \tag{3}$$

式（3）中 Index 为综合评价值，即指标体系中某级某个指标得分，$n_k$ 为这个指标下的变量个数，指标 $x'_{ki}$ 是指标标准化值，$w_{ki}$ 是指标 $x'_{ki}$ 对应的权重。通过以上方式计算得出北京市及全国市场主体活力指数总分，以及一级指标的得分情况。

## 三 北京市市场主体活力情况分析

### （一）年度市场主体活力情况

根据市场主体活力指数构成，测算出 2012~2021 年年度测算结果（见表2）。

表2 2012~2021 年北京市市场主体活力指数

| 年份 | 市场主体活力指数 | 发展活力指数 | 资本活力指数 | 竞争活力指数 | 创新活力指数 | 信用活力指数 |
|---|---|---|---|---|---|---|
| 2012 | 39.00 | 6 | 3 | 10 | 0 | 20 |
| 2013 | 49.26 | 7 | 14 | 7 | 2 | 18 |
| 2014 | 49.58 | 12 | 14 | 0 | 5 | 19 |
| 2015 | 57.17 | 12 | 11 | 10 | 8 | 16 |
| 2016 | 55.99 | 10 | 15 | 8 | 11 | 11 |
| 2017 | 48.10 | 7 | 7 | 10 | 14 | 10 |
| 2018 | 49.21 | 7 | 11 | 13 | 17 | 2 |
| 2019 | 51.56 | 9 | 10 | 14 | 17 | 2 |
| 2020 | 49.58 | 7 | 5 | 12 | 19 | 7 |
| 2021 | 64.10 | 11 | 8 | 17 | 18 | 10 |

资料来源：天眼查数据。

2012~2021 年北京市市场主体活力呈波动上升趋势。受疫情的影响，2020 年市场主体活力指数（49.58）下降了3.84%，但2021年超过疫情前水平，2021

年北京市市场主体活力为64.10，同比增长了29.29%。从各个分项指数来看，基本呈波动上升趋势，说明北京市市场营商环境较好，市场活力较高。这与市场监督总局提出的我国市场主体活跃度保持70%左右的情况基本一致（见图16）。

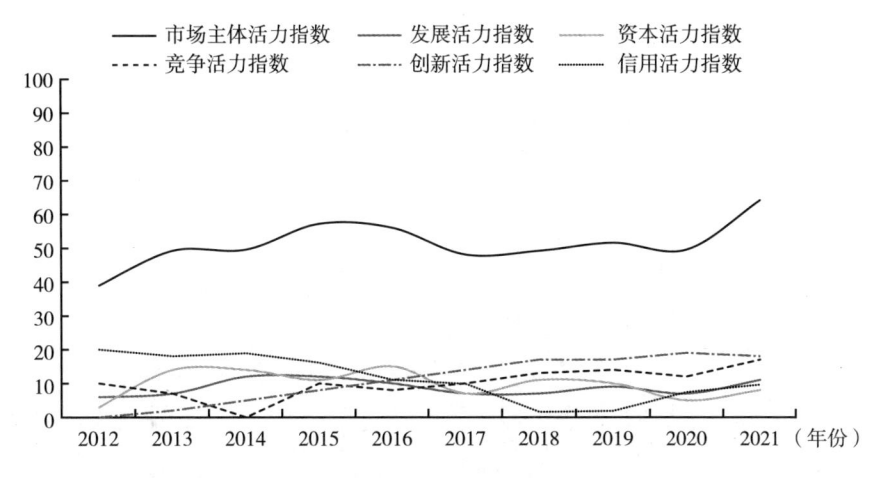

**图16　2012~2021年北京市市场主体活力指数情况**

资料来源：天眼查数据。

从北京市市场主体活力与全国市场主体活力的情况对比来看，两者的发展趋势基本一致（见图17）。新冠肺炎疫情前，北京市市场主体活力超过全

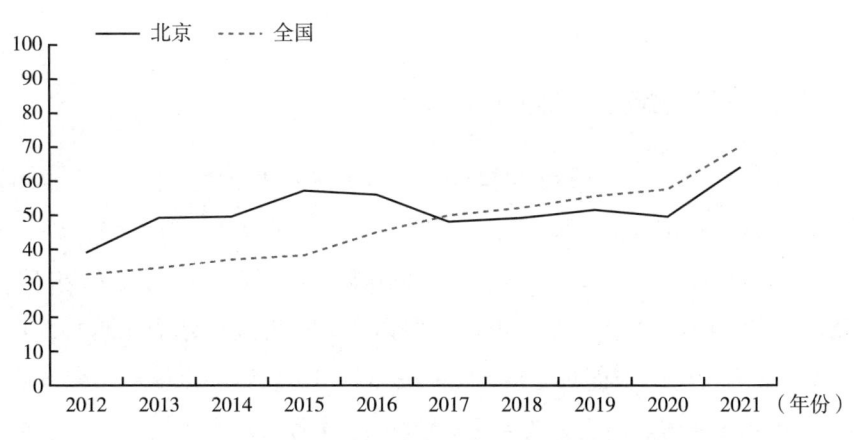

**图17　2012~2021年北京市、全国市场主体活力情况**

资料来源：天眼查数据。

国平均水平，疫情发生后北京市市场主体活力弱于全国平均水平，说明北京市市场主体对于市场环境的影响变化波动更大。2021年北京市市场主体活力指数为64.10，低于2021年全国市场主体活力指数70.16（见表3）。

表3　北京市和全国市场主体活力指数对比

| 年份 | 北京市市场主体活力指数 | 全国市场主体活力指数 |
| --- | --- | --- |
| 2012 | 39.00 | 32.56 |
| 2013 | 49.26 | 34.48 |
| 2014 | 49.58 | 36.98 |
| 2015 | 57.17 | 38.24 |
| 2016 | 55.99 | 45.00 |
| 2017 | 48.10 | 49.98 |
| 2018 | 49.21 | 52.15 |
| 2019 | 51.56 | 55.57 |
| 2020 | 49.58 | 57.58 |
| 2021 | 64.10 | 70.16 |

资料来源：天眼查数据。

## （二）月度市场主体活力情况

从北京市2021年1月至2022年4月市场主体活力情况来看，北京市市场主体活力呈现较明显的假期效应，在1~2月均呈显著下降趋势，10月呈小幅下降的趋势，这与市场主体注册、注销以及注册注销比的变化规律基本一致。2022年第一季度，北京市市场主体活力呈现规律性变化趋势，1~2月下降，3月上升，但面对复杂严峻的国际环境和疫情多点散发等多重风险挑战，经济面临的短期压力在4月明显显现，4月市场主体活力未呈继续上升的趋势，而是呈显著下滑的趋势（见图18）。

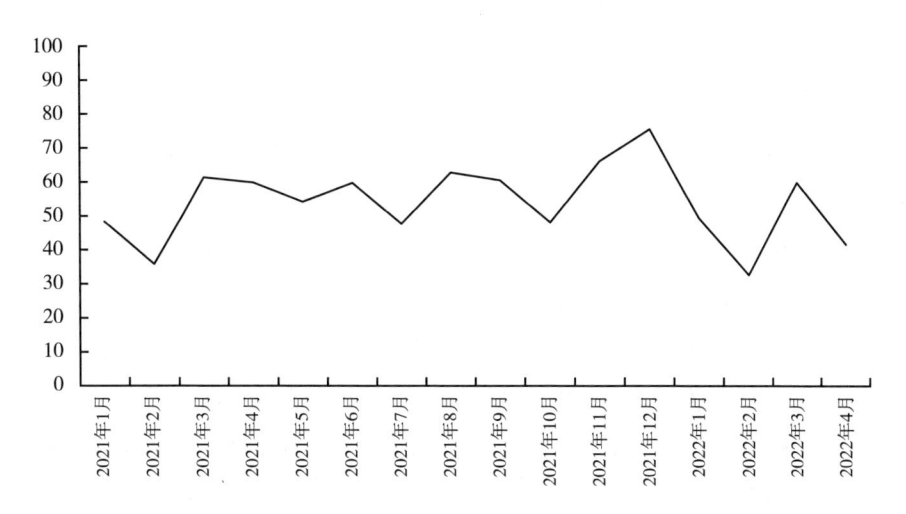

图18　2021年1月至2022年4月北京市月度市场主体活力情况

资料来源：天眼查数据。

## 四　增强北京市场主体发展活力建议

一是加大稳预期力度、持续激发市场主体活力。当前激发市场主体活力的关键在于稳预期，稳预期的关键在于抓落实。疫情发生后，北京市市场主体活力弱于全国平均水平，说明北京市市场主体对于市场环境的影响变化波动更大。根据调查，目前企业的预期略有改善，但是，仍存在预期转弱的现象，部分企业担忧稳增长的政策力度是否足够。因此，要全面准确贯彻中央经济工作会议"微观政策要持续激发市场主体活力"的总体要求，按照政府工作报告所确定的目标和重点任务，压实各地区各部门责任，继续做好"六稳""六保"工作，特别是保就业、保民生、保市场主体工作。继续加强预期管理，需求端和供给端才会逐渐恢复。只有稳住了预期，市场主体的活力就会激发出来，经济发展就会重现生机盎然的局面。

二是不断优化电子营商环境，支撑市场主体活力持续迸发。2021年北京市市场主体注册注销比同比增长了27.57%，市场主体存量同比增长了

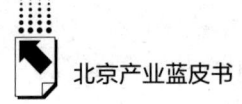

11.96%，涉企数据不断增多且更加多元化。经国家市场监管总局授权，北京市成为经营范围自主公示首个试点城市，探索实现经营范围登记规范化与企业经营活动个性化有机结合。根据北京市市场监管局创新试点改革任务和优化营商环境5.0政策要求，北京市已经在注册登记、准入准营方向不断进行优化，市场主体数据治理从数据归集层面突破到智能化技术分析阶段，2022年市场主体活力下降，经济面临的短期压力在4月份明显显现，市场主体活力未呈现继续上升的趋势，而是呈显著下滑的趋势，为了保持市场主体高活力，只有通过涉企数据治理模式优化，进行全面的智能化提升，营造更高质量的电子营商环境，以数据支撑惠企实招，才能更有效地促进市场主体活力再迸发。

**参考文献**

钱德勒：《企业规模经济与范围经济》，中国社会科学出版社，1999。

赵文君：《持续激发市场主体的发展活力、竞争活力、创新活力：访市场监管总局局长张工》，《中国质量监管》2022年第1期。

韩家平：《基于大数据的我国市场主体发展活力研究》，《征信》2021年第11期。

张虹、庄文英、赵飞：《基于创新能力的小微企业活力指数体系研究》，《商业经济研究》2019年第16期。

陈敏灵、谢小艳：《科技型中小企业创新活力的影响因素分析》，《技术与创新管理》2021年第6期。

张红星：《小微企业发展活力研究》，《合作经济与科技》2022年第1期。

# 产业篇
Industry Reports

## B.6 北京市数字经济产业发展研究

李孟刚　芮光伟[*]

**摘　要：** 数字经济产业作为新兴产业，是世界经济发展的重要动力，近年来受到政府高度关注。同时，数字经济产业同样是首都发展规划中的重要一环。本报告从理论上分析了数字经济产业的内涵以及发展特点。在此基础上，分别从政府政策体系的构建、数字经济产业的发展环境和发展基础、市场和产业的发展现状几个角度对北京市数字经济产业进行分析。研究发现，北京市数字经济产业发展情况整体较好，政策体系较为完善，形成了较为成熟的数字经济产业集群。本报告提出推进平台经济与反垄断建设共同发展、加强"产学研"政策支持、提高关键技术突破能力、加强数字化综合治理体系建设的政策建议。

**关键词：** 数字经济　区域经济　产业发展

---

[*] 李孟刚，北京交通大学经济管理学院教授，博士生导师，研究方向为国家经济安全、产业安全；芮光伟，北京交通大学经济与管理学院博士研究生，研究方向为产业安全。

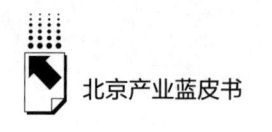

## 一 数字经济产业发展概况

### （一）数字经济产业发展背景

**1. 数字经济产业成为全球发展热点**

随着我国经济的持续发展和互联网技术的日益成熟，新兴数字技术广泛应用，数字经济产业在我国迅速发展。近年来，国际政治不确定性增加，世界经济增长动力不足。2019年以后，新冠肺炎疫情防控常态化对我国各行业的发展提出了新的要求。在此背景下，数字经济产业作为依托信息技术平台而生的新兴产业，与国家经济运行结合紧密，天然具有促进新旧动能转换、优化资源配置、提升经济发展质量等优势，成为世界经济发展中的重要一环。

从政策背景来看，数字技术的日益成熟，国际经济形势不断变动，各国政府出台了多项政策，引导和刺激数字经济产业发展。例如美国于2018年出台《数据科学战略计划》，从数据生态系统现代化建设、数据管理、分析方法和数据基础设施建设几个方面对其数字经济的发展进行规划；欧盟推出"数字化欧洲工业"计划（DEI），旨在通过物联网、大数据、人工智能领域，促进数字经济产业的发展；另外，日本、韩国等国家也在国家制造业发展战略中对数字经济产业进行相关布局。

**2. 我国数字经济发展迅速**

（1）数字经济产业规模持续增长。

当前，我国数字经济产业发展迅速，且占GDP比重也处于稳步升高的态势，逐渐成为我国经济发展的重要动力之一。从数据情况来看，2011～2020年我国数字经济产业规模一直处于上升态势，且增速也有所提高。2020年，数字经济产业规模为39.2万亿元（见图1）。从增长速度来看，数字经济产业发展势头较快，明显高于我国GDP增长速度，体现了数字经济产业的发展活力；从数字经济产业规模占GDP的比重来看，我国数字经济占GDP比重也呈现逐渐升高的态势,展现了数字经济在我国经济发展中日益凸显的地位(见图2)。

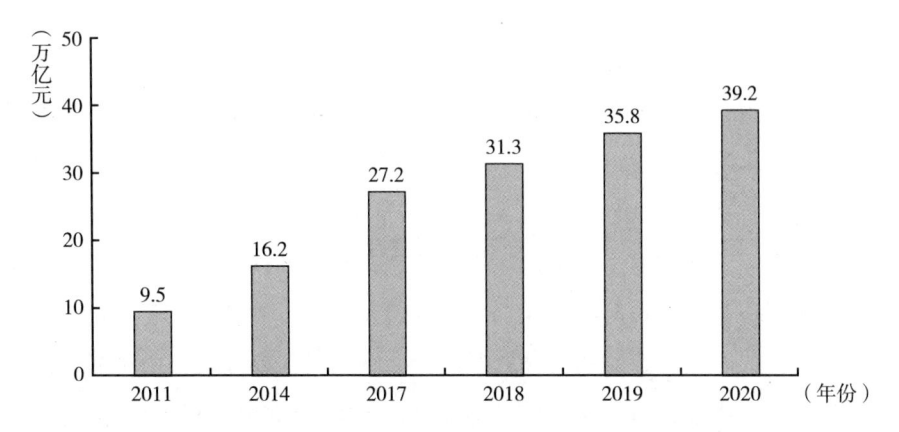

**图1 2011~2020年我国数字经济产业规模增长情况**

资料来源:中国信息通信研究院。

**图2 2015~2020年我国数字经济产业规模占GDP比重情况**

资料来源:中国信息通信研究院。

(2)领军企业参与国际市场竞争。

随着数字经济产业在我国迅速崛起,我国出现了一批优秀的领军企业,并逐渐成长为在世界数字经济市场中具有优秀竞争力的企业，成为我国数字经济产业国际化发展的探路者。

在世界数字经济市场中，中国企业市场份额有所增长。其中，在智能终端制造方面，我国企业在世界市场上占有较大的市场份额。截至2022年第一季度，中国企业具有39%的市场份额，其中小米、Oppo、Vivo、华为在世界智能手机排行中依次占据第3~6名，具有较强的竞争力。世界智能移动终端市场占有率情况如图3所示。在"云计算"市场，以百度、腾讯为代表的中国企业发展较为迅速，这一方面体现在其市场规模的迅速增长；另一方面，我国企业积极布局数据处理中心的建设，在世界各地建设数据库和云计算平台，从而提高企业的市场竞争能力。在数字传媒领域，中国涌现出一批优秀的数字传媒公司且在世界市场上增长迅速，用户规模和盈利能力均有明显提高。以字节跳动为例，其用户数迅速增长，到2020年，其月活跃用户数超过8亿，其中海外客户达到整体客户群体的28%；其盈利水平同样增长迅速，2019年盈利170亿美元，年增长速度达到130%。

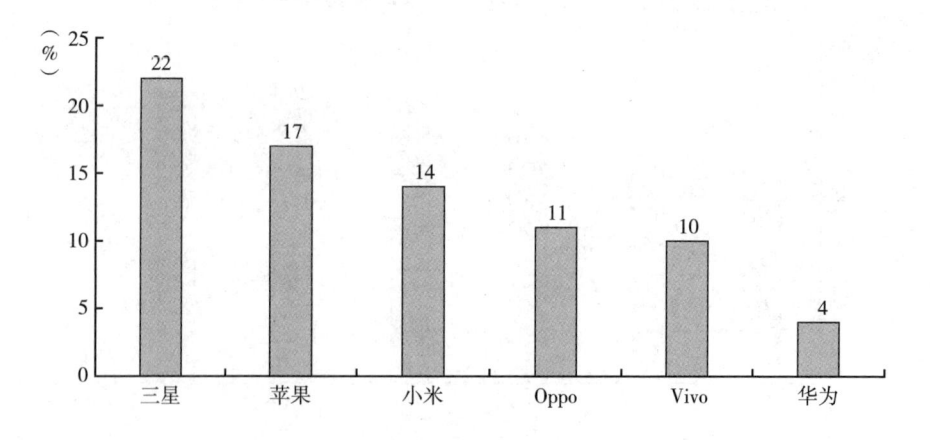

**图3 世界智能移动终端市场占有率情况**

资料来源：Wind 数据库。

（3）国家政策引导数字经济产业快速发展。

数字经济产业与我国社会发展结合紧密，近几年来也逐渐成为我国政府关注的重点产业。自2017年首次将数字经济写入政府工作报告后，我国政府多次出台相关政策，促进数字经济产业的发展。在推动数字经济产业链建设和发展方面进行了政策引导和战略部署，从数字产业技术建设、产业发展以及产业园区建设等方面进行了政策规划。习近平总书记在中央全面深化改革委员会第二十五次会议上强调，要全面贯彻网络强国战略，把数字技术广泛应用于政府管理服务，推动政府数字化、智能化运行，为推进国家治理体系和治理能力现代化提供有力支撑。

2021年12月，国务院发布《"十四五"数字经济发展规划》，根据我国当前的发展基础，对"十四五"期间我国数字经济发展的目标以及重点任务等进行了详尽的部署。其中，对2025年我国数字经济产业目标进行了规划（见表1）。

表1 2025年我国数字经济产业目标规划

| 指标 | 2020年 | 2025年 |
| --- | --- | --- |
| 数字经济核心产业增加值占GDP比重(%) | 7.80 | 10.00 |
| IPV6活跃用户数(亿户) | 4.60 | 8.00 |
| 千兆宽带用户数(万户) | 640.00 | 6000.00 |
| 软件和信息技术服务业规模(万亿元) | 8.16 | 14.00 |
| 工业互联网平台应用普及率(%) | 14.70 | 45.00 |
| 全国网上零售额(万亿元) | 11.76 | 17.00 |
| 电子商务交易规模(万亿元) | 37.21 | 46.00 |
| 在线政务服务用户规模(亿) | 4.00 | 8.00 |

资料来源：笔者根据《"十四五"数字经济发展规划》整理。

2022年政府工作报告中，同样对数字经济的发展进行了规划，在基础设施建设、5G建设、产业数字化转型等方面进行了重点部署，强调数字治理更好地赋能推动经济发展。综上所述，我国政府对数字经济的发展进行了相应的规划，通过政策引导和发展规划，指引数字经济产业高质量迅速发展。

## （二）北京市数字经济产业发展的理论基础

### 1.数字经济产业的理论内涵

"数字经济"概念最早由唐·泰普斯科特提出，并定义为以数字方式呈现信息流的经济模式。随着数字经济产业的迅速发展，关于数字经济的理论研究得到完善，其理论内涵也得到拓展。在广义上，逐渐把与数字信息相关的活动均涵盖在数字经济范围内。在我国，数字经济的理论内涵和发展概念引起了社会各界的广泛讨论。2021年，国家统计局公布了《数字经济及其核心产业统计分类（2021）》，将数字经济定义为以数据资源作为关键生产要素、以现代信息网络作为重要载体、以信息通信技术的有效使用作为效率提升和经济结构优化的重要推动力的一系列经济活动。

### 2.数字经济产业发展特点

数字经济产业展现了一定的发展优势和特点。在消费端，数字经济的发展提高了交易的可得性，拓宽了经济发展渠道；在生产端，数字经济与平台的融合，促进了产业融合，提高了经济发展效率。具体来看，数字经济产业具有如下几个方面的发展特点和优势。

（1）数据依赖性。

数字经济产业具有明显的数据依赖性。在如今数字经济产业的发展过程中，数字信息成为数字经济产业的主要生产要素。一方面，各个市场主体在进行经济活动时产生巨大的数据信息，这些数据信息成为数字经济产业的发展基础。另一方面，数字经济产业通过数据信息处理技术，为市场主体提供了更加高效的生产活动参与方式。在这一过程中，数字经济产业起到了降低市场交易成本、提高市场效率的作用，其依赖的基础即经济活动中所产生的多种数据。

（2）技术密集性。

数字经济产业的发展在很大程度上依赖于技术发展。数字经济产业的发展包括网络环境、云端计算以及用户端等多个层次的建设。其中，在网络环境的构建上，对信息传播速度的高效、传播方式的便捷以及传播过程的稳定等均提出了一定的要求；在云端计算上，对算法提出了高效快速部署、按需收费、资源共享等要求；在用户端构建上，包括可穿戴设备、PC端、传感器以及各种软件应用等，是与客户直接接触的第一终端，这对包括芯片制造等高端技术均提出了较高要求。综上所述，数字经济产业具有明显的技术密集型特点，对信息技术和数据的获取、处理、反馈速度提出了较高的要求。技术研发与创新能力也成为数字经济产业的主要竞争力的体现。

（3）平台经济契合度高。

数字经济产业依托于互联网技术的应用，在发展过程中展现了较为明显的平台经济特性。相较于传统经济产业，数字经济产业的发展更加依靠社会经济活动中的各项数据信息。在此基础上，平台经济在碎片化数据资源的整合上具有较大优势，数字经济产业与平台经济的融合发展，促进了平台经济在数据搜索、数据共享、数据反馈等方面进一步发展。从当前市场发展情况来看，数字经济产业在消费端和市场多以平台经济的形式存在，而平台经济也多利用数字技术。因此，平台经济契合度高成为数字经济产业的一大发展特点。

在经济治理上，数字经济提高了平台治理水平，给经济监管和政府运行提供了新的作用机制。通过互联网平台，政府监管和社会治理可以较为容易地获得经济活动数据，从而提高治理监管效率。同时，社会治理结构更加扁平化，企业、居民以及社会组织等经济活动的各方主体可以较为方便地接入治理体制。

（三）北京市数字经济产业发展意义

北京市作为我国首都，经济基础完善，数字经济规模较大，具有良好的发展基础。数字经济产业具有数据依赖性、技术密集性、平台经济契合程度高等特点，有利于促进生产要素的整合，在生产经营活动的各个环节中减少衔接和匹配成本，提高了生产方式和经营方式的丰富性，在促进生产效率和生产创新活动中具有重要意义。当前阶段，数字经济产业在北京市经济发展中具有较大的比重,是拉动北京市经济高质量创新性发展的重要动力。

从数据情况来看,2021年,北京市GDP为40269.6亿元,较上年增长8.5%,经济基础良好;在科技创新领域,北京具有良好的创新资源以及科技创新中心的区位优势,2021年,北京市在信息传输、计算机服务和软件业的固定资产投资额为387.55亿元,在全国处于领先地位,且近几年来呈现明显的上升趋势(见图4)。当前阶段,依托北京良好的资源禀赋和区位优势,北京市数字经济产业取得了较好的成果。2020年,北京市数字经济产业规模超过1万亿元,在全国各省级行政区中排在第6位;占GDP比重排在全国首位,为55.9%,具有良好的发展基础。

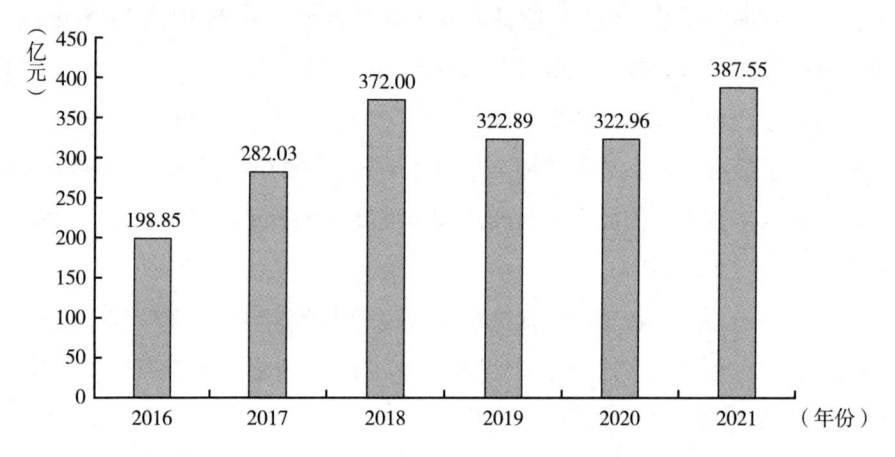

图4 2016~2021年北京市信息传输、计算机服务和软件业的固定资产投资额

资料来源:国家统计局。

2021年,北京市数字经济产业中,信息传输、软件和信息技术服务业增加值为6535.3亿元,近五年平均增速为18.49%,明显高于同阶段北京市9.88%的GDP平均增速。信息传输、软件和信息技术服务业对地区生产总值的贡献率也呈现逐步上升的趋势,2021年GDP贡献率为16.23%,比2016年提升了约5个百分点,具体情况如图5所示。

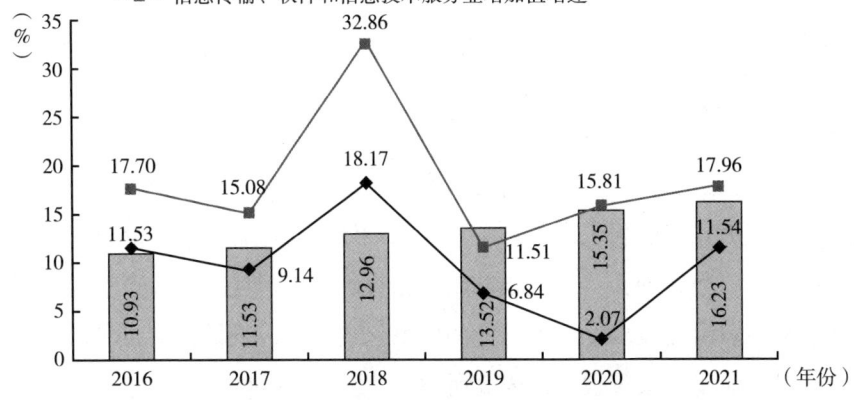

图 5  2016~2021 年北京市信息传输、软件和信息技术服务业
增加值增速及其对 GDP 贡献情况

资料来源：国家统计局、北京市统计局。

综上所述，数字经济产业依托北京市良好的生产要素禀赋和区位优势，与北京市产业与制造业的融合迅速，GDP 贡献率日益提高，成为促进北京市经济发展的重要动力。在此背景下，根据数字经济产业的发展内涵和发展特点，对北京市产业发展现状进行评价，对北京市产业发展的现状的把握具有重要意义。

## 二 北京市数字经济产业发展现状研究

### （一）数字经济产业制度环境分析

**1. 数字经济产业政策生态日益成熟**

数字经济产业的发展得到了北京市政府的高度重视。2020 年，北京市政府发布《北京市促进数字经济创新发展行动纲要（2020—2022 年）》，指出至 2022 年底，数字经济产业增加值占北京市地区生产总值比重将达到 55%。

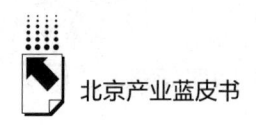

可见，数字经济产业在北京具有良好的经济基础和市场条件，在技术创新领域具有较为强大的科研力量支撑，同时政府政策指引较为优秀。依托北京良好的资源禀赋和区位优势，数字经济产业成果颇丰。2020年，数字经济产业规模逾1万亿元，在全国各省级行政区中排在第6位；占GDP比重排在全国首位，为55.9%，具有良好的发展基础。

在政策背景上，北京市政府对数字经济产业的建设较为重视，对经济建设进行了较为详细的顶层设计和政策体系规划。在此背景下，北京市针对数字经济贸易、数字创新等具体领域出台相应政策，形成了涵盖产、学、研各个社会部门以及覆盖多个重点行业的体系化数字经济发展体制机制。北京市数字经济产业发展政策规划如表2所示。

表2　北京市数字经济产业发展政策规划

| 政策名称 | 发布时间 | 主要内容 |
| --- | --- | --- |
| 关于加快培育壮大新业态新模式促进北京经济高质量发展的若干意见 | 2020年6月 | 对北京市数字经济基础设施建设进行了规划部署，强调新型网络、数据智能、生态系统、智慧应用等重点领域的建设 |
| 北京市关于加快建设全球数字经济标杆城市的实施方案 | 2021年7月 | 建立数字经济全球示范城市，并提出在数字技术应用、创新、数字治理等领域建设世界标杆城市和开放高地 |
| 北京市关于促进数字经贸高质量发展的若干措施 | 2021年10月 | 至2025年，在北京市数字贸易进出口、企业发展、治理体系以及全球影响等方面进行了政策规划 |

资料来源：根据政府政策文件整理。

### 2. 各区数字经济产业聚焦自身特点

北京市根据各区域发展特点，对数字经济产业发展进行了相应规划。在"两区"、大兴区以及海淀"中关村国家自主创新示范区"等多个区域进行了相应发展规划。其中，在"两区"数字经济建设中，强调通过深化市场化改革、推动制度开放和改革创新，在数字经济产业发展、数字贸易发展以及数字要素流动等多个方面进行制度建设，为数字经济产业的发展提供新的动力。中关村示范区在数字经济发展规划中，对集成电路、人工智能、5G

和传感物联技术等技术密集型产业进行重点布局。大兴区则重点聚焦数字医疗、数字贸易、数字文化融合以及先进智造等领域进行发展规划。北京市各区数字经济产业发展政策规划如表3所示。

表3 北京市各区数字经济产业发展政策规划

| 政策名称 | 发布时间 | 主要内容 |
| --- | --- | --- |
| 中关村国家自主创新示范区数字经济引领发展行动计划（2020—2022年） | 2020年10月 | 对中关村示范区的发展规模和技术创新水平提出了具体要求，对技术、企业、创新等方面的发展愿景进行规划 |
| 大兴区数字经济创新发展三年行动计划（2021—2023年） | 2021年6月 | 对大兴区数字经济发展速度和占GDP比重等指标进行了规划，并对产业集群建设和产业集聚区的建设提出了明确要求 |
| 数字经济领域"两区"建设工作方案 | 2021年2月 | 以打造产业创新政策和数字贸易服务体系为重点工作进行发展规划 |

资料来源：根据政府政策文件整理。

总体来看，北京市各区结合自身发展情况，对数字经济发展的具体领域进行发展规划，共同构建了北京市数字经济发展的政策体系。

### （二）数字经济产业发展环境分析

数字经济产业具有技术密集性、数据依赖度性以及平台经济契合度高等发展特点，这决定了数字经济产业的发展不仅应该关注其产业自身的发展，同时应该关注社会发展环境对数字经济产业的支持。对产业环境的评价应该包括资金、技术的投入程度、消费市场的活跃程度、社会应用环境等方面。

#### 1. 资金投入水平较高

资金投入是影响数字经济产业发展的一大重要影响因素，在北京市数字经济产业发展的资金投入上，可以通过固定资产投资情况进行一定的分析。

首先，在数字经济产业相关的基础设施投资上，交通运输、仓储和邮政业在一定程度上为数字经济产业的发展提供了设施基础；而信息传输、计算机服务和软件业与数字经济产业中的数字分析等发展模式相互契合。对上述

产业固定资产投资情况进行分析，可以在一定程度上反映数字经济产业在地区的发展环境，同时也是决定数字经济产业未来发展速度和发展质量的一大重要先决条件。

其次，在技术环境投资上，数字经济产业具有较高的数据依赖性，具有较为明显的技术密集性的产业特点，地区科学研究及技术服务的资金投入情况是影响其发展的重要环境因素之一。

从数据情况来看，2010~2020年，北京市科学研究、技术服务业固定资产投资完成额有所上升，其中2010~2016年，其数值经历了先上升后下降的过程，峰值在2012年，投资完成额为128.66亿元，而2016年投资完成额为70.36亿元。之后4年逐年升高，且增长速度较快，至2020年，根据投资完成额增长率推算，数值达到178.47亿元，综合来看，北京市在相关产业的固定资产投资完成额上处于上升态势。

2.市场应用环境良好

数字经济产业的发展速度和发展潜力在一定程度上受到市场应用环境的影响。其中，居民数字市场消费反映了其市场认可度，展现了其应用的市场前景。因此，主要通过"居民人均交通和通信消费"情况进行分析。

从数据情况来看，北京市居民在交通通信产业消费支出较多，除2020年受到疫情影响居民交通出行大幅削减外，交通和通信产业消费支出处于逐年升高的态势。2019年，交通和通信人均消费支出为4979.00元，明显高于2016年4702.00元的水平。但从其占比情况来看，北京市居民在交通和通信产业消费占比却呈现明显的逐年降低态势，其中2016年占比最高，为13.28%；2019年占比为11.57%，下降较为明显。2021年，该数值进一步降低为9.69%。但总体来看，人均消费支出依然处于较高水平，市场相对具有活力（见图6）。

消费水平较高时，与数字经济产业相结合的商品消费市场则较为广阔。一方面，活跃的商品市场对数字经济所提供的服务商品具有较大需求；另一方面，商品市场所产生的数据也为数字经济产业发展提供了较为充足的生产供给。

从数据情况来看，2021年城镇居民人均可支配收入为81515.53元，位于全国第2。且纵向对比可以发现，相较于2016年，增长了0.42倍，增速较快（见图7）。

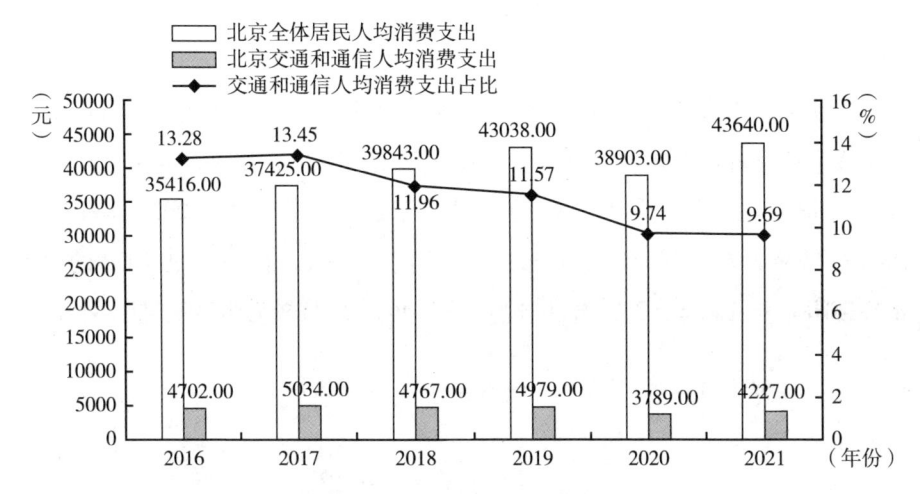

图6 2016~2021年北京市数字经济产业市场环境情况

资料来源：国家统计局。

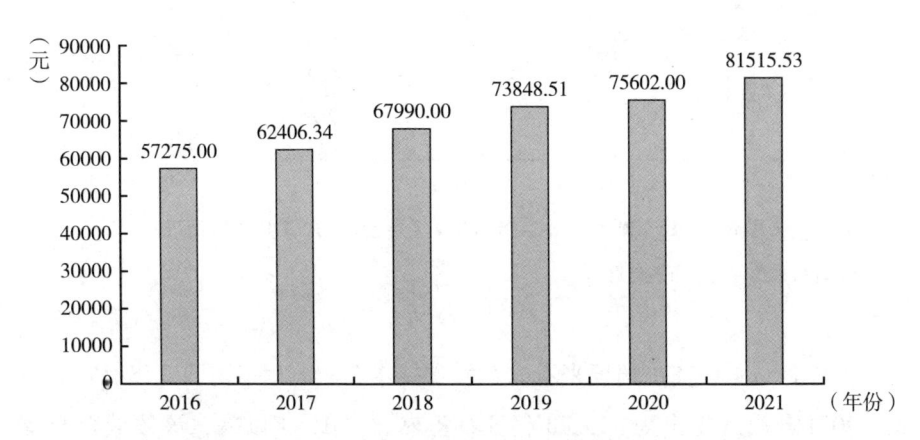

图7 2016~2021年北京市城镇居民人均可支配收入情况

资料来源：北京市统计局。

## 3. 技术支持能力较强

数字经济产业的发展依托于互联网，具有技术密集型产业的特点，因此创新能力以及科研能力成为数字经济产业发展中不可或缺的重要条件。在中共中央政治局第二次集体学习中，习近平总书记指出，要加快形成以创新为主要引领和支撑的数字经济，推动大数据技术产业创新发展，打造多层次、多类型的大数据人才队伍。可见，技术科技创新与人才队伍建设是提高数字创新能力的保障。

分别从技术资金投入和人员投入两个方面来对北京市在数字经济产业的技术投入情况进行分析。从技术资源投入角度来看，近几年来北京市研究与开发（R&D）经费占地区GDP的比重处于逐年升高态势。2020年北京市R&D经费为297.42亿元，相较于2016年增长16.7%，且R&D占GDP的比重也呈现明显上升态势，2020年占比达到6.44%，增长较为明显（见图8）。

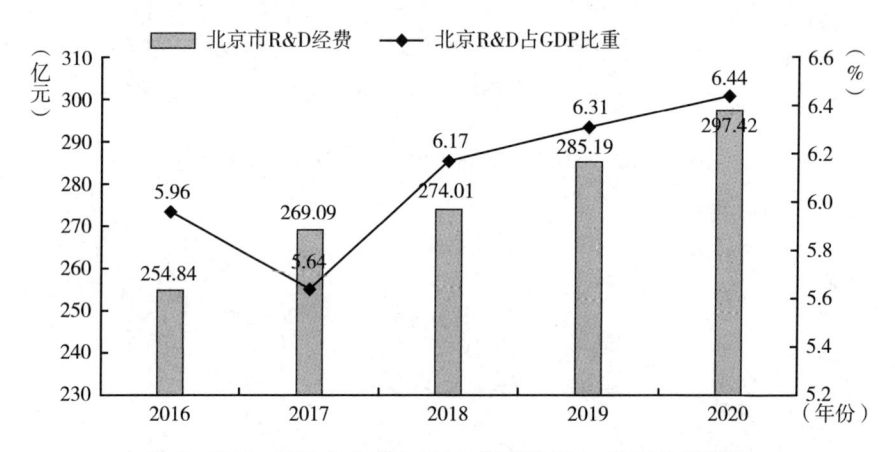

图8 2016~2020年北京市R&D经费及其占GDP比重情况

资料来源：北京市统计局。

另外，从财政支出角度来看，在科学技术领域北京市财政支出有一定增长，2021年财政支出为443.74亿元，虽然自2018年以来，该领域财政支出增长不够明显，但相较于"十三五"初期，增幅达到55.3%，增长明显（见图9）。

另外，在数字经济产业发展的技术环境中，北京市在技术人才建设中也进行了较大投入。通过科学研究和技术服务业从业人数可以较为直观地反映

北京市数字经济产业发展研究

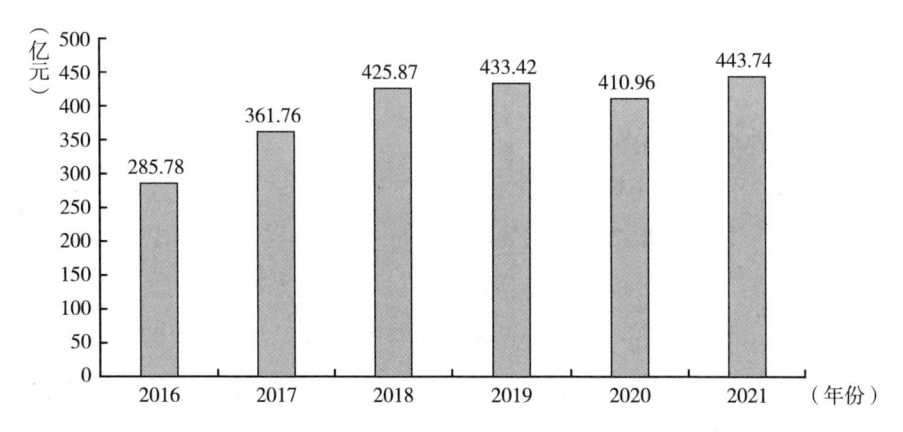

图9 2016~2021年北京市科学技术领域财政支出情况

资料来源：北京市统计局、北京市财政局。

技术环境的强度，在从业人数上，北京市在科技服务行业从业人数有明显增长，2021年从业人数达到62.32万人，近5年来平均每年增长近2万人；教育领域财政支出可以一定程度上代表技术领域的人才储备和建设情况，在财政支出中，教育领域的财政支出维持在较高水平，2021年达到1136.63亿元，自2019年来没有明显增长，但相比较于2017年增长17.8%。总体来说，北京市较为强大的人才投入为数字经济产业的发展提供了良好的技术创新支持（见图10）。

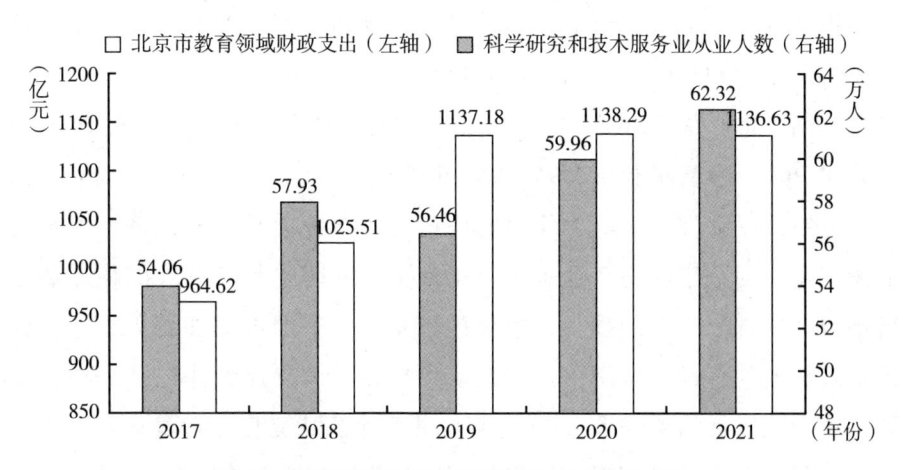

图10 2017~2021年北京市技术人才建设情况

资料来源：北京市统计局、北京市财政局。

## （三）数字经济产业市场发展情况分析

### 1. 市场规模发展迅速

近年来，随着新一代信息技术发展进入新阶段，数字经济市场发展迅速，形成了一批以新生市场为主要经营目标的数字经济产业。北京作为我国科技创新中心，在良好的基础设施建设、市场环境以及充足的技术、资金投入下，北京市数字经济产业发展迅速，在全国处于领先地位。例如2021年，根据互联网协会工业和信息化部信息中心联合发布的《中国互联网企业综合实力指数》，字节跳动、百度、京东、美团等33家企业被评为中国百强互联网企业，数量居于全国首位。北京市数字经济产业市场发展良好，企业活力充足。

计算机、通信和电子设备制造业作为数字经济产业发展的基础性行业，为数字经济产业的发展提供了设备基础，是数字经济产业发展的重要一环。北京市该行业企业数量和从业人数保持在较高水平，2021年北京市该行业企业数量达到280家，从业人数为86081人。横向对比发现，"十三五"初期，北京市该行业企业数量为284家，之后在2018年降至269家，近两年有所回升；而从业人数相比较2016年的106931人，之后有较为明显的下降趋势（见图11）。与此同时，企业盈利有明显增长，2021年该行业企业营业收入超过5000亿元，企业净利润达到338.30亿元，相较于"十三五"初期，企业营业情况呈现明显上升趋势，企业营业收入相较2016年上升97.6%，净利润上升299%（见图12）。

另外，以软件产业等为代表的信息技术服务业是数字经济产业市场的需求端，为数字经济产业提供市场活力，同时也是其发展的核心和创新动力。这部分产业的强大，将使区域发展数字经济更加游刃有余，使得信息技术的普及与应用更加快速、便捷，从而支撑整体经济高质量发展。从企业发展情况来看，2021年，北京市新成立信息传输、软件和信息技术服务业企业12563家，其中软件产业企业3750家（见图13）；从近几年横向对比情况来看，近几年新增企业数量总体逐步提高，且经

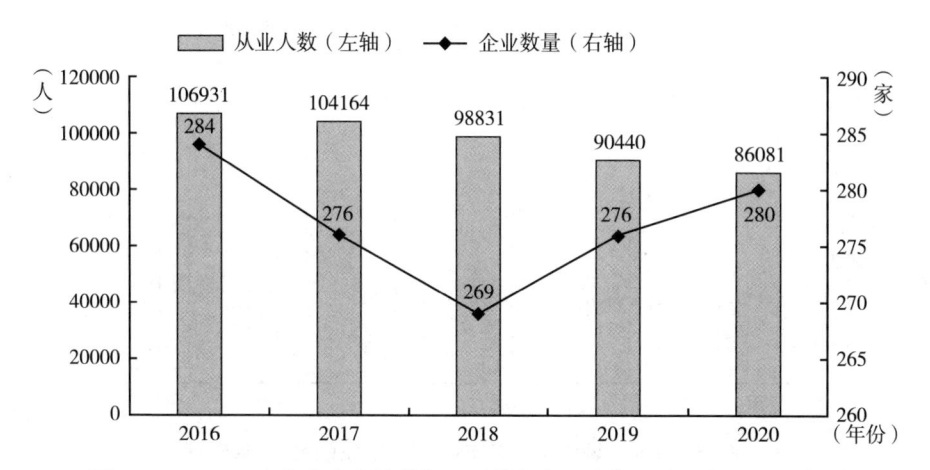

图 11　2016~2020 年北京市计算机、通信和电子设备制造业市场发展情况

资料来源：北京市统计局。

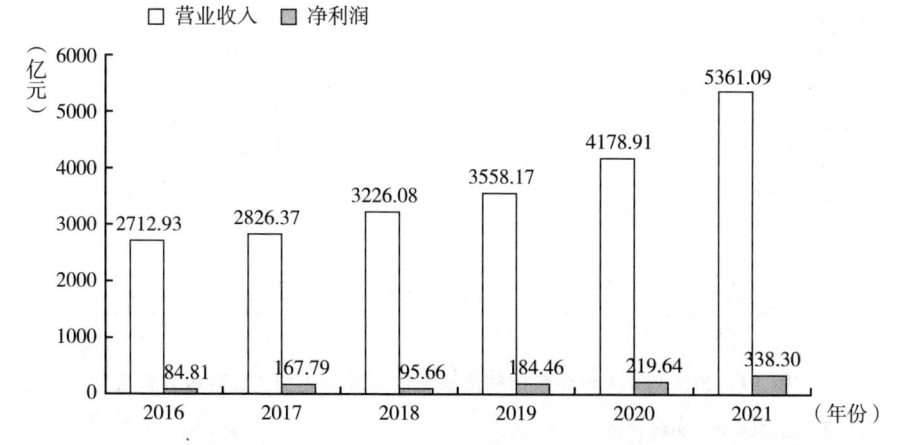

图 12　2016~2021 年北京市计算机、通信和电子设备制造业企业发展情况

资料来源：北京市统计局。

营收入呈现明显的逐年上升趋势，以软件信息技术服务业为例，2021年收入约 1.71 万亿元，相较于 2016 年上涨 2.17 倍，增长明显（见图14）。

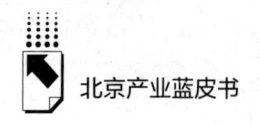

图13　2016~2021年北京市信息服务相关企业发展情况

资料来源：北京市统计局。

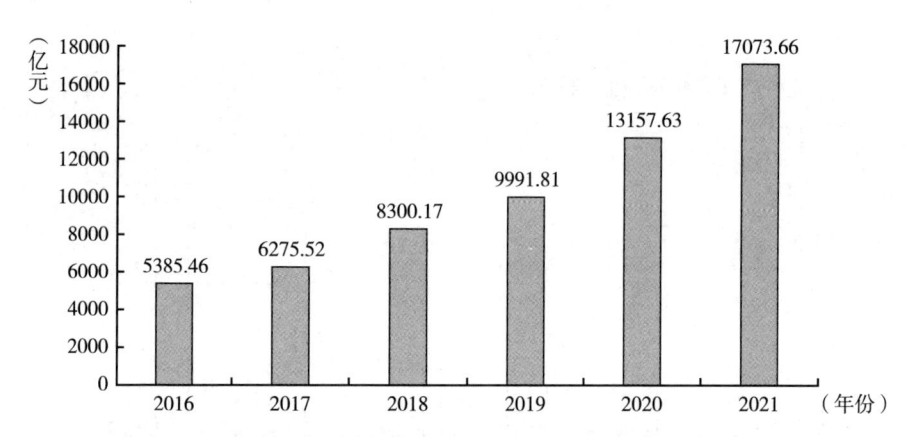

图14　2016~2021年北京市软件信息技术服务业企业经营收入情况

资料来源：北京市统计局。

通过近几年信息传输、软件和技术服务产业注册资本情况来说明北京市各地区数字经济产业的市场活力情况。从数据情况来看，北京市各区数字经济产业市场发展相对较为均衡，其中海淀区、丰台区相关行业企业增长情况相对较快，2021年海淀区新增注册资本188.83亿元，丰台区新增注册资本91.41亿元，最少的延庆区增长也有15.82亿元。综合北京市各区特点和功能划分，可以认为，北京市各区域数字经济产业市场活力充足，且发展布局较为合理（见图15）。

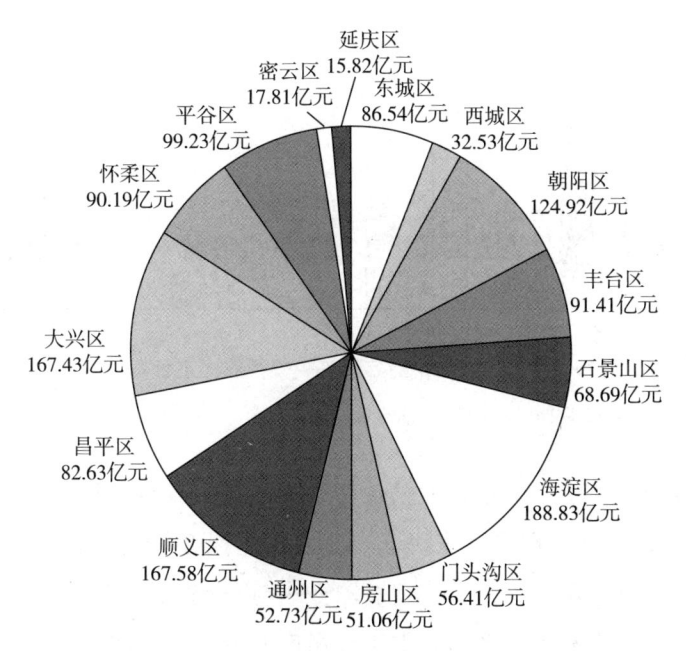

**图15 2021年北京市各区数字经济相关企业发展情况**

资料来源：北京市统计局。

**2. 上市企业发展势头较好**

在良好的数字经济发展环境下，北京市数字经济产业市场发展较为迅速，涌现了一批具有强大实力的上市公司。上市公司的发展对市场的成熟发展具有引领作用，是促进数字经济市场健康发展的重要力量。当前，通过对北京市数字经济产业相关上市公司的数量和市值情况进行分析可以发现，与全国其他一线城市相比，北京市数字经济产业相关行业上市公司数量众多。从数据情况来看，2022年在全球证券市场范围内，北京市具有数字经济产业相关行业上市公司654家，与上海、广州、深圳相比具有明显优势。其中技术硬件与设备行业上市公司132家、软件与服务行业上市公司509家，表明上市公司数量较多，头部企业在北京的集聚效应较为明显（见图16）。

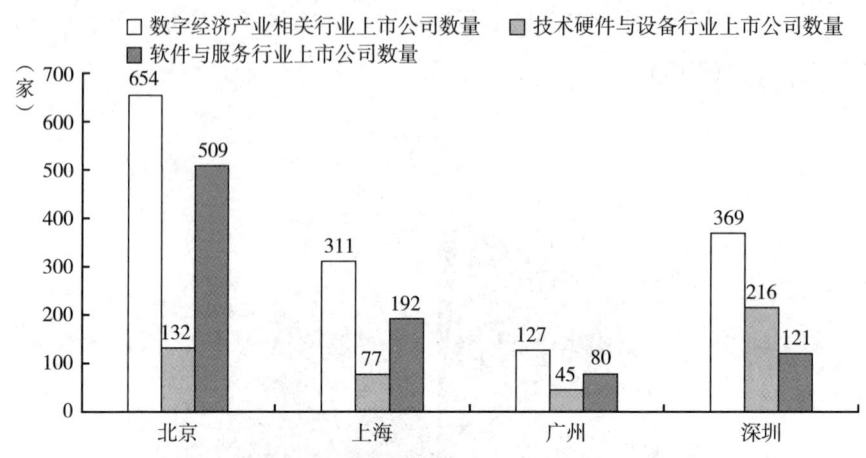

图16 我国一线城市数字经济相关行业上市公司数量

资料来源：Wind数据库，上市公司公开数据。

与此同时，北京市上市企业估值情况反映了市场规模以及市场发展情况。根据2022年5月股市价格估算，北京市数字经济相关行业上市公司总市值达到49472.67亿元，其中技术硬件与设备行业上市公司市值为14709.33亿元，软件与服务行业上市公司市值为30428.32亿元。与我国其他一线城市相比，明显高于同期上海及广州，但低于深圳（见图17）。

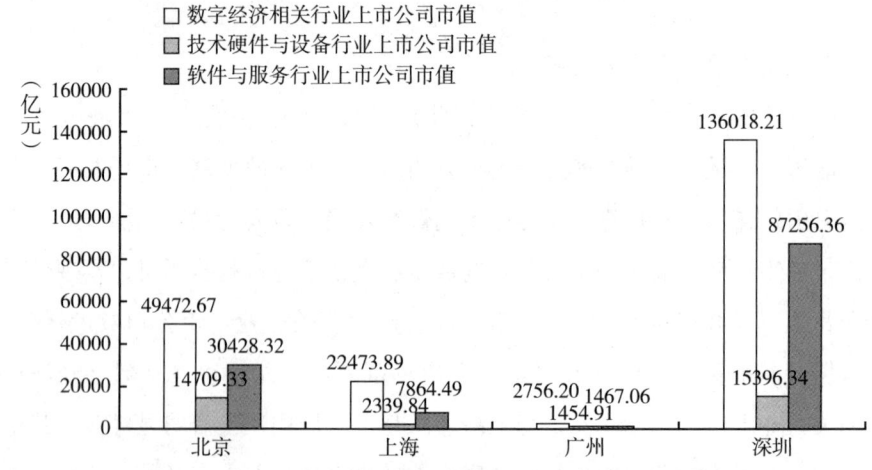

图17 我国一线城市数字经济相关行业上市公司市值情况

资料来源：Wind数据库，上市公司公开数据。

综合北京市数字经济相关企业的上市数量和整体市值情况可以发现，其上市公司数量以及总体市值情况均处于较高水平，但平均上市公司的市值相较于深圳等城市仍然有所差距，这一方面表现了数字经济相关行业市场活跃，具有较大发展潜力；同时也表现了其上市公司整体实力仍然处于发展阶段。

**3. 数字产业集群初具规模**

北京市在数字经济产业集群建设方面已经初具规模，形成了一批数字经济中心产业集群，产业集群发展处于全国领先地位。各个区域产业集群依托自身地域环境和优势特点，形成了具有鲜明特点和完善系统的产业集群。

以中关村示范区为例，中关村经济示范区形成了较为成熟的产业集群，企业集聚效应较为明显。2020年，具有亿元规模以上企业3991家，有4家企业估值在百亿美元之上，区域实力较为雄厚。具体来看，其依托强大的科研区位优势，充分发挥自身原创性、引领性科技创新特点，以中关村科技园为核心，形成了以TMT（科技、媒体和电信）企业为主体的创新驱动型数字经济产业集群。当前，产业集群能够充分满足数字经济产业创新驱动的发展特点，技术环境较为良好，能够促进企业主体的创新进程。2020年，示范区企业研究开发费用支出3785.4亿元，同比增长11.3%，拥有国家级实验室128个，并拥有一批重点新型技术产品。在此基础上，形成了较为完善的数字经济产业体系，软件服务、信息技术等产业集聚效应明显，2020年产业总收入增长17.8%，集群核心业务盈利能力强劲，发展迅速。同时，产业集群能够充分发挥规模优势，形成较为完善的产业配套服务，在国际影响力建设、创新合作等方面发展迅速，2020年，示范区留学经历工作人员6.1万人，同比增长15.6%；在金融服务领域，吸引外商实际投资额83.4亿元，同比增长68.3%；在国际合作交流领域，建设"中关村论坛"等国家级平台，充分进行国际间创新技术合作。数字产业集群的规模效益和系统性发展得到较为充分的体现。

除中关村示范区外，北京市同时聚焦于朝阳区、丰台区以及经济技术开发区等产业集群的建设，逐渐形成了多个产业特色集群。综上所述，北京市数字经济产业集群已经有所布局，且取得了一定的发展成绩。

**4. 数字经济产业融合度高**

数字经济产业与实体经济的融合发展为实体经济提供新的生产要素赋能，也同时赋予了数字经济更广阔的应用场景与发展空间。从数据情况来看，通过每百家企业拥有网站数，对企业生产销售手段的数字化进行评价，从而反映地区企业与数字经济的融合程度。2020年，北京每百家企业拥有网站57.5个，高于全国同期49.2个的水平（见图18）。

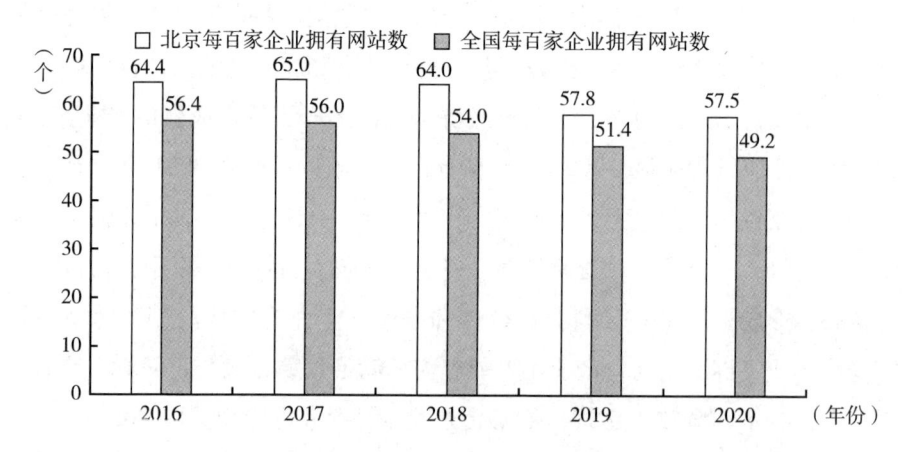

图18 2016~2020年北京市及全国企业数字经济产业融合发展情况

资料来源：Wind数据库。

数字经济产业与生活性服务业的融合发展，对于消费市场的创新发展具有积极作用，数字经济产业的发展在提高传统消费市场的升级，促进平台经济、共享经济等新兴市场发展的过程中具有重要的作用。同时，这也是数字经济产业发展的重要活力来源。从发展情况来看，企业开展新型消费业务需要开展电子商务活动，因此通过企业参与电子商务活动的数量反映其服务业融合度。从数据情况来看，2020年，北京市有电子商务交易活动的企业占比达到22.80%，相较于全国平均水平11.10%有较大优势；另外从近几年的发展情况来看，北京市电子商务交易情况呈现较为明显的上升趋势，相比于2016年的18.00%，上涨0.27倍，增长明显（见图19）。

图 19 北京市、全国有电子商务交易活动的企业占比情况

资料来源：国家统计局、北京市统计局。

另外，从生产性服务业角度，数字经济产业的发展对金融业服务质量的提高和服务边界的拓宽具有明显的积极作用。北京市在数字经济与生产性服务业的结合中取得了一定的进展，以数字金融领域为代表，北京市在数字理财、数字保险以及数字基金等代表行业均有所发展，形成了一批较为优秀的金融科技企业，"毕马威中国 2021 领先金融科技双 50 企业名单"中，北京市有 34 家公司上榜，在全国处于领先地位。

最后，数字人民币的发展和普及程度是数字经济产业融合的重要发展方向。根据北京市金融监管局数据，到 2021 年底，全市开立数字人民币个人钱包超过 1200 万个，对公钱包超 130 万个，覆盖生活场景的方方面面，先后在市区公交系统、快递邮寄以及通信运营等多个领域建立了数字支付系统，并且设立"丽泽金融商务区"数字货币试验区，在数字人民币的普及中做出了多项有益尝试。

5. 数字平台经济发展体系建立

平台经济是数字经济产业的重要发展特点。平台经济的发展有利于产业的创新和生产要素配置效率的提升，是推动数字经济发展的重要组成部分。

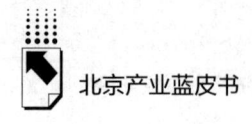

当前，北京市数字经济产业发展中，数字平台经济发展规模逐渐扩大，成为数字经济产业的重要部分。当前，北京在数字经济市场中形成多个数字平台企业，其利用自身数字技术和信息优势，涵盖了消费市场的各个环节，市场整合能力较强，有利于市场效率和市场消费层级的提高。北京市还同时拥有"百度""字节跳动""美团"等企业，数字平台经济发展较为迅速。以"美团"为例，其业务范围覆盖了餐饮外卖、旅游、零售等传统产业的平台化整合，同时也包括智能汽车等新兴产业的布局（见图20）。总体来讲，北京市数字平台经济企业发展速度较快。

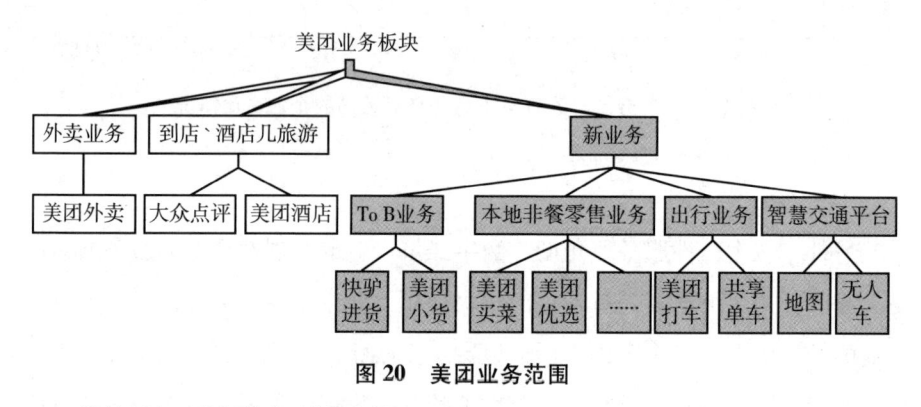

**图20 美团业务范围**

资料来源：根据网络公开数据自制。

数字平台经济作为新兴产业，通过制度体系建设保障其有序扩张具有重要意义。2021年12月，北京市市场监管发展研究中心发布了《北京市平台经济领域反垄断合规指引》，以典型案例的形式对数字经济平台发展中存在的不健康市场行为进行了合规指引，对当前存在的"大数据杀熟"等垄断行为进行了限制，有力地维护了数字平台经济的市场环境。

## 三 北京市数字经济产业问题及政策建议

总体来讲，北京市数字经济产业发展具有一定的优势，且发展情况相对较好，逐渐形成数字经济产业体系。与此同时，我国数字经济产业依然在起步阶段，其技术密集性、平台经济契合度高等特点决定其发展需要强大的技术支持和产业融合度，北京市作为我国首都，其数字经济发展在我国处于先行军和领头羊的角色，在此基础上，北京数字经济发展中仍有部分短板，制约了数字经济产业引领城市高质量发展机能。

具体来看，北京市在数字经济产业融合上仍有一定的发展空间。首先，从全球范围来看，我国数字经济渗透率低于美国、德国等发达国家。2020年，我国一、二、三产渗透率分别为8.9%、21%和40.7%，相较于德国的23.1%、45.3%、60.4%，英国的27.5%、32.0%、58.1%仍然有一定的差距。北京市在全国数字经济产业发展中处于领先地位，在数字经济产业的融合发展中要迎头赶上，进一步提高数字经济产业在各产业的渗透率。其次，在核心技术方面，自主创新能力依然有待提升。从发展现状来看，北京在技术创新的技术投入上处于全国领先地位，但作为支撑数字经济特别是人工智能、区块链等关键领域，依然存在"卡脖子"问题，创新能力以及技术水平的制约，造成产业链衔接不畅以及应用场景受限等问题，在一定程度上制约了企业发展。综上所述，北京市应进一步发挥自身优势，根据发展规划和发展目标，继续推进数字经济产业的高速、高质量发展。

### （一）反垄断与发展平台经济相得益彰

平台经济是数字经济的重要发展特点，当前北京市在数字平台经济方面发展较为迅速，平台经济已经渗入社会经济发展的方方面面。北京拥有美团、字节跳动、快手等多家互联网平台公司，其平台经济涵盖范围较广，在全国处于领先地位。在此基础上，北京市应进一步做好数字经济平台发展工作，一方面需要积极引导平台经济发展，发挥数字平台经济在资源整合、活跃市场等方面的优势；另一方面也需要加强平台经济的监管体系建设，防止平台经济的垄断倾向，保证数字经济有序发展。

具体来看，北京市政府应支持平台经济、民营经济的健康发展。依托数字化手段，大力发展平台经济，进一步提高数字经济产业在各个行业的渗透率。在金融等生产性服务行业，通过数字平台，提高生产性服务行业的效率，拓宽其市场边界。在企业发展中，引导企业进行数字化改造，通过政府财政补贴等方式，调动企业进行数字创新、应用数字平台的积极性。扶持企业数字化发展，通过政府引导形成一批专业性数字平台技术服务企业，降低传统企业数字平台化发展的成本。对战略性新兴产业进行布局，对企业研发设计、生产物流以及营销等各生产环节进行数字化升级，通过数字平台整合包括"人工智能+""区块结+""互联网+""智能+"等技术，打造深度应用场景。在人才培养方面，加强相关人才培养，在关键技术节点加强创新投入，提高数字平台经济建设的效率。

与此同时，加强反垄断建设，通过加强监管手段护航数字平台经济有序发展。完善数据产权保护相关规章制度，保护平台数据的隐私性，可以根据实践，对数据资产及数据隐私进行保护，通过列举数据资产流通"负面清单"等方式，规范发展模式；明确主管部门职能，建立包括政府、企业和数字平台以及客户主体多方参与的监管机制；针对数字经济平台已经暴露的"二选一"、大数据"杀熟"、算法合谋、企业间屏蔽、"杀猪式"收购等问题，尽快健全法律制度，保证数字平台经济有序扩张。

### （二）突破关键技术，提升自主创新能力

北京作为我国科技创新中心，在数字经济产业发展领域应充分发挥强大的科研优势和技术力量，集中优势资源，针对当前存在的部分"卡脖子"关键技术问题进行重点突破，协同开展数字经济领域基础研究、应用研究和产业创新。具体来看，北京市在"三城一区"建设中，应加强数字经济发展规划，在技术的创新与协同发展上进行部署，推动国家级重点实验室、工程实验室等战略科技力量和龙头企业等创新主体联合承担数字技术领域国家重大科技项目，加强联合攻关。

与此同时，在人才培养上，针对数字经济产业的技术问题以及人才缺口采取相应的措施。北京市具有众多科研院校，应充分利用科研力量，推进产、学、研结合的体制机制，将数字经济产业企业的技术需求与教

学、研究环节相结合，培养适应企业技术要求的专业型人才。针对北京市数字经济发展规划，建立数字人才需求目录和人才库，对数据资产、数据分析以及平台搭建、工业软件等重点领域，大力进行人才引进和有针对性的人才培养计划；优化人才服务保障，进一步提升数字人才吸纳能力。

## （三）加强数字化综合治理体系建设

加强北京市数字化综合治理体系的构建。当前，北京市数字化治理水平相对较高，在下一步建设中，应继续发挥其在全国的领先作用，建立完善的数字化综合治理体系。在数字化治理中，进一步加强政策法规的制定，加强在企业创新、技术进步以及平台整合等方面的政策建设，形成政策治理体系。

另外，加强政府治理平台建设，建设完备的电子政务平台，提高数字化治理水平和效率；同时加强政府数据整合和共享机制建设，这一方面有利于提高数字技术和数字资源的创新升级，另一方面也有利于政府监督效率的提升。

在产业建设方面，进一步完善产业建设政策体系，从而促进产业链的拓展，加强产业关联。以北京市数字经济发展策略为体系核心，在数字贸易、数据资产等领域，通过完善的政策体系和机制，推动产业链上下游的协同应用。

**参考文献**

B. Ark, "The Productivity Paradox of the New Digital Economy", *International Productivity Monitor* 31 （2016）.

中国信息通信研究院：《中国数字经济发展白皮书2021》，中国信通院网站，2021。

王浩然：《陕西数字经济发展指标体系与测评研究》，硕士学位论文，西安邮电大学，2021。

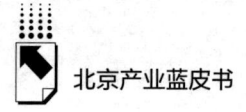

杨松、唐勇、邓丽姝：《北京经济发展报告（2020~2021）》，社会科学文献出版社，2021。

郭斌、杜曙光：《新基建助力数字经济高质量发展：核心机理与政策创新》，《经济体制改革》2021年第3期。

# B.7 北京半导体产业发展研究

赵月皎 吴荣正[*]

**摘 要:** 作为20世纪发现的最伟大的材料,半导体经过半个多世纪的发展,已经成为现代科技发展的基础。目前全球半导体市场依旧处于激烈竞争、产业规模高速增长的态势,世界各国对于半导体产业做出了众多部署,包括针对国外企业的"卡脖子"技术和国外半导体小企业的收购、对国内企业的政策倾斜和资金的大力投入。2021年,《北京市"十四五"时期高精尖产业发展规划》指出,北京市的"高精尖"产业发展应当将重点放到自主突破以及协同发展层面,积极建设涵盖设计、制造、材料以及设备一体化的集成电路产业发展的创新高地,而半导体产业就是北京市实现"高精尖"产业发展中极为重要的组成部分。本报告通过梳理半导体产业链、各国发展模式以及北京市半导体产业和半导体上市公司现状,对北京市半导体产业发展优劣势进行分析,提出加强基础研究、重视科技成果转化、完善产教融合机制以及以应用促发展等政策建议。

**关键词:** 半导体产业 产业发展模式 政策体系

2021年,《北京市"十四五"时期高精尖产业发展规划》(以下简称《规划》)指出,北京的"高精尖"产业发展正处在重要的战略机遇期,是

---

[*] 赵月皎,国家经济安全研究院助理研究员,研究方向为产业经济;吴荣正,北京交通大学经济管理学院硕士研究生,研究方向为产业安全。

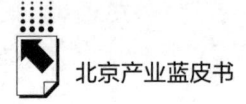

实现数字智能化发展的迸发期、产业集群化进步的发力期以及创新自主化进步的攻坚期，未来发展形势一片大好。到2025年，北京市的"高精尖"产业增加值在地区整体产值中的占比超过30%。《规划》明确，集成电路属于"北京智造"实现发展的重要特色产业，力争到2025年实现营业收入3000亿元。

近年来，在中美贸易摩擦背景之下，作为科技发展基础的半导体产业首当其冲，以华为海思、中芯国际等为代表的国产集成电路领域的头部企业受到了美国的压制，我国半导体发展必须朝着产业链加速国产替代的方向寻求突破。目前全球第三代半导体产业市场依旧处于激烈竞争、产业规模高速增长的态势，美日欧等发达国家和地区都在针对半导体产业做出积极部署，包括针对国外企业的"卡脖子"技术和国外半导体小企业的收购、对国内企业的政策倾斜和资金的大力投入。在抢占全球第三代半导体市场的关键时刻，以重视自身半导体产业的技术创新和突破为核心，以联合研发的方式将产业、学术、研发三个部门通过政府部门牵线搭桥、协同组织，建立产业创新中心，从而推动半导体产业技术的快速进步。在产业技术进步、革新的同时要以应用端需求为侧重点，将更多资金根据市场需求应用于产品的开发和研究。北京市是集成电路产业创新发展的高地，对其半导体产业的发展研究很有现实必要。

## 一　行业概况

### （一）半导体产业技术发展

半导体就是常温状态下，导电性能处在绝缘体以及导体之间的新型材料，其可以被称为20世纪被发现的最伟大的材料，经过几代科学家的努力和不断开发，半导体已经成为人类科技的重要基石。

1947年，半导体材料首次问世，为巴丁等制作出的晶体管，其作用是替换同时间体积更为庞大、消耗功率更高的电子管材料。半导体材料一经问世，就发展迅速，到了20世纪50年代中后期，收音机、计算机以及雷达等产品就应用了晶体管，但这个时间段的晶体管在使用时依旧需要与各种器件手动连接，在实际的生产中会有不少的麻烦。1959年7月，诺伊斯在基尔比的研究基础上研究出一种可商业生产的集成电路，既可以处理之前晶体管的弊端还能够减少与电信号的相互干扰，达到全面提升运行速度的效果。诺伊斯据此建设了仙童公司以及英特尔公司，两者对于全球半导体行业的发展起到举足轻重的作用。

半导体产业发展至今，根据材料划分为三代半导体。硅（Si）、锗（Ge）半导体材料作为典型的第一代元素半导体材料，早在19世纪就先后被人们发现，其取代了笨重的电子管，使得集成电路成为可能，目前第一代半导体材料主要用于晶体管、二极管、整流器、集成电路等器件。第二代半导体材料主要是指由两种或两种以上元素组成的化合物半导体材料，如砷化镓（GaAs）、磷化铟（InP），相比于第一代半导体材料，其具有更高的电子迁移率和能够应用于发光领域的优势，因此主要被应用于制作高速、高频、大功率以及发光电子器件，是制作高性能微波、毫米波器件及发光器件的优良材料，如今广泛应用于移动通信、光通信、GPS导航、卫星通信等领域。第三代半导体材料又被称为宽禁带半导体材料，主要包括碳化硅（SiC）、氮化镓（GaN）、金刚石等。第三代半导体材料具有更宽的禁带宽度、更高的导热率、更高的抗辐射能力、更大的电子饱和漂移速率等特性，因此，在制作高温、高频、抗辐射及大功率电子器件时有着重要的应用价值，其应用于包括如今正火热的5G基站、新能源汽车和快充等领域，三代半导体材料对比如图1所示。

在70多年的发展里，半导体产业的发展日益成熟，行业发展逐渐达到了技术壁垒，比如在芯片制造方面，如今5nm的硅材料芯片逐渐成为现有的技术所能达到的商业化、大规模生产的物理极限，而之后仍在实验阶段的2nm芯片至少要等到2024年之后才可达到商业化程度，半导体产业的摩尔定律在遵循了半个世纪后如今脚步逐渐放缓，目前半导体产业是全球技术研究的前沿和新的产业竞争焦点，是中国受到国外技术封锁最严重的领域，如

北京产业蓝皮书

```
第一代半导体  ·锗 Ge    第二代半导体  ·砷化镓 GaAs   第三代半导体  ·碳化硅 SiC
             ·硅 Si                ·磷化铟 InP                 ·氮化镓 GaN
```

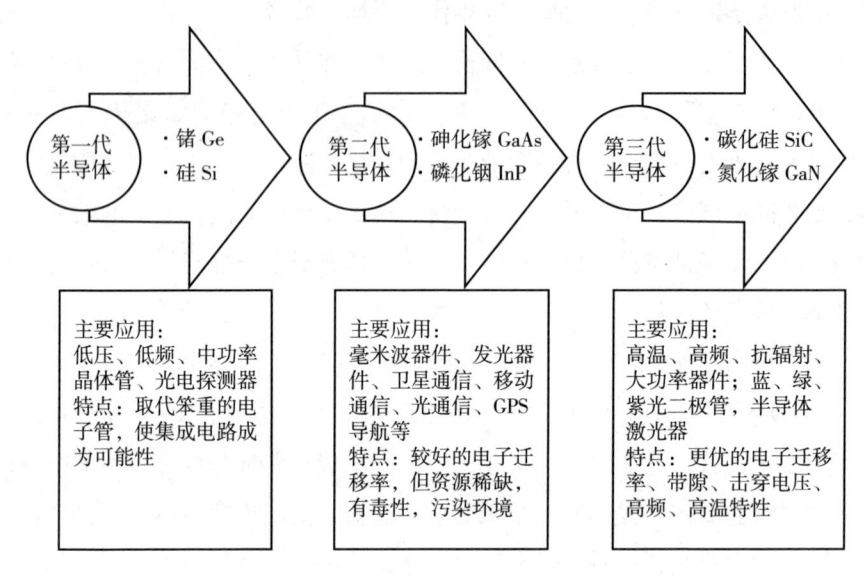

| 主要应用：低压、低频、中功率晶体管、光电探测器 特点：取代笨重的电子管，使集成电路成为可能性 | 主要应用：毫米波器件、发光器件、卫星通信、移动通信、光通信、GPS导航等 特点：较好的电子迁移率，但资源稀缺，有毒性，污染环境 | 主要应用：高温、高频、抗辐射、大功率器件；蓝、绿、紫光二极管，半导体激光器 特点：更优的电子迁移率、带隙、击穿电压、高频、高温特性 |

图1 三代半导体材料对比

资料来源：Wind 数据库。

今半导体产业技术逐渐成熟，需求对比前几年提升幅度巨大，企业产能也有了显著提高，中国有着巨大的市场和应用领域优势，在国外巨头尚未对半导体产业完全垄断时，中国有机会在形成完整的产业链条后弯道超车、后来居上，实现半导体产业的引领战略，在全球半导体格局中占据一席之地。

近20年间，全球半导体销售额呈波动性增长态势，总体与世界经济增长趋势相近。如图2所示，全球半导体销售额在2008年以及2019年有明显下降趋势，这与2008年金融危机与2019年底新冠肺炎疫情有重要联系，但总体上全球半导体产业呈增长趋势，2021年底全球半导体总销售额达到了5529.61亿美元，同比增长25.6%，同时创下历史新高。从全球主要区域半导体产业发展情况来看，自2002年以来亚太地区（除日本）已成为全球半导体市场规模最大的区域，并一直保持至今（见图3）。世界半导体贸易统计组织（WSTS）预测，2022年全球半导体市场规模将会达到6065亿美元，尤其是亚太地区（除日本），将会达到3797亿美元的市场规模，在全球市场占比中达62.60%。

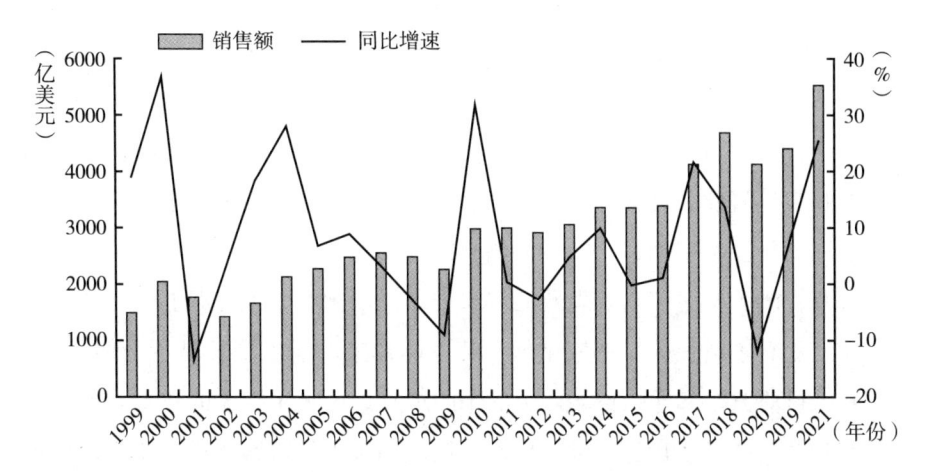

**图 2　1999~2021 年全球半导体产业销售额趋势**

资料来源：Wind 数据库。

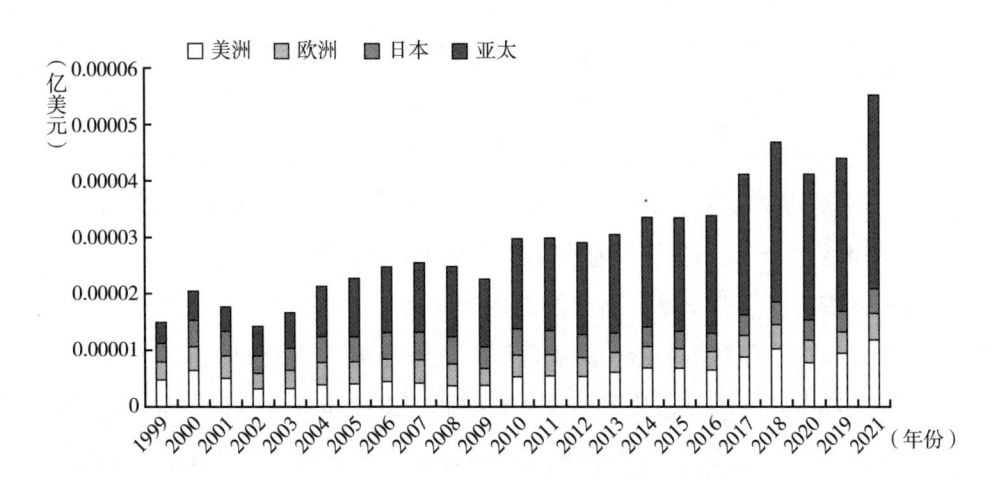

**图 3　1999~2021 年全球半导体分区域销售额情况**

资料来源：Wind 数据库。

尽管在 2020 年全球经济遭受到新冠肺炎疫情的全面打击，全球半导体行业面临诸多挑战，诸如关闭制造工厂、日常业务受限、供应链出现断裂以及短期内全球芯片需求预期的大幅降低。但经历了疫情的冲击后，全球经济

回暖对技术需求的激增使得全球半导体公司依旧具有空前的市场。首先，随着电动汽车普及率不断提高以及自动驾驶汽车概念不断走热，再加上传统汽车芯片的需求依旧强劲，可以预见汽车芯片将是半导体产业市场的基石。其次，由于智能手机的更新换代、5G技术的引入以及新兴市场的增长，通信市场的壮大也将壮大半导体产业市场。最后，半导体产业的需求变革通常来自颠覆性的新技术推动，比如个人电脑的普及对中央处理器和存储芯片的需求推动及智能手机对移动处理器的需求推动。而现在，人工智能很可能成为半导体产业需求增长的又一催化剂，其可能带来的需求增长是不可估量的。因此，以目前汽车和通信市场需求的不断增长以及人工智能的技术需求，半导体产业是既能扩大自身需求，也能抓住市场潜力的机遇产业。随着新兴初创公司和科技界其他领域参与者加入竞争，争夺市场的竞争只会日益激烈。

## （二）半导体产业链

半导体产业需要极强的专业性和技术门槛，综合来看是一个资金密集型产业，同时产业涉及的学科众多。全球半导体产业链分为支撑产业、制造产业以及应用领域三部分。其中，半导体支撑产业涵盖EDA（电子设计自动化）、IP（芯片模块化设计解决方案）、半导体材料、半导体设备等领域。其中，EDA和IP为半导体产业设计环节提供必要工具，半导体材料和设备为制造环节提供重要支撑；半导体制造产业属于生产半导体产品的重点部分。半导体产品包括传感器、集成电路、光电子器件以及分立器件四种形式，而集成电路（IC）占比超出80%，因此，半导体制造的重点是"IC设计—IC制造—IC封测"；半导体应用领域涵盖工程机械、医疗设备、通信、云计算等场景（见图4）。

半导体支撑产业内，全球半导体材料的市场规模，在2015年是433亿美元，而2020年增长到553亿美元，2015~2020年复合增速超过5%。其中，晶圆制造材料占比逐步提高，从2015年的55%增长到2020年的63%，规模从2015年的240亿美元增长到2020年的349亿美元。晶圆制造材料内硅片是占比最高的原材料，2020年其占比就已经高达35%，金额为122亿

```
┌──────────┐    ┌──────────┐    ┌──────────┐
│半导体支撑产业│ ⇒ │半导体制造产业│ ⇒ │半导体应用领域│
└──────────┘    └──────────┘    └──────────┘
     │               │               │
   ┌半导体┐         ┌分立器件┐         ┌ PC ┐
   │材料 │         └────┘         └───┘
   └──┘              │            ┌通信┐
   ┌半导体┐         ┌集成电路┐         └──┘
   │设备 │         └────┘         ┌消费电子┐
   └──┘              │            └────┘
              ┌──┬──┬──┐         ┌汽车┐
             IC设计⇒IC制造⇒IC封测       └──┘
                                  ┌工业┐
                                  └──┘
```

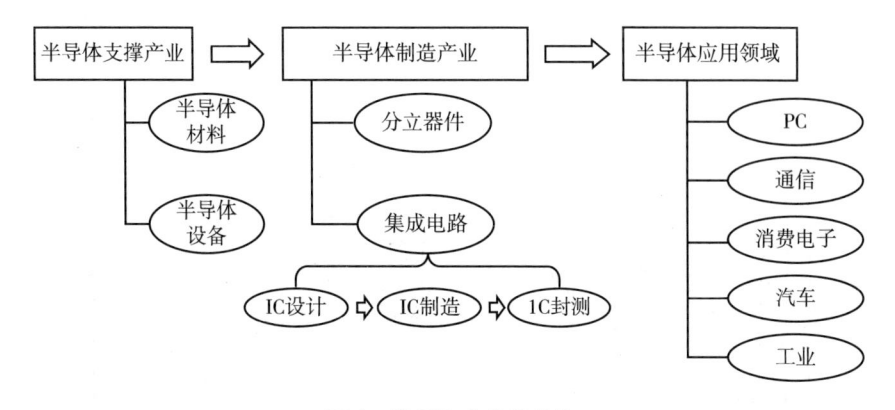

**图 4　半导体产业链结构**

资料来源：Wind 数据库。

美元。其中，硅片制造是技术壁垒较高的行业，2017 年以前，我国大陆企业的半导体硅片生产尺寸低于 150mm，而 300mm 的硅片基本上都是依靠进口的方式获得。2018 年，上海新昇是最先达到 300mm 硅片规模化生产的企业，迎来 300mm 半导体硅片国产化发展的新时期。半导体产业发展的重要前提就是半导体设备，在整个半导体产业链中更是处于上游端。因此，其技术、规模的发展制约着整个半导体行业的发展，目前半导体行业技术已经发展到 5nm 量产，但摩尔定律所需要的时间越来越长，目前正是国内半导体企业在半导体设备领域进行追赶的最好时机。最近五年内，全球半导体设备市场总体处于上升阶段，近五年平均年同比增长超过了 15%，除了 2019 年半导体设备的销售数量同比增长为负外，其余四年同比增长均为正值，并且有很大幅度的增长。2020 年，全球范围的半导体设备市场发展形势大好，达到 712 亿美元的市场规模，同比上升 19.2%（见图 5）。根据国际半导体设备与材料协会（SEMI）的预测可知，未来很长一段时间内，全球半导体设备市场都将继续保持相对稳定的增长与发展趋势，并且 2022 年规模将达到 1013 亿美元。当前，中国已经成为全球规模最大的半导体设备销售市场。2020 年，国内的半导体设备达到 187 亿美元的销售额，与台湾地区一起占据全球整体销售额的半数，占比高达 50.5%。

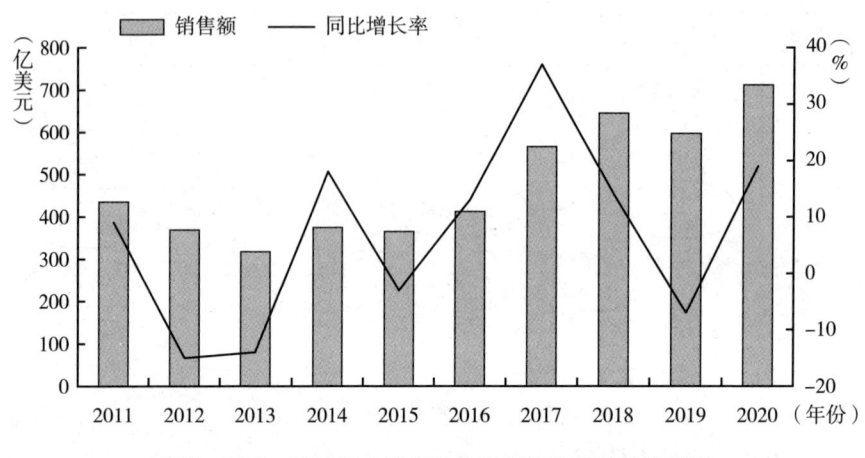

图 5　2011~2020 年全球半导体设备销售额及其增长率

资料来源：Wind 数据库。

半导体产品包括传感器、分立器件、集成电路以及光电子器件四大类型。集成电路涵盖着微处理器、逻辑芯片、模拟集成电路以及存储器。集成电路多年占据全球半导体产品市场首位，是极为重要的半导体产品。WSTS预测，2022 年全球集成电路市场规模将会达到 5108 亿美元，占比 84.22%，光电子器件、分立器件、传感器占比分别为 7.41%、5.10% 和 3.26%（见图 6）。

按照中国半导体行业协会（CSIA）统计明确，2010 年中国的集成电路规模为 1424 亿元，2020 年则发展到 8848 亿元，其中 2010~2020 年复合增长率为 20.04%，高于全球增速 16.29 个百分点，在全球市场规模中的占比从 2010 年的 8.60% 增加到 2020 年的 37.54%。2021 年上半年，中国的集成电路达到 4103 亿元的市场规模，同比提高 15.90%。由海关总署提供的数据信息明确，2020 年，中国的集成电路进口规模达到 3500 亿美元，在全部进口商品内的占比高达 16.97%，反映出我国集成电路产品依然需要大量进口。

按照 SEMI 的数据信息明确，2020 年全球的半导体设备达到 712 亿美元的市场规模，迎来发展的新时期。现阶段，全世界的芯片产能都处在相对紧张的状态，未来很长一段时间，半导体设备都将处在高景气度的发展状态。

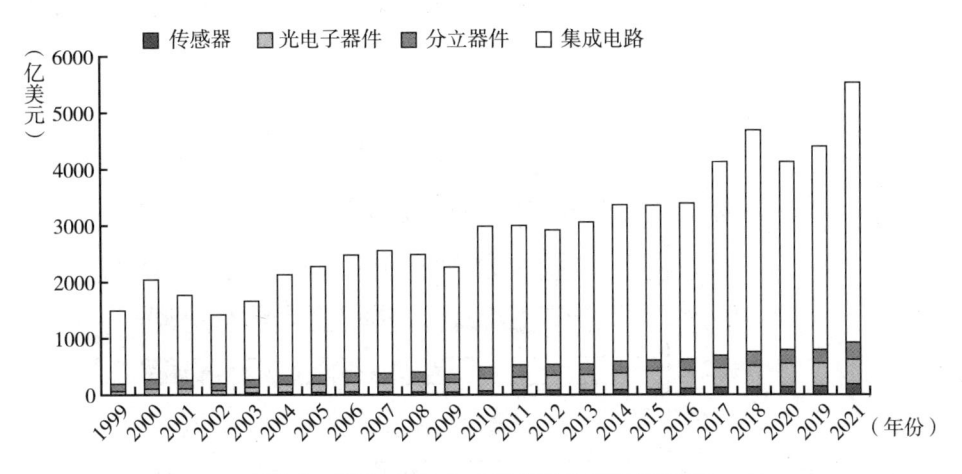

图6 1999~2021年全球半导体产品销售额

资料来源：Wind数据库。

具体区域分布层面，2020年，中国大陆以及台湾的半导体设备规模对应达到187亿美元、172亿美元，在全球市场方面的占比对应达到26.26%、24.16%，是全球半导体设备的首要市场。

2019年波士顿咨询公司（BCG）以及美国半导体产业协会（SIA）提出，在EDA、IP、逻辑芯片设计、制造设备等多个领域中美国通常能够占据40%以上的市场占比，大大领先于其他国家和地区。而亚洲地区的日本在半导体材料的市场具有相对较高的占比优势，而韩国的半导体产业优势主要在存储器领域，近乎达到了六成的市场占比，而我国大陆和台湾地区目前仅在晶圆制造和封装测试方面能够占据较大市场。

目前，不同国家或地区的企业在全球半导体产业链中担任着不同角色，美国在电子设备的设计方面居于全球领先地位，其信息技术、消费电子以及汽车工业公司等的半导体用量占比高达35%，在数据中心以及个人电脑相关的芯片领域发展成效显著；中国是全世界规模最大的电子设备制造中心，合同制造商以及本地制造商一起承担着为其他公司设计出来的设备进行组装的责任，产值方面占据全球智能手机以及消费电子产品整体的60%；欧洲以及日本在工业自动化以及汽车设备制造方面居

于领先地位，韩国则在智能手机等相关消费电子领域表现出强大的发展实力（见图7）。

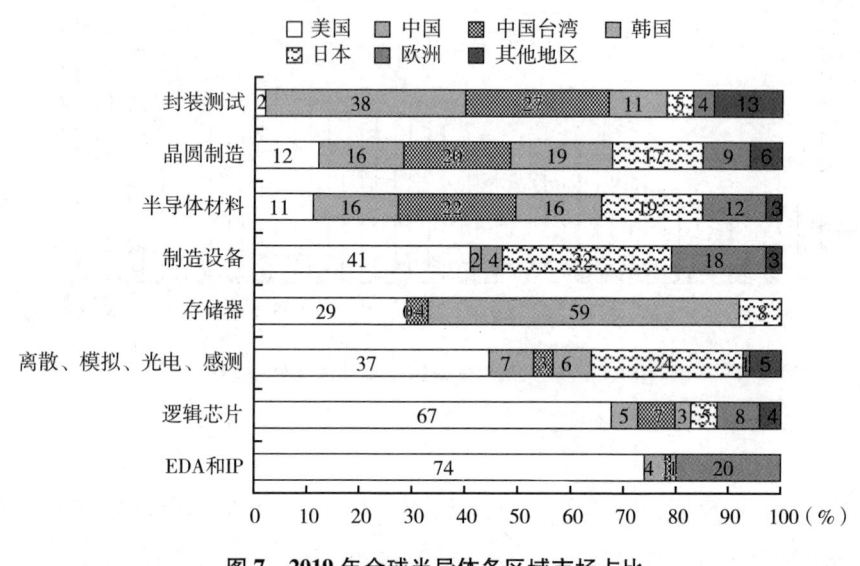

| 类别 | 美国 | 中国 | 中国台湾 | 韩国 | 日本 | 欧洲 | 其他地区 |
|---|---|---|---|---|---|---|---|
| 封装测试 | 2 | 38 | 27 | 11 | 3 | 4 | 13 |
| 晶圆制造 | 12 | 16 | 20 | 19 | 17 | 9 | 6 |
| 半导体材料 | 11 | 16 | 22 | 16 | 19 | 12 | 3 |
| 制造设备 | 41 | 2 | 4 | 32 | | 18 | 3 |
| 存储器 | 29 | 4 | | 59 | | 8 | |
| 离散、模拟、光电、感测 | 37 | 7 | 6 | 24 | | 5 | |
| 逻辑芯片 | 67 | 5 | 7 | 3 | 5 | 8 | 4 |
| EDA和IP | 74 | | | 4 | | | 20 |

图7 2019年全球半导体各区域市场占比

资料来源：Wind数据库。

## （三）半导体产业商业模式

当前，半导体产业涉及设计芯片、制造圆晶以及封装测试三大流程，而运作模式分为IDM模式、垂直分工模式两大类型。其中，IDM模式就是由单个厂商独立展开设计、制造以及封装全程的工作事项。例如，三星以及英特尔都属于是典型的IDM企业；而垂直分工模式，对应的就是Fabless（无晶圆制造的设计公司）+Foundry（晶圆代工厂）+OSAT（封装测试企业）。其中，Fabless就是将全部精力放到芯片设计方面，只需要进行电路设计的有关工作事项，封装以及生产等相关工作都外包到其他企业，例如AMD以及高通等都属于是这种类型的企业；Foundry就是只需要进行封装或者是制造中某个环节或若干环节，不需要开展设计芯片工作，能够为若干设计公司提供服务支持的生产企业，例如中芯国际以及台积电等都属于是此类型的企业；OSAT 就是专业开展封装以及测试相关半导体生产活动的企业（见表1）。

表1 半导体产业运作模式对比

| 模式 | 特点 | 优势 | 劣势 | 代表企业 |
| --- | --- | --- | --- | --- |
| IDM | 半导体设计、生产以及测试等全程的一体化 | 达到设计以及制造等环节的协同优化目标，更大程度上展现技术潜能优势，可以率先推出新产品 | 公司规模庞大，成本投入大，成本回报率不足 | 英特尔、三星、德州仪器 |
| Fabless | 承担电路设计销售工作，封装等都进行外包 | 轻资产运营，成本投入少，创业难度地，转型发展更加灵活便捷 | 相较IDM无法达成工艺协同，相较Foundry需要担负市场风险 | 高通、博通、英伟达、AMD |
| Foundry | 承担制造、封装或测试的若干环节，不参与设计，能够为多家公司供应生产服务 | 不需要担负市场风险压力，不需要参与市场调研、不需要面临产品设计缺陷等决策压力 | 大规模投资，运维费用高，工艺压力大，设备等方面需要持续的资金投入 | 台积电、中芯国际 |

资料来源：Wind 数据库。

台积电还没有成立时，半导体行业内只存在IDM模式，该模式的显著优势就是能够实现内部资源的整合，具备更好的利润率水平。而且，该模式在半导体生产的全程都发挥作用，不会让企业陷入工艺流程对接的麻烦中，新产品由最初的研发一直到后续的上市需要的时间很少，利润率水平更高。然而，其不足就是公司自身的规模相对庞大，需要投入很多的运营以及管理成本，只有少数几家的大企业能够靠这种模式存活下来，中小规模的企业往往都难以负担得起成本与开销。

半导体行业规模经济效应突出，持续扩大规模的情况下能够大幅度减少单位产品所需要的成本投入，有助于企业竞争能力的发展与提高，有助

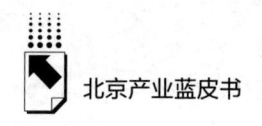

于减少产品售价，开拓更广阔的市场空间。在这种情况下，诞生出垂直分工模式。在此模式下，Fabless 能够大幅度缩减投资成本，运行相关的资金投入大幅度下降，有助于企业创新能力的发展与提高；Foundry 可以将更多的精力放到更新设备以及优化工艺等层面，资本支出达到的收益率水平显著提高。不足就是该模式很大程度上会诱发生产与设计无法协同发展的问题，使得新产品需要的面世时间更长，带给设计商严重的损失。

现阶段，全球半导体价值链已达成高度专业化的发展趋势，生产体系在全世界都有分布，各部分的分工极为复杂，本质上就是在严谨的技术链管控下，有选择性地找到具备相对优势的企业展开各个环节的工作任务。整体而言，该价值链涉及研发、设计、制造以及组装四大环节，对其生态系统进行分析，能够将当前的产业链厂商对应分为四种模式。第一，国际整合元件制造商（IDM）模式，例如三星以及英特尔等，可以在企业自身达到垂直整合的效果；第二，没有制造厂的 IC 设计商模式，例如联发科以及高通等；第三，专注于某环节生产的模式，例如联电以及日月光等；第四，原始设备生产商模式（OEM）或原始设计制造商模式（ODM）等，完成应用终端整合的企业，能够进一步提高末端产品的互联性水平。

## 二 北京半导体产业发展概况

半导体产业具有独特的倒金字塔产业结构，对于后来追赶者具有天然壁垒，其与传统产业利润结构不同，在倒金字塔产业结构中，只有龙头才能赚大钱。半导体产业的主要盈利集中在高端领域，国内厂商产品大多数还属于低端领域，本身盈利偏低（见图8）。根据浙江大学的统计，1996 年中国的集成电路就落后美国 24 年、落后日本 20 年。起步晚、发展慢，导致现在差距大，想复制其他行业的跨越较难。

但半导体产业经过 75 年的发展，如今已是成熟行业。全球半导体市场规模的增速放缓，整体呈现比较固定的局面，过去 20 年全球半导体产业复

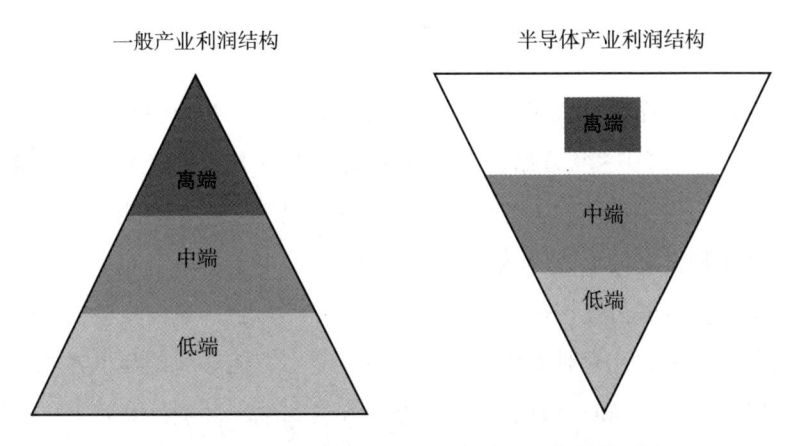

**图 8　半导体产业利润结构与一般产业利润结构对比**

资料来源：Wind 数据库。

合年均增长率已经放缓至 5.5%。而我国半导体产业现在仍处于追赶者地位，因此总体发展情况与全球成熟的半导体市场相比，依旧处于一个持续高位增长的状态。国内半导体营业总收入同比增长率无论是 2021 年上半年的 62.46%还是 2020 年全年的 31.32%，都分别明显高于全球半导体增速的 31.57%、16.05%。净利润同比增长率更是远超全球半导体净利润同比增长率，2020 年全年和 2021 年上半年分别达到了 132.26%和 182.38%。对半导体产业链进行划分后，依旧可以看到我国与发达国家的差距。近年来，中国大陆半导体设备市场规模呈现逐年增长态势，增速波动变化，但整体国产率还处于较低的水平，目前中国半导体专用设备仍主要依赖进口，尤其像光刻机等重要的制造芯片的核心装备，国内依旧未实现零的突破，仍需要从国外进口。而在芯片设计公司领域，近几年国内公司毛利率提升巨大，甚至超过全球龙头，2021 年上半年国内领先的芯片设计公司睿创微纳、澜起科技、思瑞浦、明微电子毛利率分别为 63.4%、63%、59.9%、59.5%，都已经超过了英特尔的 56.1%、高通的 57.2%。因产业链内攻克难度的不同，国内半导体产业进行追赶时难免会有不同程度的不均衡，因此在分析北京市半导体产业发展时应尽可能地对整个产业链进行拆解。

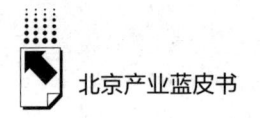

## （一）北京半导体行业产业链分析

目前，被称作第三代半导体的碳化硅材料已经成为世界半导体材料领域竞争的焦点。自 2014 年开始，有近 3000 万~5000 万元的资金被北京市科委用以推动第三代半导体材料方面的设计以及研发等工作，为北京相关产业技术的发展起到很好的促进影响。北京大学以及微电子所等分布在北京的科研机构与院校，能够占据国内目前在第三代半导体材料领域内聚集的全部资源的三成以上，因此北京具有国内领先的研发能力并能够凭此与世界先进的研发水平保持同步。同时北京也具有良好的开发和生产环境，北京天科合达公司、泰科天润公司、北方华创公司都是半导体产业链内具有较强研发能力的公司，能够实现小批量生产。北京市顺义区还建立了第三代半导体材料产业集群，集群内企业能够同时拥有科技创新平台以及成果转换平台等支持。强有力的政策支持、良好的研发环境、集群平台的建立加上北京日益重视的人才引进工程，促使北京可以在第三代半导体材料产业链、资金链以及创新链方面实现高度融合发展。

而在核心领域的半导体设备领域，北京市拥有北京天科合达以及中科院研究所等产业化能力以及研发能力都相对突出的院校与企业。特别是北方华创，在半导体设备领域颇具建树。北方华创是由北京电控集团协同清华大学等投入资金，经海外专家以及国内高端技术人才构建核心团队的情况下成长起来的高技术公司。该公司生产的产品涉及半导体清晰、薄膜沉淀以及覆盖刻蚀等各个环节，是北京半导体设备龙头企业。对比中微公司偏向刻蚀产业以及盛美上海偏向清洗产业来看，北方华创的产品覆盖范围更加宽广，设备类型更加丰富，表现出更加强大的国产替代力。在中美贸易摩擦的大背景下，其市场占有率有望不断提升。而在 2021 年全球半导体市场高度景气的背景下，虽然各大圆晶厂商都处在满载加速扩产的状态，但还表现出明显的芯片供应不足现象。现阶段，半导体行业需要更加尖端的设备支持，如此也就为北京市当前各大半导体设备企业的发展创造市场空间。北方华创作为国产半导体设备顶梁柱企业，大力推进多种半导体设备的技术攻关与产能提升，有望支撑起国内晶圆产线的顺利扩产，是北京市龙头企业带领行业发展的一大助力。

近些年的发展中，北京市尤为关注集成电路产业的优化以及培育等相关工作，在北京经济技术开发区建有中国电科（北京）集成电路核心装备产业园、国家外贸转型升级基地（集成电路）等聚集区，主要以集成电路设备制造、封测为主。在海淀区构建的中关村设计园，面向的主要是物联网以及芯片设计等泛集成电路部分。如此情况下，北京的集成电路设计相关业务的发展在中关村设计园的影响下，在海淀北部地区获得一定的集聚效应，制造业相关的业务发展则是在北京经济技术开发区以及顺义区的影响下，在亦庄地区获得一定的集聚效应，同时通州以及昌平等各个区，也在积极做好集成电路产业集群相关的发展以及培育工作。现阶段，北京已发展出"北（海淀）设计，南（亦庄）制造"的整体集成电路产业发展布局，能够有效处理中关村设计园各大企业发展空间短缺以及生态环境恶劣等相关问题，为推动集成电路产业的蓬勃发展提供良好的生态环境以及进步空间。

2015年，北京市集成电路达到的产业规模为606.4亿元，而2020年则超出900亿元，年均复合增长率高达8.4%，占据国内整体产业规模的10%。据国家统计局的数据，2020年，国内的集成电路产量多分布在江苏、上海以及北京等七大省（区、市），这些地区的产量占比超出国内整体的90%，而北京市达到的集成电路产量为170.7亿块，占据全国整体的6.5%（见图9）；由企业数分析，现阶段北京市有关集成电路方面的企业数只有国内的1%，相较福建以及广东等地而言还存在较大的差距（见图10）。然而，结合北京市产业规模达到全国的10%可知，该地区的集成电路企业拥有更大的平均产值规模，北方华创以及中芯国际等企业在整个市场发展中都处在遥遥领先的位置；从重点企业当前的空间布局层面分析，海淀区拥有更多的集成电路企业，利亚德以及同方股份等都分布在这个区；朝阳区则主要分布着北方华创以及北京中科等企业；北京经济技术开发区则分布着中电科以及中芯国际等企业。

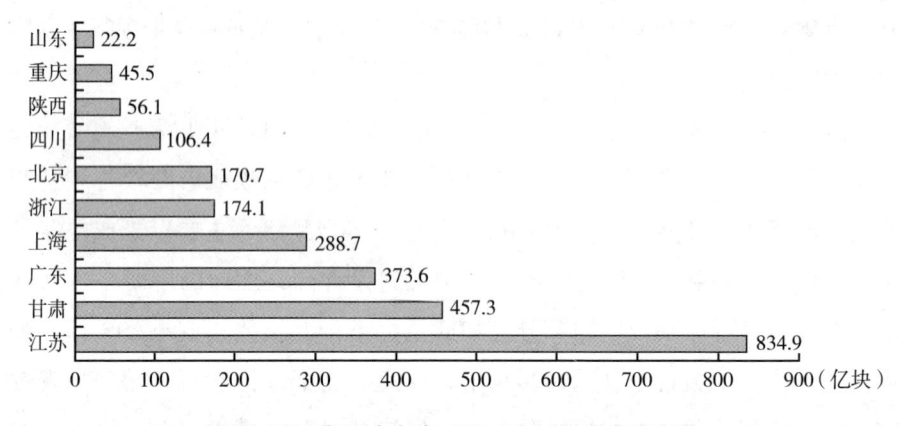

山东 22.2
重庆 45.5
陕西 56.1
四川 106.4
北京 170.7
浙江 174.1
上海 288.7
广东 373.6
甘肃 457.3
江苏 834.9

图9 2020年国内各省（区、市）集成电路产量

资料来源：《中国统计年鉴》。

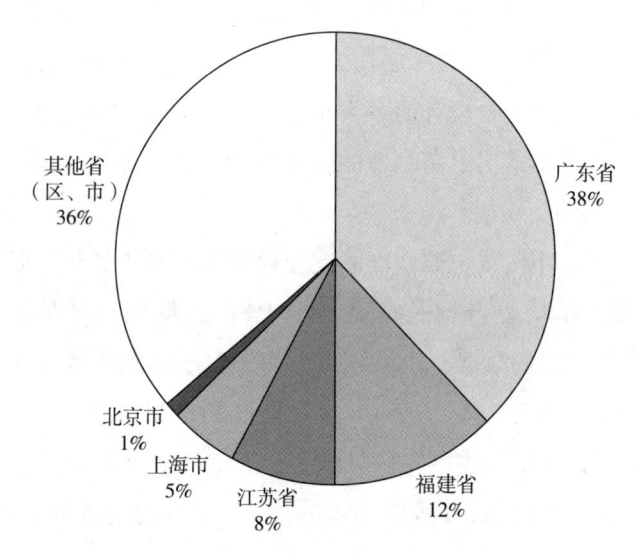

广东省 38%
福建省 12%
江苏省 8%
上海市 5%
北京市 1%
其他省（区、市）36%

图10 国内各省（区、市）集成电路相关企业占比

资料来源：天眼查。

现阶段，北京市已形成系统的集成电路产业链布局，在以北京经济技术开发区为主要代表的产业集聚区，是国内集成电路产业技术最为先进、集成度水平最高的区域，融聚着北方华创以及紫光股份等众多龙头企业，囊括半导体设计、圆晶制造以及封测等产业链全程的100多家企业。此外，北京经

济技术开发区分布着我国首条实现12英寸集成电路晶圆生产的产线,拥有众多专业企业与科研机构,承担着各项国家级重大科技攻关任务,在开发先进工艺、材料以及设备等工作中都获得突出的科研成就。按照中国半导体行业协会公布的信息明确,2020年,北京市拥有的集成电路设计相关的产业规模在国内的占比高达50%;以海淀区中关村设计园为主要代表力量的技术能力位居国内前列,2020年市场规模达到国内整体规模的13%,远远超出封测以及制造相关环节的市场占比。

除此之外,北京市集成电路产业的蓬勃发展离不开政府以及政策的大力支持与扶持。2014年,《北京市进一步促进软件产业和集成电路产业发展若干政策》系统指出了地区集成电路产业的发展问题,明确在中关村构建国家级别的集成电路设计产业基地,在国家级新兴产业带以及南部高技术制造业积极发展集成电路产业园。2021年,《北京市"十四五"时期高精尖产业发展规划》内,更是将集成电路产业归入重点特色产业的范畴,为北京市的发展提供具备强大竞争力支持的产业集群,北京市半导体产业相关政策情况如表2所示。

**表2 北京市半导体产业相关政策情况**

| 时间 | 政策名称 | 相关内容 |
| --- | --- | --- |
| 2014年2月 | 北京市进一步促进软件产业和集成电路产业发展若干政策 | 系统指示了地区集成电路产业的发展问题,明确在中关区构建国家级别的集成电路设计产业基地,在国家级新兴产业带以及南部高技术制造业积极发展集成电路产业园,进而为集成电路有关的设计研发、生产制造以及封测装备等产业集聚发展创造全新的进步空间 |
| 2017年12月 | 北京市加快科技创新发展集成电路产业的指导意见 | 到2020年,建设得到具备两大国际影响力与竞争力的集成电路产业技术创新基地,促进产业规模以及产业结构的优化与升级,积极做好关键技术的创新研究与突破;各大重点领域的集成电路设计水平比肩国际先进水准,制造工艺同步进步,助力高端芯片发展,显著提高国产核心装备水平;培育行业领军企业,人才培养以及引进体系能够与行业发展所需相适应 |

续表

| 时间 | 政策名称 | 相关内容 |
|---|---|---|
| 2020年5月 | 关于2020年第一批北京市软件和集成电路产业企业享受所得税优惠政策有关事项的通知 | 满足条件要求的集成电路生产企业,与国家规划布局相符的集成电路设计企业以及重点软件企业,都能够获得相应的税收优惠 |
| 2021年8月 | 北京市"十四五"时期高精尖产业发展规划 | 北京市的高精尖产业发展应当将重点放到自主突破以及协同发展层面,积极建设涵盖设计、制造、材料以及设备等一体化的集成电路产业发展的创新高地,全力发展具备强大国际竞争力以及影响力的集成电路产业发展集群 |

资料来源:北京市统计局。

北京市半导体终端应用市场包括以下领域:其一,照明领域,分布着利亚德以及清华同方等众多优势企业;其二,新能源汽车领域,分布着福田以及北汽等众多龙头企业;其三,充电桩领域,分布着中科院电工所以及华商三优等高水平技术集团;其四,移动通信领域,中兴以及华为等积极展开全新移动技术与产品的研发等工作;其五,智能电网以及国防领域,分布着金风科技以及中国电力科研所等中国核心企业(见图11)。上述众多应用资源优势的存在,为北京市产学研用深入融合发展、积极推动第三代半导体行业实现创新发展与进步都营造了良好的外在条件。

## (二)北京半导体行业上市公司分析

### 1. 财务及营运能力分析

在Wind数据库获取了北京市以及国内半导体上市企业的财务数据后,本报告得到了北京市与国内半导体上市企业财务及营运能力对比数据表(见表3)。北京市上市公司一共为18家,只占国内367家半导体企业的4.9%,但北京市的半导体上市企业的平均总市值是国内平均值的两倍多,因此北京市半导体企业能够以全国4.9%的数量达到全国10.5%的规模,说

```
┌─────────────────┐   ┌─────────────┐   ┌─────────────┐
│  半导体支撑业   │ > │  集成电路   │ > │  终端应用   │
└─────────────────┘   └─────────────┘   └─────────────┘
```

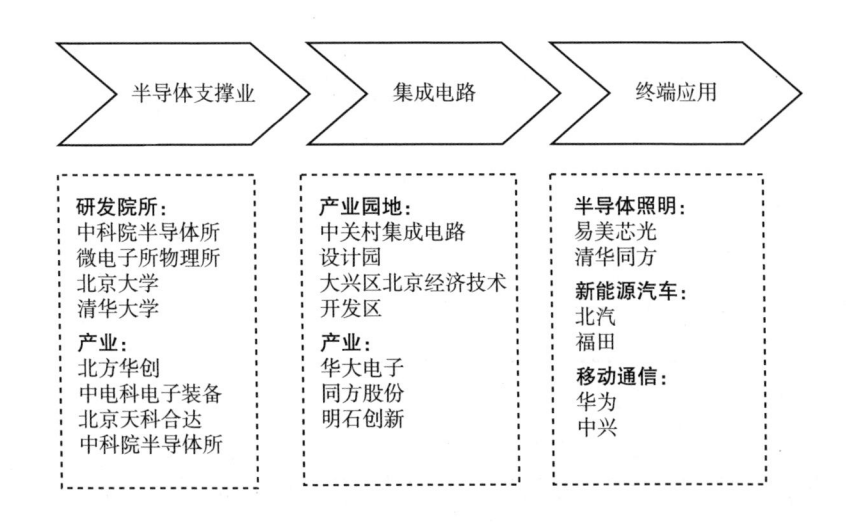

```
┌─────────────────┐   ┌─────────────────┐   ┌─────────────┐
│ 研发院所：      │   │ 产业园地：      │   │ 半导体照明：│
│ 中科院半导体所  │   │ 中关村集成电路  │   │ 易美芯光    │
│ 微电子所物理所  │   │ 设计园          │   │ 清华同方    │
│ 北京大学        │   │ 大兴区北京经济  │   │ 新能源汽车：│
│ 清华大学        │   │ 技术开发区      │   │ 北汽        │
│ 产业：          │   │ 产业：          │   │ 福田        │
│ 北方华创        │   │ 华大电子        │   │ 移动通信：  │
│ 中电科电子装备  │   │ 同方股份        │   │ 华为        │
│ 北京天科合达    │   │ 明石创新        │   │ 中兴        │
│ 中科院半导体所  │   │                 │   │             │
└─────────────────┘   └─────────────────┘   └─────────────┘
```

**图 11　北京市半导体产业链布局**

资料来源：Wind 数据库。

明北京市半导体企业发展总体质量较高，在国内处于较领先的地位。

在财务方面，可以看出北京市企业的平均资产收益率与资产流动率保持了国内半导体企业的平均水准，而在北京市销售毛利率比国内企业要高出 12 个百分点的情况下，北京市企业近三年营业利润同样达到了 101.85% 的年平均增长率，这也高于国内企业 88.98% 的年平均增长率，在 2022 年整年的利润预测中，北京市企业可以获得 22.1 亿元的营业利润，远高于国内业界的平均水平。同时北京市在资产负债率方面，对比国内 36.28% 的资产负债率，北京市企业 28.06% 的资产负债率无疑承担了较小的负债风险，具有更良好的资产结构，也具备了更加优秀的偿债能力。

**表 3　北京市与国内半导体上市企业财务及营运能力对比**

| 板　　块 | 北京市半导体 | 国内半导体 |
| --- | --- | --- |
| 上市公司数量(个) | 18.00 | 363.00 |
| 上市公司总市值(亿元) | 5705.54 | 53806.36 |
| 平均总市值(亿元) | 316.97 | 148.63 |

续表

| 板　　块 | 北京市半导体 | 国内半导体 |
| --- | --- | --- |
| 平均净资产收益率(%) | 1.61 | 1.61 |
| 资产流动率(%) | 64.62 | 64.11 |
| 销售毛利率(%) | 38.40 | 26.21 |
| 资产负债率(%) | 28.06 | 36.28 |
| 营业利润3年平均增长率(%) | 101.85 | 88.98 |
| 净资产收益率3年平均增长率(%) | 1.58 | 1.58 |
| 2022年预测平均净利润(亿元) | 22.08 | 10.80 |

资料来源：Wind数据库。

北京市18家半导体产业上市公司中，市值超过1000亿元的企业有京东方科技集团股份有限公司和北方华创科技集团股份有限公司，市值分别为1656.3亿元和1206.2亿元。而在盈利能力方面，目前北京市18家半导体产业上市公司全部保持了超过5%的销售毛利率，在利润增长方面也仅有2家企业出现负增长。对比国内半导体板块，北京市半导体产业上市公司的销售毛利率和利润增长率的平均水平都要高于全国平均水平，因此北京市半导体企业整体表现出良好的盈利能力。

目前北京市18家半导体上市公司总规模为5786亿元，其中公司主要集中在朝阳区和海淀区两个城区，位于海淀区的上市公司达13家，占据了一半以上，而公司总规模达2837亿元；位于朝阳区的上市公司虽然只有3家，但公司总规模也达到了2797亿元。可以看出，朝阳区和海淀区在北京市半导体产业领域占据领先地位，但朝阳区和海淀区的上市公司分布特点也极为不同。朝阳区半导体产业上市公司虽然只有3家，但北方华创和京东方科技两大龙头企业是北京半导体产业仅有的规模超过1千亿元的上市公司，占据了朝阳区半导体上市公司规模的95%以上（见图12）。而海淀区的13家上市公司基本囊括了半导体产业链的上下游，对于上游的半导体材料、半导体设备及下游的半导体产品的制造与经销，海淀区的上市公司均有所涉及（见图13）。对比之后可以看出，目前朝阳区尚缺乏对产业链整体的完善，而海淀区存在缺少龙头企业坐镇的问题。

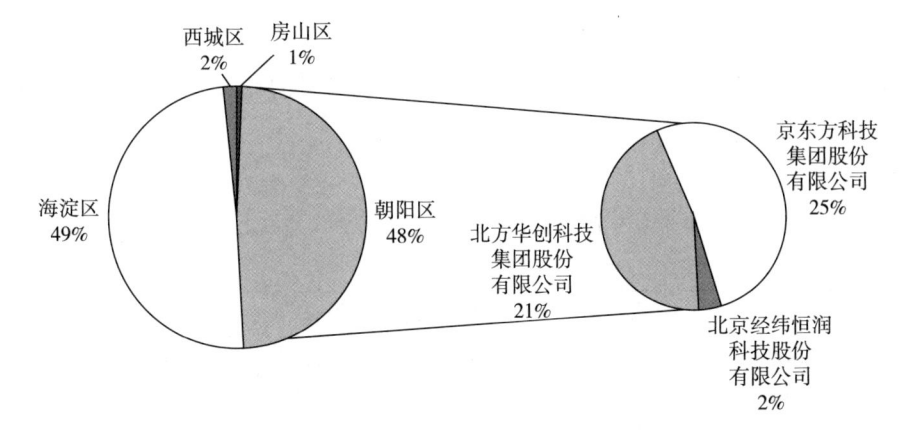

图 12　北京市上市公司地区分布及朝阳区内上市公司规模占比

资料来源：Wind 数据库。

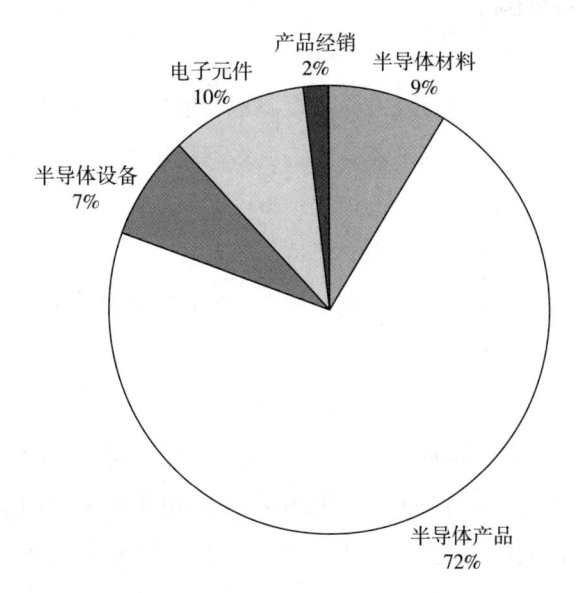

图 13　海淀区半导体产业上市公司分布

资料来源：Wind 数据库。

## 2. 人才及研发能力分析

目前，国内半导体产业对于不同学历人才的需求都处于国内产业的较高要求级别。国内半导体产业从业人员中，博士人数占比1.1%，硕士人数占比 8.8%，对比目前比较热门的医药、计算机、金融等行业，半导体产业对人才具有较好的需求结构，对于不同学历的人才都有很强的吸纳能力（见表4）。

表4 国内半导体行业与其他部分行业人才占比对比

单位：%

|  | 博士人数占比 | 硕士人数占比 |
| --- | --- | --- |
| 半导体 | 1.1 | 8.8 |
| 医药 | 1.7 | 7.7 |
| 计算机 | 0.8 | 9.2 |
| 金融 | 0.9 | 19.22 |

资料来源：Wind数据库。

而北京市因为自身是良好的人才资源地，依靠众多半导体行业内的领先研究院所，对比国内平均水准能够吸纳更多高学历人才，其在博士人数占比达到了1.7%，硕士学历人数更是达到20.2%，在对于人才的需求上，更能凸显出北京市在半导体产业的领先地位。

半导体产业的进步除了要有充足的人才后备，还要有充足的研发经费做后盾。北京市半导体产业上市公司2022年第一季度研发经费平均达到了2.4亿元，大大超过了国内半导体产业上市公司0.9亿元的平均研发费用，可以看出北京市在人才和研发费用上是远远领先于国内平均水平的。北京市18家上市公司中，京东方科技集团股份有限公司在研发费用上处于领先地位，其超过28亿元的研发费用不仅在北京市独占鳌头（见表5），在国内半导体行业也是凤毛麟角，因此北京市半导体产业实际存在龙头企业拉高了整体研发能力的情况，而少数企业维持在平均值上下，更多企业的研发费用靠近中位值0.57亿元，因此北京市企业研发费用更向行业前端集中，同时北京市半导体产业上市企业除个别企业研发费用未能保持较高增长外，大部分企业都能保持较高的研发费用增长速度，说明北京市半导体产业上市企业对于产品研发的不断重视。

表5  北京市半导体产业上市公司研发费用情况

单位：万元，%

| 公司中文名字 | 研发费用 | 研发费用同比增长 |
| --- | --- | --- |
| 京东方科技集团股份有限公司 | 280621.30 | 22.54 |
| 北方华创科技集团股份有限公司 | 29543.72 | 112.35 |
| 中科寒武纪科技股份有限公司 | 27862.72 | 42.68 |
| 北京兆易创新科技股份有限公司 | 21203.31 | 34.41 |
| 北京君正集成电路股份有限公司 | 14660.04 | 33.23 |
| 北京经纬恒润科技股份有限公司 | 14347.89 | 61.35 |
| 圣邦微电子（北京）股份有限公司 | 12120.47 | 75.11 |
| 利亚德光电股份有限公司 | 7783.07 | 11.48 |
| 北京赛微电子股份有限公司 | 6236.42 | -18.20 |
| 大恒新纪元科技股份有限公司 | 5231.89 | -12.07 |
| 鸿合科技股份有限公司 | 4077.04 | -0.90 |
| 有研新材料股份有限公司 | 3700.40 | 13.13 |
| 北京中科三环高技术股份有限公司 | 2832.37 | 0.36 |
| 北京华峰测控技术股份有限公司 | 2641.92 | 33.84 |
| 北京必创科技股份有限公司 | 1691.54 | 23.30 |
| 北京八亿时空液晶科技股份有限公司 | 1534.54 | 54.11 |
| 北京声讯电子股份有限公司 | 865.92 | 83.22 |
| 北京晓程科技股份有限公司 | 132.68 | -6.52 |

资料来源：Wind 数据库。

## （三）当前北京半导体发展热点

如今全球市场竞争加剧，国际竞争形势复杂多变，全球贸易摩擦呈现新特征和新趋势，贸易摩擦对象由传统产业向高技术、新兴产业转移，贸易摩擦形式则由传统的贸易救济手段向技术性贸易壁垒、产权壁垒扩展。美国为了限制中国半导体产业的高速发展，进行公然的技术遏制及封锁手段，严格在高技术设备与稀缺原材料上进行打压，对中国产业安全带来了严峻的挑

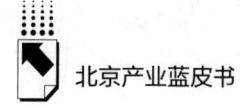

战。但随着全球经济的复苏，以及疫情对需求压制的逐渐释放，全球半导体市场需求迅速反弹，5G、物联网、大数据、云计算、人工智能等新兴行业与技术的不断发展，也为半导体产业的持续高速发展带来机会；同时，疫情给人们的学习和工作模式带来了变化，如居家办公学习、远程会议等，这种变化进一步推动了市场对半导体产品的需求增长。

由于电动汽车和混合动力汽车的半导体需求量是传统汽车的两倍，随着其普及率的提高以及汽车自动化所搭载的先进驾驶辅助系统、光探测和测距、信息娱乐系统的应用对半导体的需求量增加，未来汽车行业对半导体的需求量将会更加巨大。而5G的兴起伴随智能手机的高更新率以及高占有率，每年通信市场对芯片的需求都存在较大的缺口。同时，人工智能领域的迅速发展也暗含着半导体定制市场的需求潜力。未来北京市半导体产业布局汽车芯片、5G以及人工智能等领域将是对半导体市场的提前布局。

现在北京市半导体企业的技术水平领先全国，已经基本形成了设计、制造、封装、测试、装备、材料全产业链条。设计领域在全国前列，以紫光展锐、豪威科技、兆易创新等企业为代表。制造领域产品线丰富，中芯北京、中芯北方以及燕东微电子等厂商已经具备完整的产业生产线，中芯国际在北京的12nm集成电路生产线是中国目前规模最大、技术最先进的生产线。集成电路产业装备较为齐全。北方华创作为国内产品种类齐全、规模最大的半导体装备企业，已经有包括刻蚀机、PVD、CVD、外延设备、湿法清洗、炉管等在内的30多种成熟设备在主流生产线上量产使用，其名下12英寸先进集成电路制程电感耦合等离子刻蚀设备的研发和量产实现了我国集成电路刻蚀设备的产业化与技术跨越，为中国半导体产业的技术进步提供了有力支撑。作为半导体显示的巨头，如今全球每四个智能终端就有一块显示屏来自京东方，2021年京东方在智能手机液晶显示屏、平板电脑显示屏、笔记本电脑显示屏、显示器显示屏、电视显示屏等五大主流产品销量市场占有率继续稳居全球第一。人工智能领域，寒武纪设计的第三代云端产品思元370，采用台积电7nm先进制程工艺，是国内第一款公开发布支持LPDDR5内存的云端AI芯片，目前在商用阶段已与国内主流互联网厂商开展深入的应用适配。北京市以设计为龙头，以装备为依托，以通用芯片、特色芯片制造为基础，已经打造出了半导体产业链的创新生态系统，未来北京市能通过以应用促发展，重点开展面向电动汽车、5G 通信以及人工智能领域半导体产业的应用，对于北京市半导体产业的发展将有重大意义。

## 三 北京半导体产业发展优劣势分析

### （一）北京半导体产业优势

北京市科委自 2014 年起，每年拿出 3000 亿~5000 亿元中小企业技术发展专项资金，重点支持第三半导体新材料研究、器件设计和技术研发等方面，为促进北京市第三代半导体技术的发展起到了积极的作用。在北京市顺义区，有关政府部门除了制定针对高新技术领域中小企业的普惠性投资激励措施以外，还将每年设立不少于 20 亿元的中小企业培育专项资金，重点围绕智能新能源汽车、航空航天等三大主导产业集群发展，突出对科技创新服务、科技创新育成服务、科技成果转移服务等平台的扶持；并重点对高新技术领域小微企业、国家和北京市在顺义布局的重大研发项目等予以重点扶持。大力推行人才引进项目，吸引和集聚千人计划、海归人员、创新人才等各种人力资源，以促进中国创新链条、资本链、产业链的深度整合。

中科院物理化学国家研究所因具备 SiC 结晶生长发育、加热的工艺技术线，研制出了拥有独立自主专利的 SiC 结晶生长炉。采用上海物理研究院 SiC 生产技术孵化的北京天科合达半导体公司，顺利突破了外国企业长期的技术限制与垄断，并在很大程度上降低了 SiC 衬底的价格。目前天科合达公司已向国内外 60 多个科研院所批量提供晶片，同时将其产品大规模地推广到欧、美和日等 20 余个国家和地区，已成为中国少数进入海外著名大公司市场的高科技产品之一。

北京汇集了中国科学院半导体所、微电子所、物理所等相关院所，以及

北京大学、清华大学等相关院校，掌握国内外第三代半导体领域技术资源可达1/3以上，研究能力处于国内外领先地位，研究技术水平总体上与海外发达国家同步。同时，在北京还汇聚有世纪金光公司、天科合达公司以及泰科天润等制造企业，以及国家电力科学技术研究所、中兴北京研究院等下游应用单位，在国内，率先完成了6英寸SiC晶圆制造的小批量生产、二极体等SiC关键元件的大规模式化制造，并初步构建了SiC材料和元件的开发、制造、使用等各环节较为完善的产业链体系，为未来大力发展第三代半导体技术与产品、构建我国第三代半导体公司重大技术创新基地建设打下了较好的技术基石。

### （二）北京半导体产业劣势

#### 1. 生产线验证困难

半导体设备为科技密集型产品，由于行业壁垒高、技术实现困难，国产设备普遍存在制造效率低下、试错成本高昂、特性不确定等现实问题，并且受到了国外龙头产品机械设备制造商资源垄断、技术交易限制，长期居于市场劣势。同样，鉴于半导体技术设备的重要性，目前在国内，针对高端半导体技术产品的工艺生产线，大部分仍在使用大量国外大厂设备，国产设备的生产大线试验很艰难，在长期缺乏量产成果的情形下，很难开拓第一批顾客。

#### 2. 研究投入有限，科技差距追赶速度慢

目前，北京市半导体设备公司虽然已经获得了长足进步，在许多应用领域已获得重大突破，但总体的研究投资却相对匮乏。而且随着先进工艺与技术生产制程的不断引进，国内各大技术设备企业虽然在不断加强研究力量，但越是针对领先工艺技术生产制程的研究所要投入资本量越大，能持续注入资本并紧跟步伐发展的设备企业则越少，国产设备技术想要实现赶超的道路上布满荆棘，极其艰难。

#### 3. 本地化零部件匹配服务不足

国内装备企业国产化的基础实力比较欠缺，进口个别零配件时，还必须

经过欧美"出口许可"的严格审核,特别是面临欧美贸易限制,因此针对核心及重要零配件的进口困难比较大,并因进口费用问题的存在,采购费用偏高。而北京高端装备公司即便能进行关键技术突破,但在中国工业化进程中,零配件供应仍存在很大困难。

4. 中小企业交易市场容量小,难以实现规模经济

北京市以及全国性的集成电路设备公司中,还有不少中小型设备公司,产品销售市场保有量较小,且售价相对低廉,需求增幅不明显,因此难以实现大规模经济效益,产品销售平均收益率较低,投资回报率很低,即便掌握了一定的核心技术,也难以得到持续稳定的发展。

## 四 北京半导体产业的政策建议

1. 强化理论基础研究和应用科学技术基础研究,加大行业技术创新源头供给能力

一是围绕北京第三代半导体领域的发展,建设长生命周期财政科学技术资助保障机制,通过建设首都科学技术重点工程项目,在北京市自然科学基金、北京科学技术规划等建设项目中形成长期稳定的扶持制度,对第三代半导体研究项目给予长期连续扶持,支持行业公司与大学院所共同进行研究,以攻克关键技术,打破行业技术发展瓶颈。二是大力支持由北京市龙头骨干企业主导,并参与第三代半导体领域的科学技术发展2030重点工程项目、国家重点研究计划等的国家重要科学技术工程项目。三是积极推动利用企业和社会资金支持基础科研,支持行业内龙头公司和国家自然科学基金、北京市自然科学基金建立共同资金,在第三代半导体基础前沿领域研究关键的重要基础科学问题,并部署基础科研和应用基础科研专项。

2. 形成"政产学研"融通创新资源优势,增强行业科技创新

一是充分发挥北京第三代半导体行业基础研究和技术创新资源的优点,积极提供相关技术公共服务,并争取我国有关部委的大力支持,基于国家发展、制造业技术以及工业技术,逐步建立北京第三代半导体应用领域的国家

发展创新中心的国家重点科技基地，有效集成"政产学研"等各方的创新资源，形成高效协同的科技服务网络，积极合作进行第三代半导体应用领域前沿技术和关键共性技术的研究、传播与成果转移，形成"政产学研"的融通创新资源优势。二是积极扶持北京中关村天合宽禁带半导体技术创新协会、中国第三代半导体产业产品创新合作协会等社团组织的蓬勃发展，并通过共同申请重大科学发展规划课题、共同建立人才互动关系、共建重大技术仪器基础设施项目等形式，与支持现有的全国重点实验室、北京市重点实验室、北京新技术研究发展中心等创新服务平台加强合作联系，并做好与长三角、珠三角等区域大学、院所和企业的技术连接，以促进各种功能的资源优势相互促进，形成合作创新联盟。三是参考北京市现有的新型技术研究机构建设成功经验，支持建立北京市第三代半导体工业科技研究所，给予其在人才招聘、职务评价、管理经费运用、经营管理等工作方面的自主权，并进行重要共性科技突破，开展制造"定制化"技术研究，以促进并提高行业自主创新。

3. 健全技术服务体系，促进科学技术推广和产业化

一是通过支持北京第三代半导体材料与应用协同创新产业基地整合创新企业资源，推进打造共建共享、产学研为一体的公共中期测试服务平台，为创新企业提供中期测试熟化、检验测试、产品对接等服务，有效减少中小企业的科技风险、产品经营风险，并吸纳国内第三代半导体公司进入产业基地，进一步完善产业链。二是充分发挥北京市科学技术创新基金的带动功能，积极吸纳社会各界资金，尽快建立国家第三代半导体研究成果转化基金，以减少中小企业的融资风险，促进高新技术和金融深度融合。三是积极探索专利维护与运用的管理模式，支持在第三代半导体领域产品联合公司或技术联合机构建立"专利池"，"专利池"成员之间专利共享、许可和交换授权。四是支持国家第三代半导体领域重要技术项目成果在北京持续进行工业化应用研发，以缓解国家科研成果转移"最后一公里的"现实问题。五是积极推进北京市和各区部门，事业单位，市属、区属、国有企业积极推动应用化场景构建，大量采用第三代半导体产业领域的新技术新产品，以促进其在新型移动通信、能源网络等领域的应用普及，在市场需求侧推动产品

创新。

**4. 进一步完善产教融合体系，积极推进高技能人才队伍建设**

一是借助北京市第三代半导体收音机龙头企业，集成有关科研机构、高校等学科专业力量，建立一个高层次、专业性强的产教融合科技平台和实训基地。以共同建立产教融合的实训基地和创业平台为切口，积极促进北京高校与美国第三代半导体产业公司联合构建"双元制"的教育体制，共同开发专业课程、共同制定培养规范，校企协同进行学科建设与培养。二是鼓励首都高等学校选聘行业内优秀专业技术人才与管理人员作为特别兼职教师，在学校开设企业管理专业课，进行订单式培养，以提高学校毕业生工程管理实际素质能力，并培育企业急需的管理型与技术技能型人才。

**5. 以应用技术促发展，开展典型试点示范**

针对产业构建，设置典型试点，达到借助应用带动发展的目的。以技术研究试验为先导，积极构建"技术供给与市场拉动一体化"的试验示范与组织实施体系，制定涵盖科技集成、生产应用、商业模式、设计监理、标准检验等方面的系统性、集成试验方案，并着力实施面向电动汽车（行驶、驱动、无人驾驶汽车等）、新能源与能源网络（光伏逆变器、风电变流器、固态断路器和开关电源、储能控制设备等微网控制设备）、5G通信（基站和终端应用领域）和智慧照明等关键应用领域的试验示范。构建示范点，以推进科研成果的产业化，推进国产化应用进展。

**参考文献**

吴玲、赵璐冰：《第三代半导体产业发展与趋势展望》，《科技导报》2021年第14期。

李文龙、罗云峰、陈佳：《中国主要城市发展集成电路的经验与政策启示》，《中国集成电路》2021年第9期。

吴晓波、张馨月、沈华杰：《商业模式创新视角下我国半导体产业"突围"之路》，《管理世界》2021年第3期。

袁剑琴：《数字经济背景下我国半导体产业链安全研究》，《信息安全研究》2021年

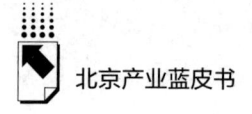

第 7 期。

曹海涛、陈颐：《台湾半导体产业发展经验及其对大陆的启示》，《台湾研究》2021年第 1 期。

顾瑾栩、张倩、卢晓威：《北京第三代半导体产业发展思路的研究》，《集成电路应用》2019 年第 5 期。

余南平、戚仕铭：《技术民族主义对全球价值链的影响分析——以全球半导体产业为例》，《国际展望》2021 年第 1 期。

张亮亮、李瑞：《北京第三代半导体产业发展的问题与对策》，《科技中国》2021 年第 4 期。

张晴晴：《北京市半导体装备产业发展现状与对策分析》，《集成电路应用》2021 年第 1 期。

王龙兴：《2017 年全球半导体市场和半导体产业发展的基本情况分析》，《集成电路应用》2018 年第 10 期。

赵东华：《国内半导体产业的发展研究》，硕士学位论文，北京工业大学，2019。

黎舒圆：《中国集成电路产业竞争力研究》，硕士学位论文，湖北省社会科学院，2020。

张晏纶：《中美战略竞争下两岸半导体产业发展问题研究》，硕士学位论文，北京大学，2021。

# B.8
# 北京新能源汽车产业发展趋势研究

宋光 高林安 路阳[*]

**摘 要：** 近年来，随着全球气候变暖，生态环境平衡日益受到影响，各国对发展低碳经济的呼声越来越高，推动新能源汽车产业发展变得举足轻重。大力推广新能源汽车，不仅能在一定程度上改善传统汽车带来的问题，而且对整个汽车工业以及相关产业的快速发展具有重大意义，逐步实现我国"碳达峰、碳中和"的长期目标。

**关键词：** 新能源汽车 低碳经济 北京

## 一 北京新能源汽车发展现状分析

北京市新能源汽车产业经过13年的发展，其格局发生了翻天覆地的变化。在北京市政府大力支持下成长的北汽新能源，近几年飞速增长的比亚迪、特斯拉等车企均见证了新能源汽车市场的快速发展。

2017年2月至2022年5月北京新能源汽车产量如图1所示。由图1可知，北京新能源汽车产量在2017年3月达到巅峰，为7535辆，同比增加153.7%。2017年12月和2019年12月产量均超过4000辆，分别为4626辆和4556辆。超过3000辆的月份为2017年10月、11月，2018年5月和

---

[*] 宋光，北京交通大学国家经济安全研究院助理研究员，研究方向为产业供应链安全、数字供应链管理；高林安，北京交通大学经济管理学院博士研究生，研究方向为产业安全；路阳，北京交通大学经济管理学院博士研究生。

2019年6月。在其他月份，北京市新能源汽车产量几乎都在1000~2000辆徘徊。在2017年4月至2018年12月和2020年6月至2021年8月，绝大部分月份的产量当月同比增速为负。

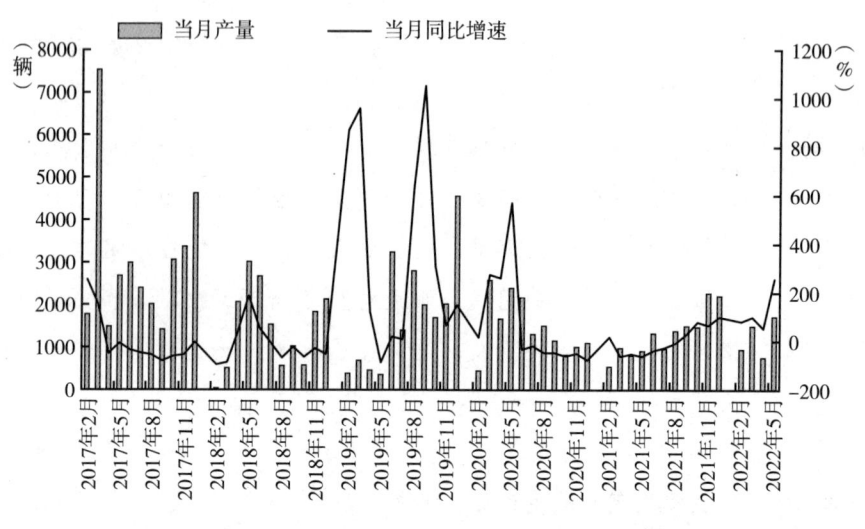

**图1　2017年2月至2022年5月北京新能源汽车产量**

资料来源：Wind数据库。

通过北京市新能源汽车交强险推算出的北京新能源汽车零售量可以看出（见图2），2016~2021年，北京新能源汽车零售量呈现波动上升的态势。上述时期可以分为两段不同的发展模式，2018年以前北京新能源汽车产业销量主要是靠北京市政府采购和政策补贴，例如北汽新能源（北汽蓝谷）所生产的汽车几乎垄断了北京出租车领域，并在2018年12月达到顶峰，零售量为26216辆，唯一一次超过20000辆大关，同比增长491.7%。在随后的2019年，北京新能源零售量仅在3月和6月接近15000辆，分别为13894辆和14865辆。2021年9月零售量再一次超过15000辆，为15824辆，同比增长73.6%。2021年北京新能源汽车累计交易16.66万台，同比增长35.39%，在北京市场占有率达到24.89%，是全国新能源汽车市场占有率的一倍。

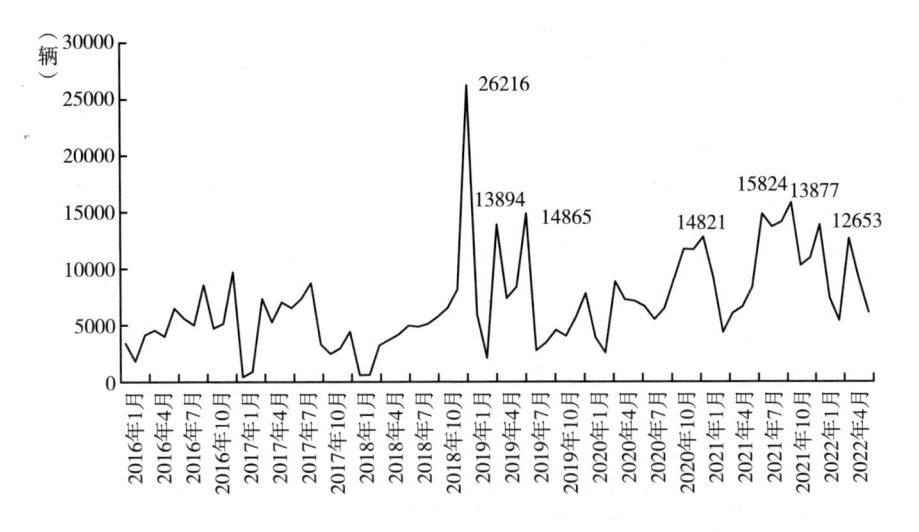

**图2 2016年1月至2021年4月北京新能源汽车零售量**

资料来源：交强险。

根据北京2018~2021年新能源车企销量前十的数据（见图3），从传统车企来看，连续六年（2013~2018年）蝉联中国纯电动车销冠的北汽新能源，自2019年起，这一辉煌数据戛然而止，被比亚迪反超，比亚迪车成为北京新能源车市场销冠。从此，比亚迪连续3年蝉联中国新能源汽车销冠，同时也是北京新能源车连续3年的销冠，北京地区销量从2018年的18856辆增长到2021年的34629辆。北汽新能源的销量在2019~2020年出现下滑，但仍稳居北京市新能源汽车销量第二。2020年国内新能源乘用车市场涌入众多强势玩家。特斯拉上海工厂于2019年底正式投产，2020年产能开始爬坡。2021年开始，特斯拉一举超越北汽跻身第2名，而比亚迪从2019年超越北汽后，一直稳居北京新能源车市销冠。也是从2020年开始，造车新势力理想、小鹏汽车相继进入北京市场，与传统车企争抢市场份额。蔚来和威马，2018年开始已经在北京市场崭露头角，2018~2019年，威马的销量一直领先蔚来汽车，但从2020年开始，威马汽车口碑逐渐下降。与此同时，众多合资车企从2020年开始纷纷布

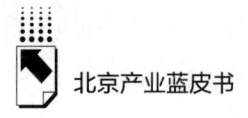

局新能源车领域，广汽丰田上榜2020年前10名，一汽大众上榜2021年前10名。从销售品牌及车型上看，北京消费者对高质量新能源汽车消费需求不断增加，大航程、高智能、全新设计车型越来越得到消费者的喜欢，而一些在国内热销的小型电动车、低端电动车在北京市场的需求则呈下降趋势。在全国新能源汽车市场爆发式快速增长的大背景下，2021年北京新能源汽车继续保持了快速增长的势头，为低迷的北京汽车市场注入了一股活力。在北京新车销售总量持续走低的情况下，北京的新能源汽车消费居于全国领先水平。

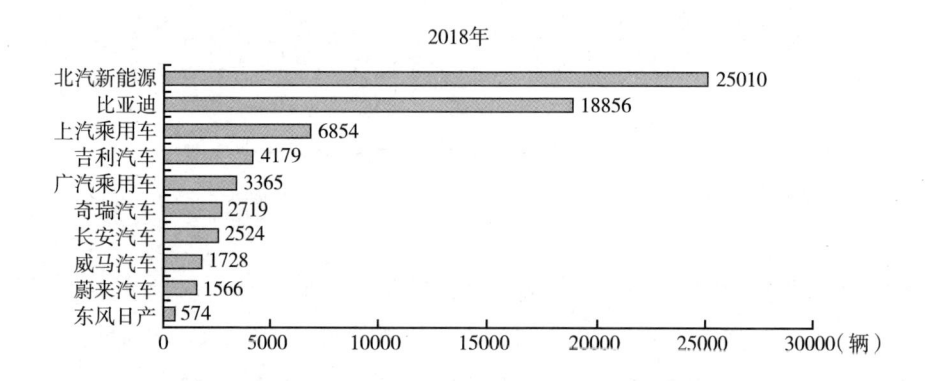

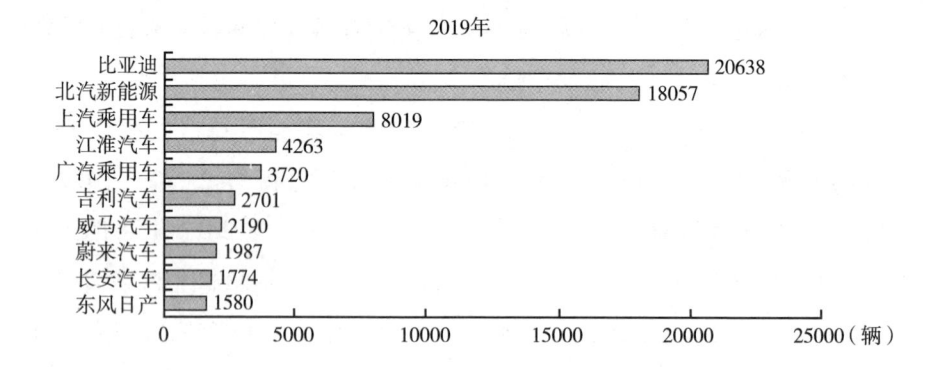

2018年

| 品牌 | 销量（辆） |
| --- | --- |
| 北汽新能源 | 25010 |
| 比亚迪 | 18856 |
| 上汽乘用车 | 6854 |
| 吉利汽车 | 4179 |
| 广汽乘用车 | 3365 |
| 奇瑞汽车 | 2719 |
| 长安汽车 | 2524 |
| 威马汽车 | 1728 |
| 蔚来汽车 | 1566 |
| 东风日产 | 574 |

2019年

| 品牌 | 销量（辆） |
| --- | --- |
| 比亚迪 | 20638 |
| 北汽新能源 | 18057 |
| 上汽乘用车 | 8019 |
| 江淮汽车 | 4263 |
| 广汽乘用车 | 3720 |
| 吉利汽车 | 2701 |
| 威马汽车 | 2190 |
| 蔚来汽车 | 1987 |
| 长安汽车 | 1774 |
| 东风日产 | 1580 |

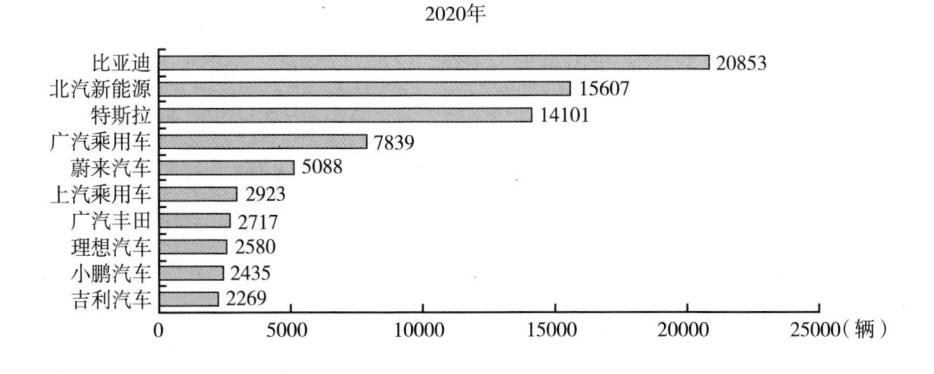

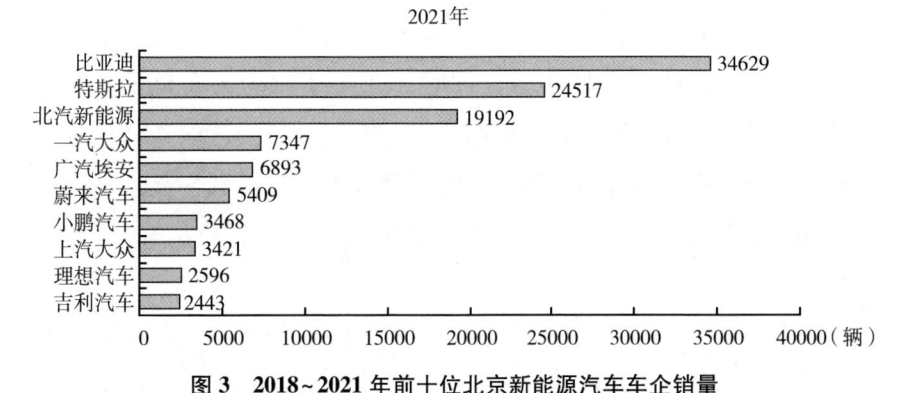

2020年

| 比亚迪 | 20853 |
| 北汽新能源 | 15607 |
| 特斯拉 | 14101 |
| 广汽乘用车 | 7839 |
| 蔚来汽车 | 5088 |
| 上汽乘用车 | 2923 |
| 广汽丰田 | 2717 |
| 理想汽车 | 2580 |
| 小鹏汽车 | 2435 |
| 吉利汽车 | 2269 |

2021年

| 比亚迪 | 34629 |
| 特斯拉 | 24517 |
| 北汽新能源 | 19192 |
| 一汽大众 | 7347 |
| 广汽埃安 | 6893 |
| 蔚来汽车 | 5409 |
| 小鹏汽车 | 3468 |
| 上汽大众 | 3421 |
| 理想汽车 | 2596 |
| 吉利汽车 | 2443 |

图3 2018~2021年前十位北京新能源汽车车企销量

资料来源：Wind数据库。

## 二 北京新能源汽车产业生产领域发展模式

目前北京新能源汽车产业生产领域主要由两方面构成：一是以北汽集团为核心，小米汽车、理想汽车等整车车企产能布局；二是位于北京的互联网企业与车企合作，负责开发智能座舱、智能网联汽车技术等，实现北京总部+外地制造的生产模式。

### （一）整车车企

作为我国汽车产业发展的重要城市之一，从1958年7月27日北京汽车

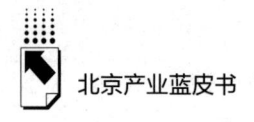

制造厂正式挂牌成立至今，经过60多年的发展，北京及周边地区已经形成了成熟的汽车整车制造产业以及相关配套设施。目前，以北汽集团为核心，北京已拥有北京汽车、北汽越野、北汽蓝谷、北京现代、北京奔驰、北汽福田、宝沃汽车、福田戴姆勒等品牌的整车产能布局，共有14个整车生产基地，年产能超过300万辆。北京汽车整车产业的发展也带动了相关产业链的逐步完善，注册地在北京的包括传统动力、电子电器、底盘、车身内外饰件、原材料/散装物料、智能网联、汽车软件等在内的上下游供应链企业共1690家。北京在智能网联与电动化领域也具备了一定的产业积累，注册地在北京的智能网联相关企业有328家、电子电器相关企业318家、电动化公司205家、汽车软件类企业90家。同时，更有90多家独角兽企业落户北京，聚集了商汤科技、地平线、寒武纪、旷视科技等一系列头部人工智能公司。在车联网方面，拥有大众旗下的逸智驾、长安与腾讯合资企业梧桐车联。自动驾驶领域有百度、小马智行、滴滴、禾多科技、图森未来、新石器等多家头部企业。

十多年来，为加快新能源汽车产业的发展，北京市政府在2021年2月正式发布的《北京市国民经济和社会发展第十四个五年规划和二〇三五年远景目标纲要》中，提出"到2025年，汽车电动化率由目前的6%提升至30%"的目标。为此，北京市在电动汽车政策、氢能产业发展、智能网联汽车规划、自动驾驶道路开放等多个层面不断加码。北京市《2022年市政府工作报告重点任务清单》提到，推动小米汽车制造工厂、卫蓝新能源固态电池一期等项目开工建设；支持北京奔驰提高产能、投放新能源产品；完成理想汽车制造基地工厂改扩建，确保设备顺利进场安装调试；支持北汽集团等传统车企转型升级。由此可见，北京在整车生产体系及配套产业链领域已经有了相对完善的布局，在产业政策上也大力支持和引导，这对众多新能源车企来说可谓是"天时地利人和"。

除了以上所说的传统整车车企，北京近两年更是迎来了理想汽车和小米汽车这两个万众瞩目的造车新势力。理想汽车收购北京现代顺义工厂的主要目的就是扩大产能。2021年，理想汽车的销量为90491辆，同比增长177.4%，当前能够使用的常州生产基地产能仅有10万辆，已经无法满足理想汽车的生产需要。而北京现代产能过剩的问题突出，因此理想汽车将其第一工厂收购改造是个双赢的局面。

随着汽车智能化水平的提升，北京的汽车智能产业优势将继续扩大，从而吸引更多的新能源汽车厂商向北京迁移。同时，汽车工业是一个复杂的工业体系，且在发展过程中越来越多的细分领域被包含进去，车企结合各地优势和自身布局建立分公司已是常态。随着北京在汽车产业方面的优势不断扩大，以及中国在汽车智能上的话语权越来越高，北京将成为新能源汽车产业高地。

### （二）北京研发总部+京外车企制造

以百度与吉利合作研发的集度汽车为例。立足于北京的科技互联网巨头百度，早在2017年便将旗下各类汽车及自动驾驶相关业务进行整合，正式成立IDG智能驾驶事业群组，宣布进军新能源汽车行业。百度IDG整合了自动驾驶事业部、智能汽车事业部与车联网业务这三个主要业务领域，统一将其包装为阿波罗品牌正式对外亮相。然而，在集度品牌成立之前，百度曾多次尝试与汽车制造商展开合作，均未取得实质性进展。

2021年3月，百度便与吉利汽车合资成立了集度汽车，百度持股55%，吉利持股45%。百度与吉利汽车强强联合最主要的目的之一就是尽快推出阿波罗平台的车型，将百度耗费近十年研发的智能驾驶等一系列技术投入应用。2022年6月8日，集度的首款量产车在吉利杭州湾工厂开始生产，预计将在2022年第四季度初开设国内第一家自营品牌店，并于2023年开始上市销售。集度首款汽车亮相，标志着百度正一步步地实现当初制定的"搭载百度车联网与智能辅助驾驶功能的车型开始量产，最终实现高级别自动驾驶技术的落地应用"这一战略性目标。集度汽车的例子，也正是北京新能源汽车产业生产领域的另一种模式，由科技互联网企业与

车企进行合作，北京总部负责研发智能驾驶等技术，再由传统车企在京外进行制造生产。

## 三 "低碳"背景下北京市新能源汽车产业机遇

2021年全国"两会"将"碳达峰、碳中和"定为中国经济的长期发展目标，同时加快产业升级、大力发展新能源。在此背景下，推动新能源汽车产业发展不仅能降低整体碳排放量，更能实现我国经济绿色可持续发展的目标。在未来，受到相关政策和环境因素的引导，新能源汽车行业发展会有条不紊地持续进行。"双碳"是一把双刃剑，新能源汽车行业在面对"双碳"政策机遇的同时，也会面临着诸多挑战。因此把握机遇迎接挑战，是目前新能源汽车行业发展中必须面对的问题。

### （一）"双碳"和新能源产业间的关系

"碳达峰"是指在经济发展过程中，预先设定一个计划的碳排放量峰值，然后通过节能减排等技术，不断用可再生新能源代替传统能源发展经济以实现这一目标，且以后的发展过程中都不再超过这个值；而"碳中和"则是通过植树造林、生态碳汇等措施，让生产过程中产生的二氧化碳在生态循环中代谢掉，在一定程度上实现碳零排放的目标。在相关政策的制约下，我国的能源消耗和碳排放量增长速度有所延缓，但增长趋势不变。因此，在实现节能减排的目标下保持经济快速增长，从根本上实现二氧化碳零排放，是新能源汽车产业发展刻不容缓的义务。

### （二）北京新能源汽车制造业基础

北京市很早就开始生产新能源汽车，在新能源汽车发展领域已经闯出一片天。作为北京汽车产业代表的北汽新能源曾经在国内新能源汽车企业中位居榜首。2017年，北汽新能源更是以103199辆的销量，在国内新能源市场拿下23%的份额。此后，北汽新能源长期占据销量排行榜冠军的位置。

2018年9月，以产销量达到10万台新能源汽车的业绩，成为A股第一家新能源汽车整车制造企业。由此可见，北京在新能源汽车领域有着坚实的汽车制造基础。

与此同时，北京经济技术开发区（以下简称"北京经开区"）是目前全国唯一一个集国家级经开区、高新区、中关村自主创新示范区、服务业扩大开放综合试验区、自贸区等政策优势于一体的功能区。汽车产业是北京经开区四大主导产业的龙头。2021年，汽车产业总产值为2100亿元左右，预计5年后将达到3500亿元。近年来，许多国家级创新机构落地北京经开区，北京奔驰、小米汽车、长城汽车、集度汽车等一批传统汽车企业与造车新势力加速聚集。高级别自动驾驶示范区作为汽车产业创新高地，吸引了百度阿波罗、小马智行、主线科技、踏歌智行、国汽智控等创新企业入驻。

## 四 北京市新能源汽车产业发展存在的问题

### （一）私人和公共充电桩数量严重不足

国内汽车充电基础设施不足，私人充电桩供给受限，公共充电桩同样供给不足，充电设施在设计前并未考虑安装充电桩的情况。根据理想公司招股说明书，截至2020年12月31日，中国一线城市不到25%的家庭拥有可安装充电桩的停车位，此数字在美国则超过70%。鉴于北京二环甚至三环内仍有大量老旧小区，无法在小区内大量安装私人充电桩，居住在这里的新能源汽车车主只能选择就近的公共充电桩。同时，国内纯电动汽车对公共充电桩依赖程度较大，公共充电桩供给不足，车桩比急需降低。2021年我国公共充电桩车桩比为6.8，相较2020年的6.1有些许提升，主要原因为2021年新能源汽车需求大增，导致车桩比的上升，形成"抢充电桩"的窘状。

相较于南方城市，北京充电桩数量严重不足。中国电动汽车充电基础设

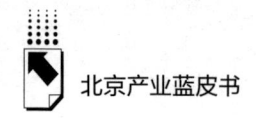

施促进联盟的数据显示，截至2021年底，国内排名前10的省（区、市）建设的公共充电基础设施占比达到71.6%，集中度继续保持高位。主要原因是经济发达地区大多存在汽车限牌限购以及新能源公交普及程度较高等特点，其对充电桩建设存在较大需求。同时新能源物流车、出租车等专用车的推广对于充电桩利用小时数有很大的保证，从而提高运营企业的建桩积极性。广东省公共充电桩保有量为18.18万台，牢牢占据主导地位，而北京市公共充电桩保有量仅为9.68万台，几乎是广东省的一半，远远落后于南方城市，因此北京市仍需大力发展和安装充电桩设施，快充类公共充电桩数量尤其需要提升。

### （二）新能源汽车续航里程不稳定

相较于南方城市，北京由于冬季平均气温较低，新能源汽车最受诟病的续航里程太短的问题便会凸显。即使众多新能源车企对外宣称其产品在实验室测量的续航里程普遍在400公里以上，但有些车实际里程只能达到200公里。尤其是冬季，由于新能源车搭载的锂离子电池在低温环境下衰减严重，续航能力受到极大的影响，市场上甚至出现"冬季是新能源车行驶的封闭期"这一论调。根据中汽中心调研结果，消费者普遍表示冬天怕没电都不敢开空调。如果一款汽车一年有一个季度根本不能开，或者即使能开也要极大地牺牲舒适性，即使有再多的黑科技，产品也会黯然失色。

更重要的是，即便能保证比较长的续航里程，充电不方便也是问题。传统的燃油车续航里程与新能源汽车类似，但由于加油站数量众多，而且几分钟就可以完成加油，完全不影响使用，对续航里程的焦虑感也会随之消失。而新能源汽车现在给不了用户安全感，首先充电桩还不够普及，但这个问题逐步在改善，未来一定会解决。但另一个问题也随之而来，电动车充电速度太慢。虽然有很多的新能源汽车号称使用快充模式可以半个小时充满80%左右的电量，但这其中很大一部分都是虚电，电量消耗非常快，而且对于电池的寿命也会有很大的影响，正常的充电方式起码都要花费五六个小时甚至更长。这样一来，消费者在选择新能源汽车作为燃油车替代品时会有所顾虑。

## （三）过度依赖政府补贴

以北汽新能源汽车为例，在新能源汽车发展的初始阶段，公司于2017年以超过10万辆的销量，在国内新能源市场拿下23%的份额。此后，北汽新能源曾长期占据销量排行榜冠军的位置。然而，北汽亮丽数据的背后隐藏着风险。其销量来源过于依赖B端（对公业务）的大客户，主要包括出租车、网约车和共享汽车等。在2018年，北汽新能源对前5名客户的销售额占年度销售总额的47.3%，2019年，这一比例扩大至58.82%。在北汽新能源2019年售出的车辆中，约有70%属于对公运营，只有30%卖给了私家车主（C端）。这种销售结构实际上充满风险。首先是政策风险，随着国家新能源补贴政策的调整和退坡，北汽新能源将会缺失相关补贴；其次是市场风险，如果共享汽车和出租车等大客户流失，北汽新能源的销售量将立刻面临巨大的滑坡。

而风险的兑现导致公司业绩大跌。追踪北汽蓝谷近几年的业绩，不难看到几个特点：（1）业绩波动大。2018年营收为164.38亿元，2019年营收为235.89亿元，但2020年营收则大幅跌至58.72亿元；（2）盈利能力极差。即使是2018年、2019年营收大增的年份，净利润也仅分别为1.44亿元和0.04亿元，而到2020年则大幅亏损64.76亿元；（3）对政府补贴有依赖。公司2018年、2019年分别拿到政府补贴9.18亿元、10.42亿元，2020年政府补贴大幅减少到3.81亿元，因此导致公司营业收入和净利润大幅降低。从公司财务状况来看，北汽蓝谷的表现十分糟糕，而且还在不断恶化。即使在2021年新能源汽车销量呈现爆发式增长，北汽新能源仍未扭转公司的跌势。根据北汽蓝谷2021年年报数据，公司仍净亏损51.7亿元。因此，北京市新能源产业应改变依赖政府补贴政策的现状，逐步增加对私家车主的销量，抓住新能源汽车蓬勃发展的风口。

## （四）行业内市场竞争激烈

在新能源汽车发展迅猛的当下，不仅有很多的汽车制造公司制定了从

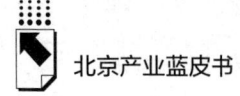

传统燃油车过渡到新能源汽车的发展规划，同时更有许多非汽车制造公司也相继公布了各自的新能源汽车制造计划。除谷歌、百度、阿里巴巴等行业巨头公司外，小米集团也宣布了其要加入新能源汽车的智能化开发行列，这些公司都无一例外地成了专门生产新能源汽车公司的行业竞争者，使得小型新兴的新能源汽车企业有了更多市场劲敌。因此，新能源汽车行业会面临更多的市场竞争，这些国际龙头企业的压力或者一些大型公司的创新发展计划，会使得中小型新能源汽车公司在未来的生存发展空间更加狭小。

### （五）初期消费需求达到饱和

由于"双碳"政策的支持，我国新能源汽车的产销量有过一段时间的爆发式增长，但传统的燃油汽车依旧拥有80%以上的市场份额，这是新能源汽车市场份额所不能比拟的。况且这一阶段的新能源汽车产量增长，很大程度上是财政补贴导致了国家机关、事业单位和社会团体等增加了对新能源汽车的购买，进入"后补贴时代"这些对公消费的需求将急剧下降。

新能源汽车核心原材料锂矿资源的价格持续攀升，引发新能源汽车行业的又一次涨价浪潮。这对目前处于观望阶段的消费者来说增加了消费壁垒，因此可以预见未来新能源汽车的消费需求会达到一个相对的阈值。

### （六）核心技术缺乏，汽车芯片研发落后

现阶段，我国新能源汽车在基础研究开发与工艺制造方面仍处于发展初级阶段，相关的产业链运营管理依然存在不足，比如在成本控制管理和技术人才储备上，仍落后于世界先进发展水平，国产新能源汽车芯片的自给率不足10%。目前国际政治局势不稳，某些国家针对中国建立了国际贸易壁垒和核心技术封锁，我国新能源汽车芯片的自主研发与量化生产仍处于攻坚阶段。

## 五 北京新能源汽车产业发展策略

**1. 研发新型汽车产品**

近年来很多汽车制造商都开始着重研发新能源汽车创新产品，但由于相关核心技术的限制，新能源汽车产品的发展受到严重影响。因此，利用创新的方式催生更多的新能源汽车产品，就显得刻不容缓。例如政府应投入更多资金支持企业研发新型纯电动类型、插电式混合类型、燃气类型的新能源汽车产品，为北京市新能源汽车产业发展拓展更多空间。与此同时，发展人工智能，加强网络信息技术和汽车行业之间的联系，使驾驶员利用互联网技术进行远程控制，实现无人驾驶和安全驾驶，刺激消费者需求，以吸引更多消费者购买新能源汽车，为新能源汽车发展提供源源不断的动力。

**2. 合理增设并运营公共充电桩**

新能源汽车具有节能和清洁的特性，但是到目前为止有很多消费者不愿选择和购买新能源汽车，主要原因是缺少充电辅助设备。因此为了解决该问题，应重点完善相关的辅助充电设备，满足消费者应用新能源汽车的需求。

在新能源汽车渗透率持续提升，以及稳增长主线下新基建不断加码的背景下，充电桩产业的战略意义不断提升，充电桩建设有望迎来新一轮增设发展浪潮。在一些无法安装充电桩的老旧小区，高压直流快充已成为解决公共充电难题的重要方案，考虑到充电桩端成熟度较车端更高，高压快充桩将率先得到规模建设，并带来高压充电模块、继电器等新需求。同时，积极吸纳社会资本推动建设公共充电桩，促使电桩商业盈利模式合理化。

**3. 积极研发增程式电动车，打造纯电动及混动汽车优势**

鉴于纯电动车所需充电桩不足的问题，和环境因素导致的新能源汽车电池寿命不稳定的问题，各家车企应积极研发增程式电动车，即传统燃油

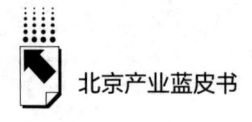

车及纯电动车间的过渡产品，解决纯电动车的续航里程焦虑问题。且相比同为过渡形态的插电式混合动力汽车，具备与纯电动车相同的高质量驾驶体验。

和所有电动汽车一样，增程式电动车的原理也是通过电池向电机提供动能，驱动电机运转从而驱动车辆行驶，这意味着汽车可以通过纯电驱动。而让增程式电动车摆脱里程焦虑的秘诀，是车身里多配了一个汽油发动机。当汽车电池电量过低时，可以利用这个发动机为增程式电动车及时进行电量补充。因此，车主可通过充电及加油两种方式进行能量补充，灵活运用两种充能渠道，实现效率最大化。与纯电动车相比，其保有可加油的灵活优势，在现阶段充电桩设施不足的情况下，增程式电动汽车很好地解决了用户的里程和续航焦虑，减少新能源汽车出远门时对充电设施的依赖。同时，对比插电式混合动力汽车，其在混合动力基础上进一步提高了节油率，维持更长久的续航，并提供了与纯电动车相同的高质量驾驶体验，具有平稳加速及较小噪声的特点，验证了增程式电动汽车差异化的市场定位。

4. 政府政策支持

在过去，新能源汽车得到了政府的大力支持和政府的大量财政补贴，这一举措虽在一定程度上推动了新能源汽车产业的发展，但同时也使其市场有效性处于失衡状态。随着"后补贴时代"来临，广大消费群体的消费需求会逐渐递减，后期也很难再提供超常的消费需求。因此政府需调整相应政策，制定和完善相关法律法规来促使产业发展。例如，实施新能源汽车产业发展的扶持政策、产业自由采购的政策、减少新能源汽车运营中的道路和桥梁通行费优惠政策等，这些都将为新能源汽车产业的发展提供助力。与此同时，相关部门应深入分析研究新能源汽车产业的发展状况、充电桩的使用情况以及居民对新能源汽车的使用反馈等。

5. 在城市公共服务中推广新能源汽车

政府相关部门应重视燃料和动力系统研究，制定各种节能减排措施，加大对新能源汽油和新能源燃料的研发支持力度，以代替传统的燃料汽油。同时应将新能源公共服务与互联网技术结合,支持开发能够应用在公共交通领域中的新能源公交车,提高新能源燃料利用率,降低城市公共交通的碳排放及各种有害化学污染物的排放,维护城市生态系统的稳定,促进新能源汽车产业和技术的进步。

## 参考文献

张瑞吟:《中国新能源汽车产业发展现状与技术瓶颈》,《集成电路应用》2012年第12期。

马建等:《中国新能源汽车产业与技术发展现状及对策》,《中国公路学报》2018年第8期。

陈美丽:《中国新能源汽车产业与技术发展现状及对策研究》,《软件:电子版》2019年第3期。

曾志伟:《中国新能源汽车产业的技术路径选择研究》,《公路与汽运》2012年第4期。

王怡:《我国新能源汽车国际竞争力分析》,硕士学位论文,首都经济贸易大学,2019。

孙琳:《江苏省新能源汽车产业发展研究》,《江苏科技信息》2018年第33期。

李斌勇等:《成都汽车产业园区发展策略分析及探索》《科技与创新》2018年第19期。

程东泽:《绿色设计视角下新能源汽车产业绿色发展创新体系构建》,《重庆交通大学学报》(社会科学版)2017年第5期。

李苏秀等:《基于市场表现的中国新能源汽车产业发展政策剖析》,《中国人口·资源与环境》2016年第9期。

昝欣、欧国立:《"补贴退坡"背景下补贴模式异质性与消费者购买行为的博弈研究》,《中央财经大学学报》2021年第5期。

唐葆君等:《中国新能源汽车行业发展水平分析及展望》,《北京理工大学学报》(社会科学版)2019年第2期。

# B.9
# 北京房地产业发展及政策建议

宋 光*

**摘　要：** 2021年，房地产调控政策以收紧为主，楼市调控加码、集中供地、整治学区房等政策频出，密集调控成为楼市关键词，北京牢牢守住"房住不炒"底线的同时，促进房地产业良性循环和健康发展至关重要。本报告立足北京市房地产业发展现状，从房地产开发运营、个人住宅市场、购物中心市场、办公楼市场以及个人信贷市场等方面对房地产业发展情况进行阐述，并剖析房地产业影响因素和潜在风险因素，最后从产业定位、政策机制、发展模式、产业风险四方面提出相关政策建议。

**关键词：** 北京房地产　密集调控　影响因素　风险因素

## 一　全国房地产业发展现状

### （一）全国房地产政策回顾

综观2021年房地产市场发展轨迹，集中供地、贷款集中管理、整顿学区房、清查经营贷、房地产税试点启动、限跌令等密集调控成为楼市关键词，限购、限贷等房地产政策的松紧程度将直接影响楼市成交量，商品房成交量及价格波动也对购买资格、贷款条件的限制政策高度敏感。与此同时，

---

\* 宋光，北京交通大学国家经济安全研究院助理研究员，研究方向为产业供应链安全、数字供应链管理。

虽然2021年上半年房地产调控政策多以紧缩性基调为主，但是从年底的降准以及银保监会释放的支持刚需和改善性购房信号来看，整体发展基调为牢牢守住"房住不炒"底线的同时，促进房地产业良性循环和健康发展。以下梳理了2021年房地产各类政策制度。

（1）宏观经济政策基调。近年来历次政府工作报告中关于房地产政策的表述始终保持着"房住不炒"、保障合理的住房需求、以稳为主的一致基调，凸显了国家稳定宏观大盘的决心（见表1）。2020年12月31日，央行、银保监会发布《关于建立银行业金融机构房地产贷款集中度管理制度的通知》（以下简称"两条红线"），要求各档银行房地产贷款余额及个人住房贷款月占比不得超过相应上限。"两条红线"的限制一方面使得多家银行提升房贷申请门槛，筛选优质客户；另一方面银行加强对贷款申请人首付款来源的审查，旨在将有限的贷款额度贷给相对优质的客户。在2021年"缓解住房困难"的基础上，2022年强调了"租购并举"，保障合理住房需求，引导住房回归居住属性，并进行住房模式的新探索。

表1 2021~2022年政府工作报告中关于房地产宏观经济政策的表述

| | |
|---|---|
| 2022年政府工作报告 | 要继续保障好群众住房需求。坚持房子是用来住的、不是用来炒的定位，探索新的发展模式，坚持租购并举，加快发展长租房市场，推进保障性住房建设，支持商品房市场更好满足购房者的合理住房需求，稳地价、稳房价、稳预期，因城施策促进房地产业良性循环和健康发展 |
| 2021年政府工作报告 | 保障好群众住房需求。坚持房子是用来住的、不是用来炒的定位，稳地价、稳房价、稳预期。解决好大城市住房突出问题，通过增加土地供应、安排专项资金、集中建设等办法，切实增加保障性租赁住房和共有产权住房供给。规范发展长租房市场，降低租赁税费负担，尽最大努力帮助新市民、青年人等缓解住房困难 |

（2）货币政策。2021年上半年货币政策《关于建立银行业金融机构房地产贷款集中度管理制度的通知》及《关于防止经营用途贷款违规流入房地产领域的通知》均围绕稳定宏观杠杆率展开，确保宏观经济平稳运行。受以上房贷政策的影响，绝大部分商业银行收紧个人按揭贷款，放款速度降低。2021年新增个人按揭贷款3.24万亿元，增速较2020年回落1.9个百分

点。2021年下半年，受经济下行压力增加的影响，央行货币政策释放宽松信号，7月和12月两次全面降准，各降0.5个百分点，总计释放长期资金2.2万亿元。2021年末，银保监会在《关于规范高品质商品住宅项目建设管理的通知》中释放改善性住房需求的信贷支持信号，表示"当前房贷政策将重点满足首套和改善性住房按揭需求"。

（3）房地产政策。整体上，调控监管逐步收紧，同时保障政策稳步推进。2021年共有20余家房企暴雷，其中不乏华夏幸福、蓝光发展、泰禾地产、福晟集团、阳光城、佳兆业等实力房企。受部分房企暴雷的影响，"三道红线"① 加强集体土地租赁住房规划、建设、运营管理，贷款集中度管理制度，凸显了加强市场监管、防范市场风险、稳字当头的发展目标。同时，在住房保障方面，2021年7月3日，国务院办公厅发布《关于加快发展保障性租赁住房的意见》，明确公租房、保障性租赁住房和共有产权住房"三房"保障体系，发展保障性租赁住房。同时，规范住房租赁企业经营活动。此外，开展保障性安居工程中央预算内投资计划，用于支持城镇老旧小区改造和棚户区改造，配套基础设施建设也不断推进。

（4）财政税收政策。房地产税的政策动向也是社会各界关注的重中之重。2021年10月23日，第十三届全国人民代表大会常务委员会第三十一次会议决定：授权国务院在部分地区开展房地产税改革试点工作。房地产税政策引起了社会各界的关注，其短期对房价或有影响，投机性需求受到一定抑制，但长期仍依赖供需关系，同时需要警惕税负转嫁至租赁房市场租金，带来无谓损失。

（5）公积金政策。《中华人民共和国国民经济和社会发展第十四个五年规划和2035年远景目标纲要》明确提出"改革完善住房公积金制度，健全缴存、使用、管理和运行机制等"。北京市住房公积金管理中心多次发布关于做好住房公积金"跨省通办"服务、优化公积金归集业务、优化住房公积金个人住房贷款服务等的通知，切实发挥住房公积金的保障性和互助性基本功能。

---

① "三道红线"指2020年8月央行、银保监会等机构针对房地产企业提出的指标，即剔除预收款项后资产负债率不超过70%、净负债率不超过100%、现金短债比大于1。

## （二）全国房地产开发运营分析

### 1. 整体特点

2021年，全国商品房销售额为18.2万亿元，同比增长4.8%，销售面积为17.9亿平方米，同比增长1.9%。销售额与销售面积均创历史新高，实现了销售业绩的增长。2021年全国商品房销售呈现先扬后抑的走势，上半年延续2020年末以来的市场热度，下半年政策效果显现，叠加部分企业债务违约导致购房者置业情绪回落，市场降温明显。

### 2. 房地产开发企业数量

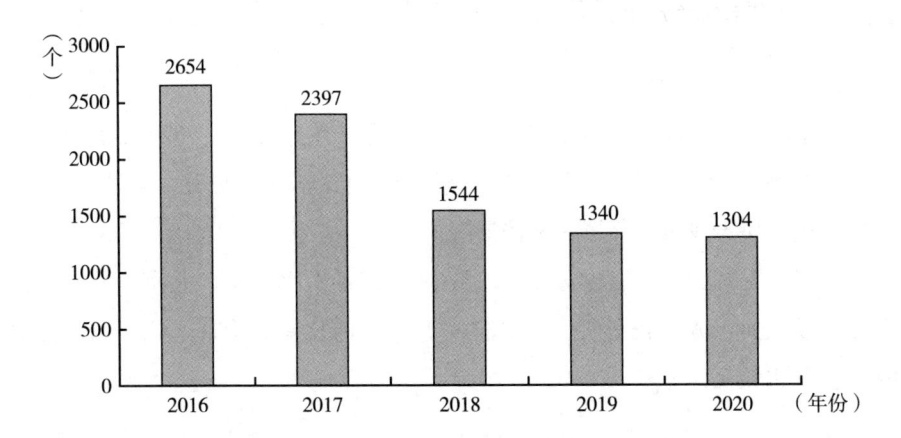

国家统计局数据显示，2016~2020年中国房地产开发企业数量呈现下降的趋势（见图1）。2016~2020年，房地产开发企业个数降幅超50%。随着"三道红线"、投销比管控等政策的相继出台，房地产企业短期偿债压力加大、投资和扩张动能相应降低，房地产开发企业增量也降至近年来最低点。在各种强监管压力下，市场集中度越来越高，投资也将持续分化，加上市场的降温和悲观预期，未来房企特别是中小房企将面临更大压力，房地产开发企业数量出现负增长的概率也将增加。

**图1  2016~2020年中国房地产开发企业数量**

资料来源：国家统计局。

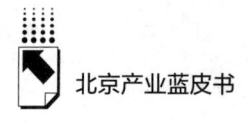

### 3. 房地产开发投资额

根据国家统计局数据，2020年房地产开发投资额较2019年有所上升，达到3938.71亿元（见图2）。房地产开发投资额有了缓慢的回升。

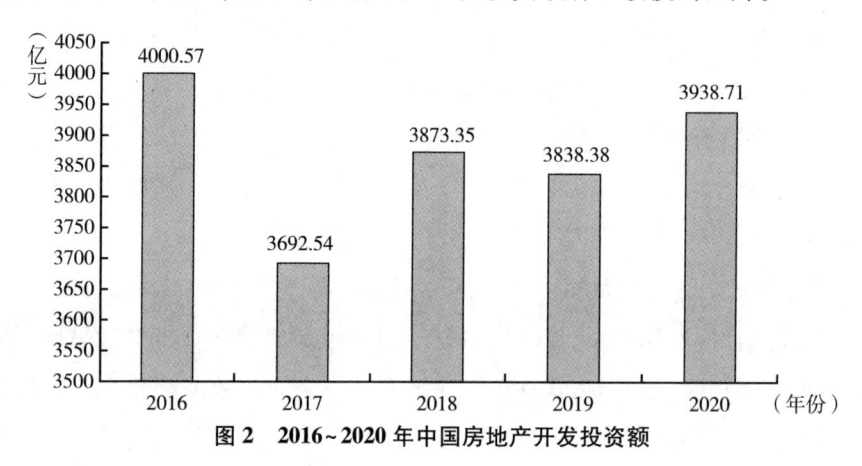

图2 2016~2020年中国房地产开发投资额

资料来源：国家统计局。

## 二 北京房地产业发展现状

### （一）房地产开发运营分析

#### 1. 商品房施工面积

北京市宏观经济与社会发展基础数据库统计数据显示，2020年北京市商品房施工面积达到13918.6万平方米，较2019年有较大的提升（见图3）。

#### 2. 固定资产投资本年资金来源情况

北京市宏观经济与社会发展基础数据库统计数据显示，北京市固定资产投资资金主要来源于自筹资金和其他资金，国内贷款居于第3位，国家预算内资金占比较低。

### （二）个人住宅市场分析

#### 1. 商品房销售面积

商品房销售面积为期房与现房销售面积之和。北京市宏观经济与社会发

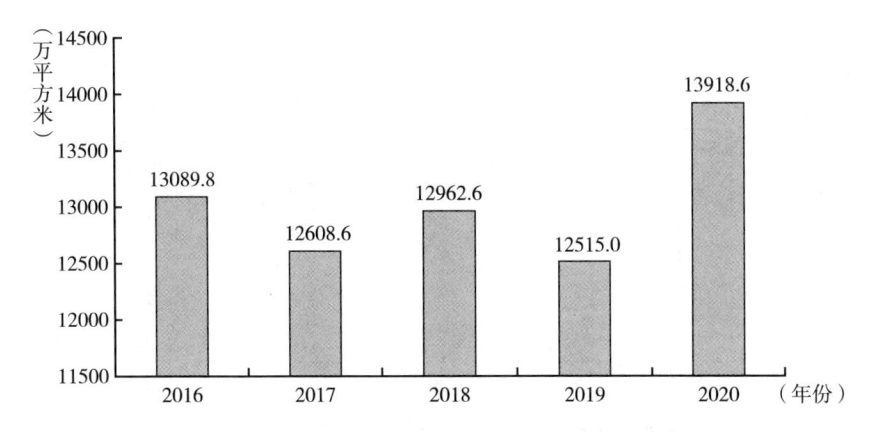

**图3 2016~2020年北京市商品房施工面积**

资料来源：北京市宏观经济与社会发展基础数据库。

展基础数据库统计数据显示，2020年北京市商品房销售面积较2019年略有增加，达970.9万平方米（见图4）。

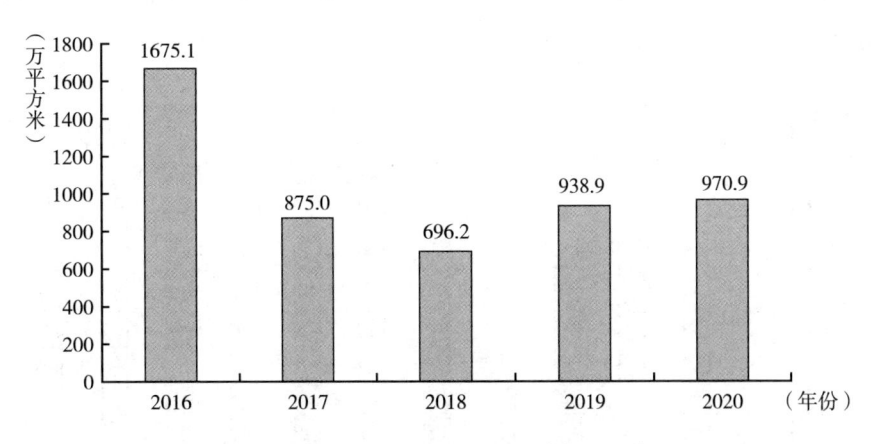

**图4 2016~2020年北京市商品房销售面积**

资料来源：北京市宏观经济与社会发展基础数据库。

**2. 商品房平均销售价格**

国家统计局数据显示，2016~2020年北京市商品房平均销售价格稳步上升。2020年北京市商品房平均销售价格达到37665.00元每平方米（见图5）。

183

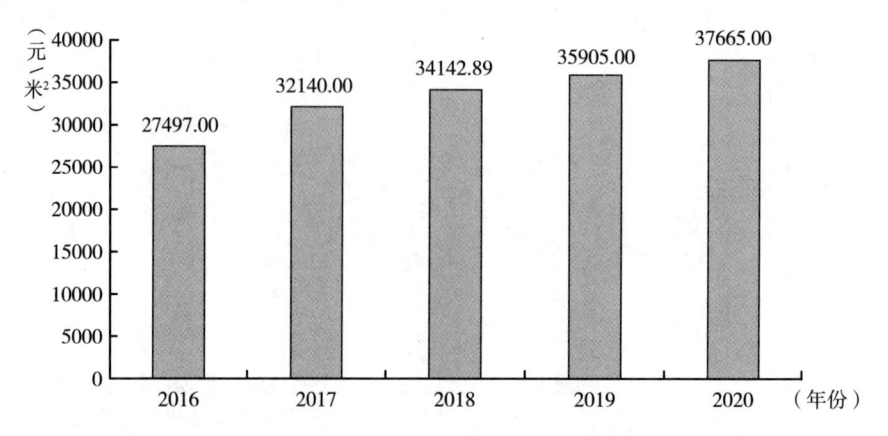

图 5　2016~2020 年北京市商品房平均销售价格

资料来源：国家统计局。

### 3. 北京新房商品房成交金额

2021年北京新房商品房成交额达4963.1亿元，总成交额呈上升趋势，成交额最为突出的是第二季度和第三季度。2021年新房商品房成交额较2020年增加1113.8亿元（见图6）。

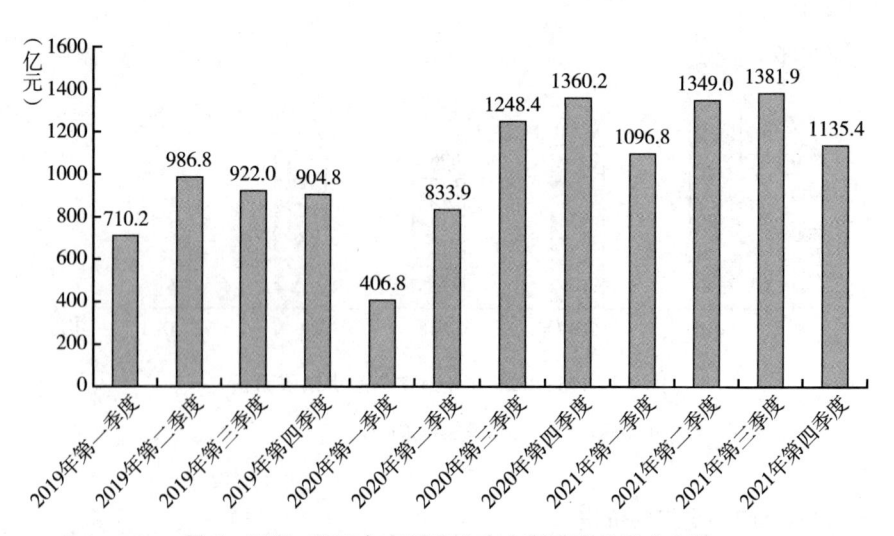

图 6　2019~2021 年各季度北京市新房商品房成交额

资料来源：易研通。

## 4. 北京新建商品住宅（不含保障房）成交量

据我爱我家研究院统计，2020年，北京市新建商品住宅（不含保障房）共成交60564套，同比增长7.3%。2016~2020年北京市新建商品住宅（不含保障房）年平均成交量为4.5万套，2020年较2019年小幅增长，较2017年、2018年大幅增长（见图7）。

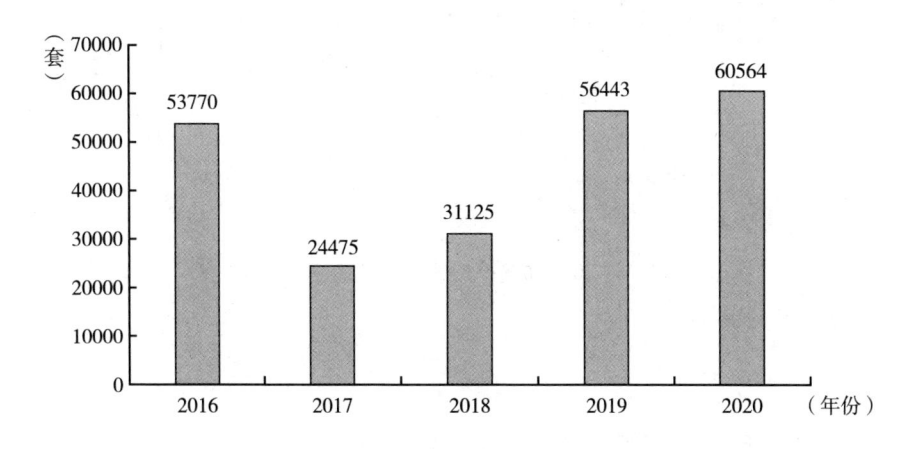

**图7 2016~2020年北京市新建商品住宅（不含保障房）成交量**

资料来源：我爱我家研究院。

## 5. 商品住宅成交总量（新房+二手房）

2021年，北京市商品住宅总成交量达258928套，同比增长7.22%（见图8）。结构上，2021年新房季度成交量相对扩大市场份额，二手住宅季度走势缩窄（见图9）。

## 6. 二手住宅成交套数

2021年，二手住宅成交量缓慢回升，成交193187套，成交套数同比增加14%。从季度数据来看，2021年第一、第二季度成交量上升，第三、第四季度成交量持续走低（见图10）。

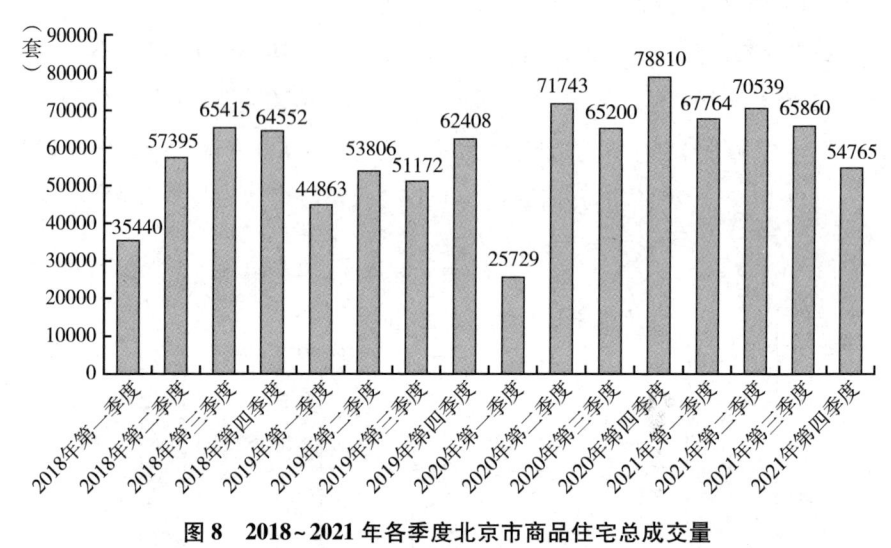

图8　2018~2021年各季度北京市商品住宅总成交量

资料来源：易研通。

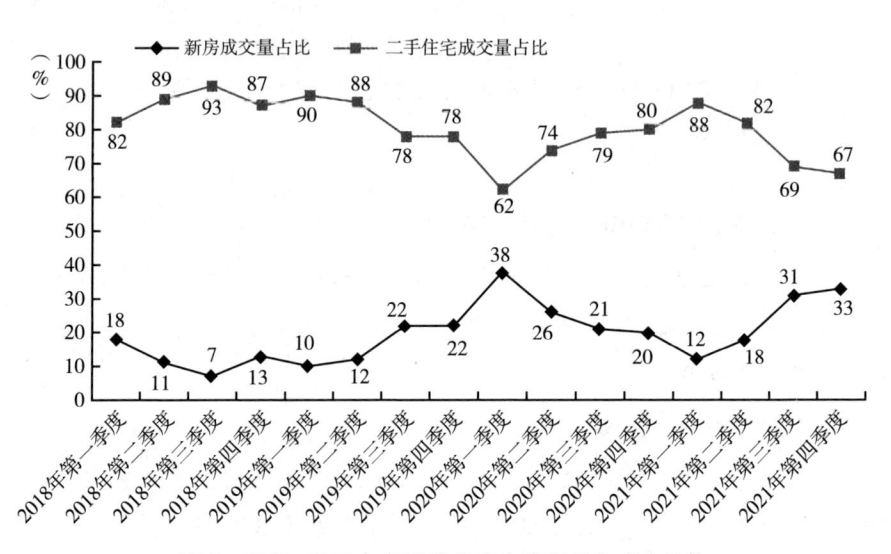

图9　2018~2021年各季度北京市商品住宅成交结构

资料来源：易研通。

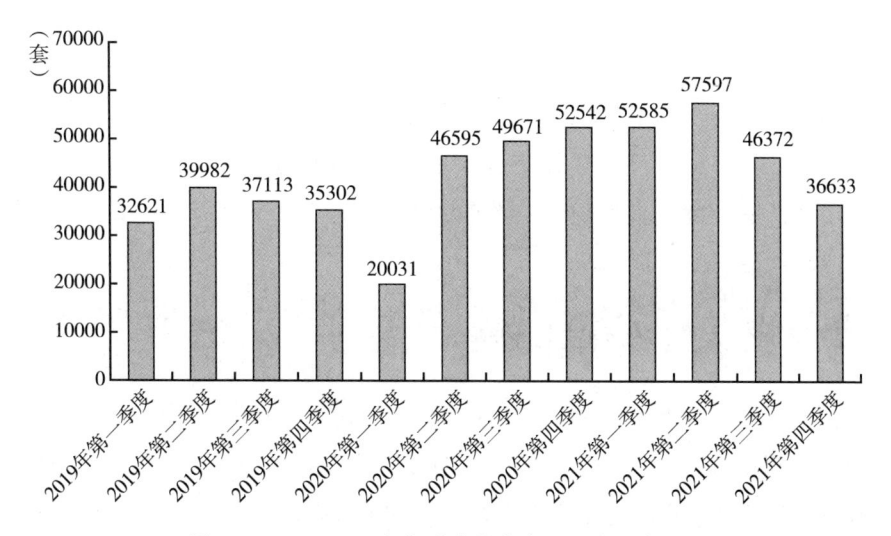

图10 2019~2021年各季度北京市二手住宅成交量

资料来源：易研通。

## （三）办公楼市场分析

### 1. 办公楼市场供需

2021年，北京市甲级写字楼新增面积较2020年有所下降。2021年第四季度，北京市新增甲级写字楼面积122010平方米，甲级写字楼市场存量达到约1221万平方米。从租赁成交来看，金融、互联网及科技行业持续发力，贡献了超过2/3的吸纳量。其中，互联网行业头部企业扩张明显，金融行业办公楼需求则以券商的新租需求为主。

### 2. 甲级办公楼空置率

2021年北京市甲级办公楼空置率有所下降。2021年第四季度，市场需求持续回暖，北京市平均甲级办公楼空置率环比下降1.6个百分点，下降至14.6%，净吸纳量297580平方米，环比增长17%。2022年预计将有超过50万平方米的写字楼完成入市，预计空置率将有所回升，租金将保持稳定。

### 3. 甲级办公楼租金

2021年，北京市甲级办公楼租金较为稳定。2021年第四季度，北京市甲级写字楼市场平均租金止跌回弹，环比上升0.6%，上升至每月每平方米324元，是2018年第3季度以来首次出现租金回弹。随着宏观经济形势向好，市场活跃度也逐步恢复至疫情前的水平，北京市甲级写字楼市场有望进入一段平稳发展的时期。

### （四）个人住房信贷市场分析

2022年1月，央行公布了1月的贷款市场报价利率（LPR）：1年期为3.7%，5年期以上为4.6%，较上期分别下调10个基点（1个基点等于0.01%）和5个基点。北京市个人住房贷款定价基准为首套商业性个人住房贷款利率不低于相应期限LPR+55个基点，二套商业性个人住房贷款利率不低于相应期限LPR+105个基点。此前，北京首套房贷款利率下限为5.20%，二套房贷款利率下限为5.70%；从2022年1月21日开始，两者均跟随LPR下调5个基点，分别降至5.15%和5.65%。

## 三 北京房地产业影响因素与风险因素分析

### （一）影响因素

#### 1. 从住房供给角度分析

2021年是北京试点集中供地的第一年，推出"限房价、竞地价"方案，三批集中供地分别于5月、10月、12月结束，全年共挂出住宅用地85宗，供地面积增幅达78.4%，是2018年以来供地量最高的一年。其中，成交57宗，总成交价为1900.36亿元。土地出让在供应端保持增长，以保证未来不会出现供不应求的局面。此外，供给结构的调整也格外值得关注，2021年热点地块包括海淀区海淀镇树村棚户区改造地块、海淀区北沙滩地块、海淀区永丰地块、朝阳区劲松街道0408-646地块、朝阳区东坝车辆基地综合利用项目地块等，可以看出供地重心逐渐由西南片区向海淀区和朝阳区转移。

2. 从住房需求角度分析

收入和人口也是决定房地产需求和市场规模的重要因素。2021年，北京全年城镇新增就业26.9万人，比上年增加0.8万人；消费价格涨势温和，全年居民消费价格总水平比上年上涨1.1%；居民收入稳步增加，全年全市居民人均可支配收入为75002元，比上年增长8.0%。居民收入的稳步增长有助于提升居民消费预期，推动消费复苏，房地产市场也将有所受益。与此同时，人口规模、人口结构均会对房地产价格产生影响。城镇化等带来的外来人口增加必然会导致住房刚性需求增加，而三孩政策的出台引致了房地产改善性需求。完善三孩生育政策配套措施和收入分配制度，有必要针对三孩家庭的住房需求对部分住房政策进行适度调整和松绑，2020年底北京"9070政策"对限竞房从"套型建筑面积"放松成为"套内建筑面积"，正式释放了刚需转改善的住房信号。

3. 从利率水平、物价水平和预期水平等因素角度分析

一方面，从房地产供给端来看，利率上升会增加房地产开发的融资成本，从而使价格上涨；而从需求端来看，利率上升会加重购房者的利息成本从而降低购房需求，导致价格下降。另一方面，银行信贷与房价之间存在螺旋上升的自我强化反馈机制，房价上升意味着贷款抵押价值升高，银行贷款额度增加；反过来，银行信贷扩张会引致贷款利率下降，进而助推房价。此外，房地产价值可以视作预期净收益的现值之和，因为房价与折现率负相关，而折现率与利率正相关，所以利率上升也会使得房价下跌。

房价与物价水平之间存在一定的联动性，且两者在长期和短期呈现不同的关系。由于房地产具有一定的增值保值功能，长期来看，通货膨胀使得资金流入房地产市场，物价上涨会刺激房价上升；而在短期之内，物价上涨会引起加息预期，由于利率升高，房地产价格下跌。

预期水平也会对房地产价格带来重要影响，房地产是同时兼具消费和投资属性的一种特殊商品。消费者预期和房价之间具有如下自我实现机

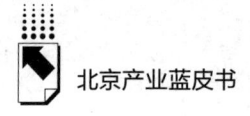

制：普遍来讲，随着房价上升，人们会预期未来的房价呈上升趋势，投资增加。预期房价上涨使得房屋持有者惜售房产，市场供应减少，进而推动房价上涨。

从学区房来看，2021年4月，学区房整顿拉开帷幕，北京市教委发布《关于2021年义务教育阶段入学工作的意见》，首次明确提出入学方式"以多校划片为主"，海淀区、西城区、东城区相继发布义务教育入学新政。海淀区教委明确2019年1月1日后在海淀区新登记并取得房屋不动产权证书的住房用于申请入学，通过电脑派位的方式多校划片入学。西城区教委发布《关于西城区2022年义务教育阶段入学工作的实施意见》，推进以多校划片为主的入学政策。东城区重申，2019年起，东城区对适龄儿童入学登记的实际居住地址及适龄儿童就读学校实施记录。此外，北京"双减"政策新闻发布会上公布《北京市关于进一步减轻义务教育阶段学生作业负担和校外培训负担的措施》，要求北京市教师实行轮岗制，跨校、跨学区流动。2021年4月30日，中央政治局工作会议指出，防止以学区房名义炒作房价，将调控学区房价格提高至国家政策层面。从多校划片到教师轮岗，打击学区房的政策可谓是重拳出击、步步紧逼，让房价逐步降温，回归理性。

### （二）风险因素

**1. 疫情影响收入，房贷面临断供的风险**

2015~2020年，居民杠杆率飙升，从40%增长至62%，居民杠杆率超过200%的城市达到20个。2022年，受疫情影响，部分人收入下滑，让一些居民的家庭现金流开始紧张、还贷压力加大，造成断供的风险。断供就会面临合同违约风险，产生相应法律责任，甚至连房子都可能被收回。为应对疫情影响，不少国有银行都出台了相应的房贷延期还贷政策，购房者可以缓交规定期限内的本息，但如果有大量客户申请房贷延期还款，银行也会有较大压力。

## 2. 房地产开发企业面临亏损风险、流动性短缺风险和债务违约风险

首先是亏损风险。2021年上市房企营收规模再创新高，但"增收不增利"。2021年前三季度内地上市房企营收规模均值达到161.3亿元，营收同比增长22%。但自2019年起，内地上市房企净利润增速持续回落，2021年前三季度利润同比下降26%。之所以出现这种状况，直接原因是市场成交均价普遍下滑，拿地成本高企。2021年房企为加速去库存以回收现金流，采取了打折促销等积极的营销策略，成交均价同比下降，对房企整体销售业绩产生了较大影响。2021年大部分房企未能完成业绩目标，销售额排名前10的千亿级房企2021年销售面积平均同比下降了约3%，但拿地平均价格却较2020年同期上升了近26%，拿地成本增加进一步压缩了利润空间。

其次是流动性短缺风险。行业整体杠杆和负债水平仍然偏高。2021年，按销售额计算，行业排名前10的房企占比为24.2%，较2020年的26.5%下降2.3%，头部房企销售增速罕见出现负增长，多数房企全年平均业绩目标完成率不到90%。

最后是债务违约风险。部分房企偿债压力和融资难度较大，2022年房企将在第一季度、第三季度迎来偿债高峰，重点房企信用债、海外债合计到期规模分别约为1835亿元、2072亿元，将面临巨大的债务压力。由于融资和销售两端运行均不畅，房企的资金状况持续紧张。

## 四 北京房地产业发展政策建议

### 1. 明确"房住不炒"的定位不变

坚持"房住不炒"的定位，稳定房地产市场。围绕这一定位，维护好房地产市场的稳定有序，切实提高广大居民的生活质量和幸福指数。推动房地产市场与实体经济均衡良性发展，有利于增强消费潜能、提升制造业投资能力，畅通国内大循环。

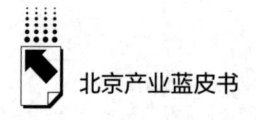

### 2. 完善监管政策协调机制

加强监管机制协调性。各部门之间要加强有效的信息交流与联动调控机制建设，要加强协调运作和快速反应机制建设。同时，调控政策应更加精细化，调控措施需结合市场形势及时灵活调整。

### 3. 探索房企发展新模式

在"三道红线"调控政策持续收紧的背景之下，房地产企业应由大拆大建向城市更新的新模式转变，由开发销售向租购并举的新模式转变，由粗放式向精细化开发管理的新模式转变，通过数字化转型降本增效，利用电子合同助力处于疫情之中的房地产行业转型破局，把握新一轮机遇。

### 4. 加强房地产投资风险防范

增强识别风险的能力，提升风险预测能力，合理划分风险类别，通过加强管理、投资组合、风险转移等方法来分散房地产投资中的非系统风险，从而有效地把投资风险损失控制到最低限度。

## 参考文献

王维安、贺聪：《房地产价格与通货膨胀预期》，《财经研究》2005年第12期。

孟庆斌、荣晨：《宏观经济因素对房地产价格的长短期影响》，《统计研究》2014年第6期。

罗穆东：《我国房地产金融风险及其对策分析》，《现代商贸工业》2019年第6期。

田敏、刘建江：《居民预期视角下房地产市场波动：解释与特征事实》，《消费经济》2019年第6期。

# 专题篇
Special Reports

## B.10 北京数字文化产业高质量发展研究

赵月皎 许亚东 蒋雨浠*

**摘　要：** 本报告整理分析了2020年和2021年北京数字文化产业的发展情况。分析发现，"数字+文化"正成为推动文化产业高质量发展的新动力，数字技术助推文化产业供给侧改革，新业态、新模式、新技术下的数字文化产业正释放新活力。但在国内外形势突变叠加疫情的影响下，北京市数字文化产业发展正面临安全保障不足、供给内容质量有待提高、数字文化消费潜力仍需激发巩固等挑战。为推动北京数字文化产业高质量发展，本报告建议要持续纵深推动市场监管水平，构建"事前、事中、事后"全链条数据安全责任体系；将社会主义核心价值观融入数字文化产品供给的全过程，充分发挥标杆企业的示范引领作用；多措并举充分激发数字文化产业"新消费"模式，依靠数字化

---

\* 赵月皎，国家经济安全研究院助理研究员，主要研究方向为产业经济；许亚东：北京交通大学经济管理学院博士研究生，主要研究方向为产业安全、物流与供应链管理；蒋雨浠，北京交通大学经济管理学院研究生，主要研究方向为国家经济安全。

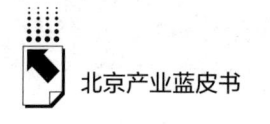

手段，努力克服线下文化产业发展困难，推动北京市文化产业数字化转型。

**关键词：** 文化产业 数字文化产业 北京市

## 一 数字文化产业概述

2020年，受新冠肺炎疫情的影响，文化产业的虚实结构明显发生重构。疫情发生后，传统的线下文化消费受到抑制，给传统文旅行业、影院等线下实体文化产业造成巨大冲击。大众对于线下文化娱乐服务的需求线上化，倒逼线下供给侧转型，大量的文化活动搬上"云端"，云演出、云直播、云录制、云展览、云综艺、云拉歌等业态推动逆向O2O（Offline to Online）发展，多元补充数字化的文化供给类别，引发"云上文化"热议。

从更长远的时间尺度看，文化科技融合将从需求侧引导供给侧的结构变革，加速我国历史悠久的文化资源形成的巨大文化势能向动能转化，其根本方式是通过数字化手段将文化资源进行要素转化，成为驱动文化发展的新动能，加速文化产业的虚实重构。

### （一）数字文化产业概念

数字文化产业是指以数字技术为基础，以文化创意为核心内容，以数字化、网络化、融合化、智能化为发展方向而进行文化创作、生产、传播及服务的新兴产业。

一方面，数字文化产业的内涵包括文化产业的数字化，既指传统文化产业与数字技术的融合，也指传统文化产业由数字技术进行的信息采集、处理、传输等过程，并以此来实现生产数量增加和生产效能提升的过程。传统文化产业在数字化中由数字技术实现了全产业和全链条的改造与升级。

另一方面，数字文化产业的内涵包括数字产业的文化，指数字产业巨头对文化产业的推动过程。近年来，百度、腾讯、今日头条等互联网巨头纷纷参与了数字文化产业的投资，重塑了数字文化产业的格局。这有利于推动数据在文化产业中作为新生产要素来发挥作用，从而塑造文化新模式与新业态，使数字文化产业的体量不断扩大。

数字文化产业新业态是时代发展的需要，是文化产业创新化发展的体现。随着文化产业数字生态的发展，数字文化产业已然积蓄了强劲的动能，价值链不断拓展，并与其他产业实现了交互推进。

（二）数字文化产业核心特点

数字文化产业具有传播网络化、消费个性化、产业受众多、产业影响大这四大核心特点。

数字技术的出现促使数字文化产业实现传播网络化。文化产业的数字生态不仅实现了文化内容存储介质的形态之变，还带来了需求、生产、消费的变化，将创造潜能赋予了每个掌握基础技术的个体，实现了共同生产与共享消费的新格局。

数字文化产业促使个体的文化消费实现个性化。在初始生产阶段，为降低生产经营成本，文化产业主要关注价值链上下游的经营与连接。在现阶段，数字化发展促使文化产业的生产实现了多样化协作模式，能够为用户带来个性化、多样化的文化产品。数字化平台能够详细分解各类产品，使不同主体之间实现资源和数据共享，在降低协作成本的同时，能够实现产业间价值的有效分配。具有融合性与渗透性的数据能够突破产业之间的局限，扩大文化产业的市场范围，为各类用户个性化的文化消费提供更多的支持。

相较于传统文化产业，在数字环境下，网络成员之间交往的距离和时效大大缩短，文化的穿透力和影响力迅速蔓延，实现了各类文化间的交流互鉴，使文化产业的受众数量增加。数字文化产业使各文化主体的价值成功凸显，拥有更多受众并为其提供文化交流的场域，成为文化产业服务方式和创新发展的基本视域和坐标。

相较于传统文化产业，数字文化产业拥有更大的影响力。在数字文化产业的发展中，一方面，传统文化可以由数字化方式提升传播的品质，实现文化价值的延续和拓展；另一方面，数字场域可以创造出新的文化，带来更加丰富的共享价值和传播体验，为人们持续提供精神力量。可见，数字文化产业在量和质这两个方面都具有更大的影响力，极大地丰富了人们的精神生活。

## 二 北京数字文化产业发展现状

### （一）北京数字文化产业发展政策环境

为贯彻落实文化产业数字化战略，加快新型文化业态的发展，改进传统文化业态发展模式，着力推动数字文化产业健康发展，2020年11月，文化和旅游部发布《关于推动数字文化产业高质量发展的意见》，提出要加快文化产业与数字经济融合，不断优化文化产业结构，夯实数字文化产业的发展基础，加快培育新型文化企业、文化业态以及文化消费模式。同时，文化和旅游部鼓励各地因地制宜发展具有本区域特色的数字文化产业。2021年4月，文化和旅游部出台《"十四五"文化和旅游发展规划》，提出要顺应数字化、网络化、智能化的发展态势，通过数字化技术，完善文化遗产的保护和传承，加快建设公共数字文化，健全具有现代化的文化产业体系，推动智慧旅游，还要加强相关科技的研发与应用，进一步提升文旅产业的科技水平。2021年12月，文化和旅游部出台《关于推动国家级文化产业园区高质量发展的意见》，提出要大力发展数字文化产业集群，着力推动传统的数字文化业态与先进的数字技术结合。

近几年，北京市相继出台多项有关数字文化产业发展的政策，助力数字文化产业高质量发展。2020年2月，中共北京市委出台《关于新时代繁荣兴盛首都文化的意见》，提出加强数字内容供给，促进文化与科技融合，增加文化创新的能力。2020年4月，北京市推进全国文化中心建设领导小组出台《北京市推进全国文化中心建设中长期规划（2019—2035年）》，再次强调要加快提高文化服务的科技含量，逐步推进"文化+"融合发展，着力用好和创新文化旅游资源，利用数字、科技以及互联网等手段，充分发挥首都全国文化中心的示范作用。在北京文化和旅游发展面临前所未有的机遇和挑战之际，2021年9月，北京市文化和旅游局牵头制定了《北京市"十四五"时期文化和旅游发展规划》，提出要通过数字技术，提高公共文化服务科技水平，推进建设智慧化旅游，进一步提高本地文旅产业的科技含量。2021年11月，北京市文物局发布《北京市"十四五"时期文物博物馆事业发展规划》，提出支持博物馆通过数字信息技术开展"云展览"和在线直播活动，将大运河文化遗产进行数字化展示，推进长城资源档案的数字化工程建设，充分利用数字化技术创新文物的推广方式，让文物"活"起来。

北京市各区也结合自身优势，全面贯彻新的发展理念，推进文化与科技和数字深度融合，推动数字文化产业政策体系不断完善，促进首都数字文化产业高质量发展。

东城区在推进文化产业多元性融合方面持续发力，依靠自身优势，全面贯彻新的发展理念，坚持"崇文争先"理念，着力推动"文化+科技""文化+金融""文化+数字"等文化产业数字化，推动数字文化产业政策体系不断完善。具体来说，"十三五"期间，东城区稳步完善数字文化产业政策体系，研究出台《关于组织实施东城区大数据建设的工作方案（2018—2020年）》《东城区促进信息服务业发展的若干意见》等文件，以科技和互联网赋能文化产业创新发展为主线，促进文化与数字和科技深度融合。"十四五"期间，东城区多管齐下，全面提升数字文化发展质量和服务水平，充分发挥文化服务高质量发展的引领作用。为践行"崇文争先"的理念、加速"文化东城"的建设，增强公共文化供给能力，适应当前人民群众文化需求的多样性，2021年3月，东城区出台《北京市东城区公共文化设施社会化运营指导意见（试行）》，将开展数字图书馆服务列为区级图书馆基本服务项目，建设具有数字化服务能力的文化馆，提升数字文化供给能力。为全面贯彻"崇文争先"理念，积极推动"两区"建设，促进文化与科技深度融合，东城区出台《关于进一步加强文化与科技融合发展的实施意见

(2020—2022年)》，指出要坚持科技赋能文化新业态，通过数字技术激发新的文化消费需求，着力提升公共文化的数字化水平，大力加强数字文化产品的创新，通过"互联网+"培育文化新业态，加快推进传统文化产业数字化转型以及文化产业与新兴科技的融合水平。2021年11月，东城区出台《北京市东城区国家公共文化服务体系示范区创新发展三年行动计划(2021—2023年)》，旨在加快完善公共文化服务的数字化建设，利用5G、大数据等科技全面优化数字文化供给能力，推进"大戏东望"演艺区的数字化水平，加快数字科技融合进程。

总体来看，北京数字文化产业发展政策环境持续利好，各层级部门多措并举，持续发力，全面推动北京市文化产业数字化转型。

### （二）北京数字文化产业分行业发展概况

#### 1. 数字出版

作为典型的数字出版行业，数字阅读的行业规模增长迅速。如图1所示，2016~2020年中国数字阅读用户规模持续上升，这体现出该行业的广阔发展前景。北京市掌阅阅读平台用户数量一直稳居阅读类App的榜首，其月活跃用户数量在2019年为1.4亿人次，2020年上半年便升至1.7亿人次，

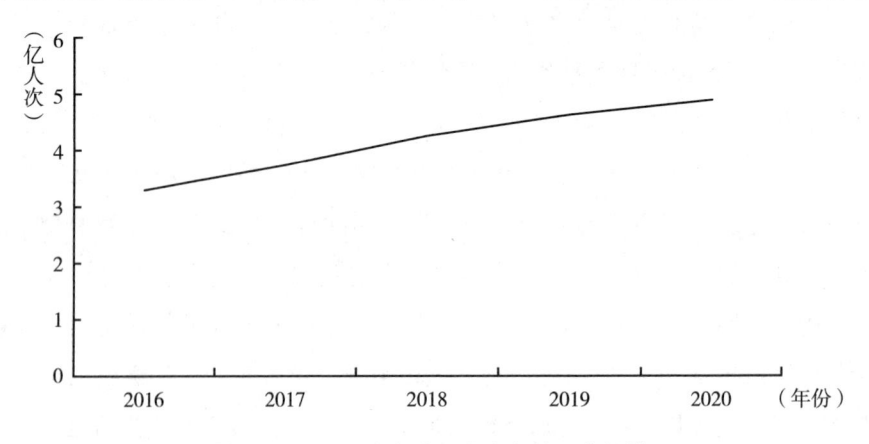

图1 2016~2020年中国数字阅读用户规模

资料来源：中国音像与数字出版协会。

且其营业收入也持续增长，2020年实现了20.61亿元的营业总收入和2.64亿元的净利润，分别同比增长9.5%和64.1%。

随着新媒体对传统媒体空间的有效替代，网络新闻已经成为数字出版的重要内容。2020年，主流新闻媒体开始集体开拓新媒体传播渠道，用户规模也大幅提升。"央视新闻"推出的"战疫Vlog"系列报道累计获得7亿以上播放量；《新京报》在各类平台的传播端口总计覆盖了2.5亿以上人群，每日阅读量超5亿；"今日头条"共计发布了6.5亿条内容，获赞超过430亿，同比增长377.8%。

2. 数字影视

北京市各类文化娱乐平台在数字影视方面的表现都极为亮眼。在传统视频平台中，爱奇艺网络视频播放平台2020年的付费会员服务营收高达165亿元，同比增长14%；2021年第一季度的总营收高达80亿元，同比增长4%。在新兴视频平台中，作为影视文化传播渠道发展的新动能，北京市短视频文化娱乐平台也体现了较为强劲的发展态势。例如，北京市字节跳动公司旗下的抖音短视频平台的日活跃用户数量在2019年为4亿人次，在2020年突破了6亿人次，使该公司的全年实际收入达到了2366亿元，同比增长111%；北京市快手科技公司旗下的快手短视频平台的日活跃用户数量在2020年达到了3亿人次，与抖音并称两大短视频龙头平台，共同推动短视频创作和网络直播行业成为中国现象级的文化娱乐行业。

与此同时，北京市数字影视行业也在与科技发展相融合。北京5G建设全面提速，推动4K/8K超高清视频、AR/VR/MR技术释放潜力，实现文化科技融合多场景应用，为观众带来了更加震撼的视觉体验；科技新动力也为数字影视行业带来了新的创作方式，例如，国家中影数字制作基地研发的"中影·神思"AI系统已经用于影视后期制作，大大提升了制作效率。

3. 数字演艺

疫情发生后，线下演艺的受限倒逼传统演艺向数字演艺转型，释放出全新的发展活力。

传统文化演艺开始探求数字化发展，在2020年为人们提供了大量的精神食粮。北京京剧院将《龙凤呈祥》《四郎探母》等 12 台经典剧目推送到极具创新性的"云剧场",获得很好的反馈;北京京剧院全新创作的京歌《战疫情》《中国脊梁——致钟南山》等作品也获得了超 1000 万的点击量;在第四届中国戏曲文化周中,36 家戏曲团体共同举办了 12 场高清直播,演出了 180 余场,直播点击量和网络播放量共计超过了 2000 万。

文化文物单位也开始与新媒体平台、数字文化企业等合作,发展"互联网+展陈"新模式,通过数字演艺来进行网络宣传与文化传播。故宫博物院进行了"安静的故宫,春日的美好"系列主题直播活动,首场直播在《人民日报》单个平台就获得了超过 500 万观众;中国国家博物馆推出了"国博珍藏云欣赏"等线上专栏。文化会展行业也积极向数字化发展,相继在线上举办了文化会展。其中,北京展区极具 VR 展览特色,为观众打造了全新的参展体验。

4. 数字竞技

数字竞技是指使用数字游戏来比赛的项目,其利用电子设备作为媒介,进行人与人之间智力与反应的对抗,已经成为一类新兴的数字文化产业。以电竞为例,如图 2 所示,2020 年 11 月至 2021 年 3 月,中国电竞用户规模在整体上呈现增长态势,可见,该行业具有良好的发展前景。

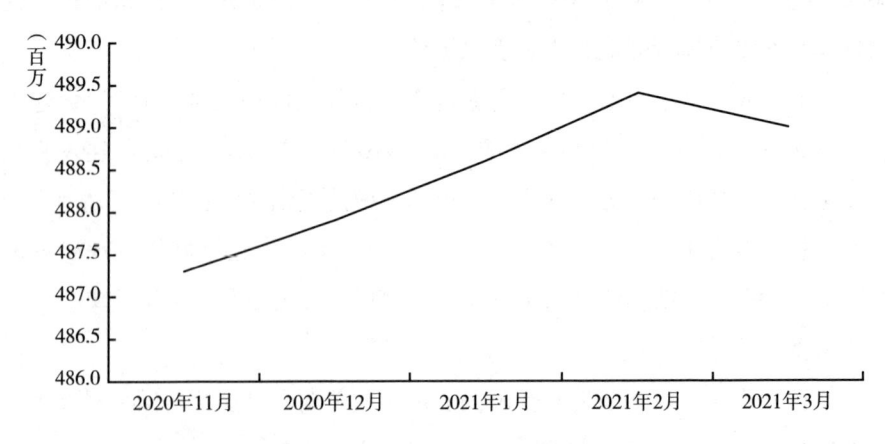

图 2　2020 年 11 月至 2021 年 3 月中国电竞用户规模

资料来源:2021 年第一季度中国游戏产业报告。

2020年，北京市致力于建设电竞品牌，引领健康的电竞文化，为电竞营造良好的发展环境。2020年，北京市累计举办了1400多场各类赛事活动，线上线下共计获得了近8亿人次观看，还获得了超过18亿次的媒体曝光，形成了全市多点联动、周期贯穿全年、线上线下呼应的总体电竞文化格局，初步形成了"电竞北京"这一城市品牌。

"电竞北京2020"通过线上线下双渠道举办；王者荣耀世界冠军杯的总决赛也在开通现场观赛的同时，开通了线上的直播渠道，吸引了诸多观众；IEM英特尔极限大师赛在北京海淀区的赛事吸引了累计5100万在线观众，中文语言区之外的线上点击量比2019年增长了328%；"百度App & 百家号杯"绝地求生与和平精英系列赛累计吸引了7500万线上观众，全网点击量超16亿次。

### 5.数字创意

随着互联网与数字技术进一步普及，传统文化产业也在不断更新和升级，焕发了更多活力。博物馆、图书馆、美术馆等传统主流文化机构也开始积极利用数字技术来创新文化资源的保护和展示方式。例如，故宫博物院推出了"数字文物库""全景故宫""紫禁城600"等多款数字创意产品，中国国家博物馆也与华为公司共同建设了"智慧国博"，积极探索智能时代下博物馆发展的创新路径。此外，"文化+科技"在保护文物方面进一步发挥作用。例如，腾讯科技利用自身科技优势以及成熟的数字化解决方案，为故宫博物院提供系统化、数字化的规划建设建议；中国文物基金与英特尔合作，利用无人机、人工智能等科技优势，充分了解长城现状，并提出有关文物修复的精准解决方案。

与此同时，线上博物馆、4D电影、互动影视等数字文化行业也在不断发展，它们不仅成了文化产业发展的新动能和增长点，还推动了线上博物馆文化创意产品、线上影视文化创意产品、线上动漫文化创意产品等数字文化创意产品的出现。2020年，北京动漫游戏产业协会发起了以"抗击疫情，众志成城，为中国加油！"为主题的漫画和短视频创意作品的征集活动，共计收到来自40多个国家的7326幅漫画创意作品和570件短视频创意作品。

值得一提的是，数字文化产业不仅正在与各类传统产业相融合，其内部

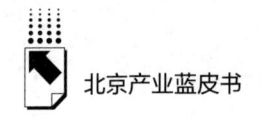

的各细分行业也在走向融合。例如,几十家北京书店参与了"2020北京书市·北京书店之夜",通过近100场线上直播进行了内容分享和宣传推介,展现了传统出版业与数字文化产业的融合;2020年北京时装周也进行了线上直播,观看总人数高达6000万,单场直播的全网峰值高达800万,展现了传统时尚产业与数字文化产业的融合;北京京剧院推出了"京戏云剧场",其首场演出在快手、抖音等9个平台进行线上直播,累计获得了超过96万人次观看,展现了数字演艺行业与数字影视行业的融合。

### (三)北京上市数字文化企业与数字文化产业投融资概况

2021年1~11月,北京市规模以上文化产业法人单位收入总计1.5万亿元,同比增长18.8%,其中数字文化新业态特征比较突出的16个行业小类营业收入近1万亿元,同比增长22.9%,北京挂牌新三板文化企业融资规模居全国第1。"数字+文化"成为北京市文化产业发展的重要领域,是推动文化产业高质量发展的新引擎。

近几年,北京市依靠新兴科技、资本力量,推动文化与科技相融合。2020年北京市规模以上文化与科技融合的数字文化企业实现营业收入7725.4亿元,占全市规模以上文化企业营收的比重超过51%,且拥有11家数字文娱独角兽企业,占到全国近六成的规模。疫情影响下,依靠线下生产和消费者的传统文化企业逐渐转试线上服务,不断开发文化消费新模式。2020年,规模以上互联网文化企业营业收入达8952.1亿元,占全市规模以上文化企业营业收入的比重接近六成。北京市以网络视听、网络出版、网游电竞等为代表的数字文化新业态蓬勃发展,既包括快手、字节跳动等大型互联网企业,也包括掌阅科技、汉王科技、太合音乐等细分领域的数字文化企业。截至2020年底,北京市上市数字文化企业已经达到47家,占全国上市数字文化企业总量的29.75%,远远超过其他城市。以上数字文化企业已经成为北京市文化产业高质量发展的新引擎,龙头企业发挥重要带头作用,数字文化产业集聚效应明显。例如,互联网企业快手2020年营业收入587.8亿元,同比增长50.2%,其线上营销服务收入占总收入比重达到37.2%,

成为营收的主要来源；数字出版行业代表性企业掌阅科技2020年营业收入20.6亿元，同比增加9.47%。

2017~2019年北京文化产业投资规模居全国首位。2020年，北京各区及相关企业加快完善文化金融体系，为受疫情影响的文化企业提供资金支持，文化投资领域继续保持活跃。例如，东城区设立首期规模4亿元、总规模10亿元的"文菁文化+"产业基金，主要用于数字文化新业态发展领域，进一步拓宽了相关文化企业股权融资的渠道；朝阳区发挥财政资金导向作用，设立全市首个总规模1亿元的"中小微企业防疫应急转贷基金"，为中小企业提供无利率短期贷款服务；北京农商银行发布了"影视宣发贷"金融产品，旨在解决影视文化企业在疫情影响下融资难的问题。

2020年，北京市以数字文化产业为代表的文化新业态领域累计发生社会融资事件93起。如图3所示，融资规模达到375.87亿元，受疫情影响，较2019年减少139.88亿元。但是，在全国数字文化产业社会融资总规模中的份额仍然处于领先地位，仅低于广东省。投资领域，北京市新三板挂牌数字文化企业对外投资的速度逐渐放缓，涉及的资金规模仅为2.47亿元，虽同比略有下降，但是在全国仍处于首位。从细分领域来看，数字文化产业投资多集中在传媒广告、数字创意等相关领域，占比高达70%。

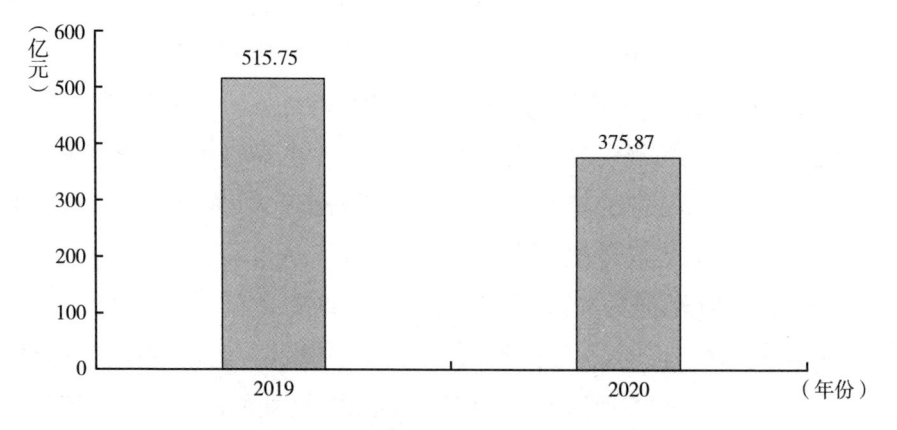

**图3　2019~2020年北京市数字文化产业社会融资规模**

资料来源：新元文智－文化产业投融资大数据系统（文融通）。

总体看来，在国内外形势变化和新冠肺炎疫情的影响下，北京数字文化龙头企业继续发挥引领带动作用，且数字文化产业社会投融资规模处于优势状态。

## 三 北京数字文化产业发展趋势

"十四五"时期是我国乘势而上、进军第二个百年奋斗目标的第一个五年。作为全国文化中心，北京市在"十四五"时期之初应当把握新形势，并为推动文化产业发展提出新要求，从而更好地促进文化产业的繁荣，开创北京市文化产业发展的新局面。作为新的经济增长点，北京市数字文化产业已成为文化产业的重点领域和数字经济的重要内容，其发展趋势尤其值得关注。当前，北京市数字文化产业的发展趋势主要体现在如下三个方面，这也是其在未来继续发展的重要方向。

1. "数字+文化"正在成为推动文化产业高质量发展的新引擎

疫情发生后，北京市文化内容的供给方式愈发多元，需要在线下聚集进行的影视剧和综艺节目等文化生产活动受到了诸多限制，需要在线下聚集消费的电影、演出等文娱活动也频繁暂停。在此情况下，网络游戏、数字阅读等线上产品的供给均有所增加，推动互联网文化娱乐企业营收实现了相较于传统文化企业的逆势增长。2020年，知乎总收入高达13.52亿元，实现了101.7%的同比增长；完美世界总收入高达102.25亿元，实现了27.2%的增长。与此同时，全市规模以上"文化+科技"企业的总收入占文化产业总收入的比重已经连续三年保持在50%以上，年增速高于10%，成为文化产业高质量发展的重要组成部分和新引擎。

2. 数字技术正在成为文化产业供给侧改革的助推器

近年来，北京市依托得天独厚的技术创新优势，其数字技术高速发展，并表现出与文化产业高度的适配性，对文化产业的高质量发展产生了巨大助推作用。依托发达的数字技术和丰富的科技资源，北京高估值型"文化+科技"企业继续领跑全国，数字文娱独角兽企业数量占全国近六成，主要包括字节跳动、快手等大型互联网科技公司。在2020年，字节跳动的实际年收入高达2366亿元，同比增长了111%，毛利润增加值约为1219亿人民币，毛利率高达51.5%；在2020年，快手的实际年收入高达588亿元，同比增长50.2%，其中，线上营销收入高达219亿元，占总收入的37.2%。可见，"文化+科技"企业为北京市文化产业供给侧改革注入了新的动力。

3. 新业态、新模式、新技术下的数字文化产业正释放新活力

目前，北京市发布了数字文化产业未来规划和发展路线。2020年4月，北京市推进全国文化中心建设领导小组出台《北京市推进全国文化中心建设中长期规划（2019—2035年）》，提出到2035年实现数字图书馆、数字文化馆、数字博物馆各区全覆盖，充分发挥数字文化服务在公共文化服务体系建设中的重要作用。2020年6月，北京市出台《北京市加快新场景建设培育数字经济新生态行动方案》，指出要围绕内容创作、设计制作、展示传播、信息服务、消费体验等文化领域关键环节，推动人工智能、大数据、超高清视频、5G、VR等技术应用，促进传统文化产业数字化升级，培育新型文化业态和文化消费模式。未来，为响应行业发展趋势，北京市数字文化产业发展的政策环境将持续优化，从宏观层面上为数字文化产业营造良好的发展环境。

## 四 北京数字文化产业发展面临的挑战

作为新的文化产业增长点，数字文化产业已是北京市文化产业发展的新引擎。但在国内外形势突变叠加疫情的影响下，北京市数字文化产业发展正面临着安全保障不足、内容质量有待提高等一系列问题和挑战，距实现数字文化产业高质量发展目标还存在一定差距。

1. **安全角度：数字文化产业安全仍需重视**

文化安全是国家总体安全的有机组成部分。当前，国内外形势正发生深刻变革，数字化催生了新的文化安全形势。随着北京加快推行文化产业数字

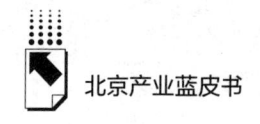

化战略，各种思潮与文化在首都交流和融合，同时数字文化安全风险也进一步显现。一方面，西方国家利用成熟的数字技术和工具影响数字文化的传播，这对国内意识形态和文化安全形成一定的冲击。另一方面，数字文化产业中的数据面临威胁。通过技术和"长臂管辖"等手段，一些西方国家掠夺我国用户数据，对我国数字文化产业的数据安全造成威胁。

2. 供给角度：供给内容质量有待优化提高

数字技术的迅猛发展推动北京市传统文化产业数字化转型，增加了优质供给，成为促进文化产业发展的主要驱动力。但是，随着数字文化新业态的发展，大批自媒体和个人账号不断涌现，这在繁荣数字文化市场的同时也引发了泛娱乐化。数字文化产品在资本导向的作用下趋于庸俗化、虚无化和趋同化，尤其是在短视频领域尤为明显，这与人民群众对高质量数字文化产品的期待相矛盾。因此，北京市如何发挥当前数字文化产业"存量"的优势，进一步由"高数量"增长向"高质量"增长转变是北京发展数字文化产业面临的重要挑战之一。

3. 需求角度：数字文化消费潜力仍需激发巩固

受疫情常态化防控措施影响，线下文化消费者大规模向线上迁移。2020年，北京市人均教育文化娱乐支出仅2766元，同比下降35.8%。市民线上文化消费需求急速增加。比如，疫情发生后北京移动游戏市场持续活跃，2020年营业收入为894.29亿元，同比增长近15%。文化产业新消费模式极大地改变了传统文化消费形式，释放了新消费需求。受疫情影响，如何引导、激发线下消费，巩固线上网络消费、智能消费等新兴消费模式值得考虑。

## 五 促进北京数字文化产业高质量发展政策建议

1. 关口前移，打防并举

持续纵深推动市场监管水平。加大数字监管执法力度，提高监管数字化水平，完善数字文化市场准入机制和审核制度，营造健康有序的数字文化产业环境。严守文化意识形态阵地,加强数字文化空间综合治理,将底线思维作为筑牢意识形态安全底线的"压舱石",确保数字出版、数字演艺、数字竞技等文化产业新业态的绿色发展,坚决抵制国内外不良文化思潮对意识形态的冲击。

构建"事前、事中、事后"全链条数据安全责任体系。引导企业强化数据安全意识,增强数据的规范性和安全性,压实数字文化企业的主体责任。严格约束数字文化企业或平台合法使用用户数据,禁止对用户数据无序采集和违规滥用。完善数字文化产业关键基础设施和公共数据管理办法,与时俱进,创新管理方法和理念,保障数字文化产业安全。

### 2. 优化供给,正确引导

将社会主义核心价值观融入数字文化产品供给的全过程,充分发挥首都数字文化产业示范和引领作用。在推进数字文化服务走上"云端",步入"指尖"的过程中,还应加大整合各区、各部门、各行业优质数字文化资源的力度,构建多层级、多品类、优质的公共数字供给服务网络。此外,在利用大数据提高数字文化监管水平的同时,还应精准洞察并解决北京市民对数字文化产品需求与供给之间的矛盾。

牢牢抓住"两区"建设的机遇,把握政策叠加带来的红利,优化数字文化发展政策环境,打造数字文化标杆企业,并充分发挥标杆企业的示范引领作用。继续深化数字文化领域供给侧结构性改革,提高精品数字产品供给,充分满足消费者个性化、差异化的数字文化需求。

### 3. 巩固需求,激发潜力

加快推进制定北京数字文化产业中长期发展规划,紧紧把握国际科技创新中心建设机遇,积极举办线上与线下文旅消费体验活动,评选推介一批具有首都特色的数字文化消费新场景和新活动,多措并举充分激发数字文化产业"新消费"模式,持续为文化产业的发展提供动力。

依靠数字化手段,努力克服线下文化产业发展困难,推动传统文化产业数字化转型。结合群众数字文化需求,积极推进数字文化普惠发展,形成线上与线下相融合的数字文化消费常态。相关部门和企业共同合作,在数字文

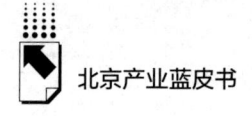

化产品的内容生产、发展模式、渠道传播和营销推广上进一步优化数字文化消费环境，培养数字文化消费理念，激发数字文化消费意愿，鼓励数字文化消费行为。

**参考文献**

伊馨、陈伟雄：《数字文化产业的安全风险及其对策》，《中国社会科学报》2022年3月24日。

张铮：《文化产业数字化战略的内涵与关键》，《人民论坛》2021年第26期。

江小涓：《数字时代的技术与文化》，《中国社会科学》2021年第8期。

魏鹏举：《文化产业高质量发展的守正创新之道》，《人民论坛》2021年第11期。

黄永林：《推动数字文化产业高质量发展》，《中国社会科学报》2021年2月9日。

向勇：《"创意者经济"引领数字文化产业新时代》，《人民论坛》2020年第19期。

意娜：《数字时代大平台的文化政策与伦理关切》，《清华大学学报》（哲学社会科学版）2019年第2期。

李凤亮、潘道远：《文化创意与经济增长：数字经济时代的新关系构建》，《山东大学学报》（哲学社会科学版）2018年第1期。

# B.11
# 北京区域性金融安全发展及预警研究

陈杨龙 路明 张欣月[*]

**摘　要：** 本报告首先对北京市区域性金融风险情况及其经济高质量发展现状进行分析，从多层面构建和测算指标评价体系，借助熵权法对区域性金融风险程度进行测算，并运用耦合协调模型，分析金融安全和经济高质量发展两个系统之间的协同关系。研究发现北京市的金融安全程度不断提高，区域性金融风险得到有效化解。与上海市相比，在外部风险加剧的情况下，北京金融风险仍存在较大隐患。北京市金融安全与经济高质量耦合协调效果理想。根据研究结果提出从建设常态化风险预警机制、统一金融监管准则以及加强对地方政府债务管理等角度来防范管控北京区域性金融风险。

**关键词：** 区域性金融风险　耦合协调　风险预警　北京市

## 一　北京市区域性金融安全现状及其动态演化

### （一）区域性金融风险相关理论

学界对于区域金融安全程度的定义侧重于"履行金融职能的能力"和

---

[*] 陈杨龙，北京交通大学经济管理学院博士后，主要研究方向为金融安全；路明，北京交通大学经济管理学院硕士研究生，主要研究方向为产业安全；张欣月，北京交通大学金融硕士，主要研究方向为公司金融。

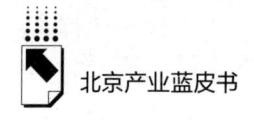

"抵御外部经济冲击的能力"两个方面。中国人民银行发布《中国金融稳定报告（2021）》，认为金融系统安全运行的状态为金融生态环境和金融设施不断改善，金融机构和金融市场能够发挥支付结算等金融功能。我国政府严抓金融风险问题，对系统性、区域性金融风险高度重视。

1. 金融风险管理理论

在传统的金融风险管理理论中，风险被认定为只能带来损失并不会带来收益的，属于纯粹风险观念。各机构只能借助各种手段将金融风险进行转移或是降低，而并不能利用风险来产生收益。这种传统金融风险管理理论主张对风险进行事后管理，但并未将风险管理措施和金融机构发展战略相结合，缺乏对金融风险的整合管理和系统管理。

现代金融风险管理理论是一种全面风险管理观念，既考虑了纯粹风险也考虑了投机风险，既考虑了静态风险也考虑了动态风险，既考虑了损失发生的可能性也考虑了收益的不确定性。该理论主张积极应对各种金融风险，对风险进行全面且系统的管理，属于积极的风险管理理论。

在全面风险管理理论中，风险管理措施与金融机构发展战略相结合，将风险管理看作是贯穿于金融机构整个发展脉络中的重要一环，需要全体人员共同参与，监测金融风险的发生。在金融业混业经营的大环境下，全面风险管理理论应运而生。该理论在现代金融风险管理理论的基础上发展完善，主张对金融风险进行全方位、全面性、全思维的管理。

2. 金融风险预警理论

金融风险预警机制主张对潜在的各项金融风险进行监测与预警，在出现征兆时及时应对，避免造成进一步损失。金融风险预警体系囊括了预警指标体系和预警模型，具体分为以下四个步骤。

（1）确定好金融风险预警目标。借助金融风险预警体系及早发现金融机构发展中存在的各项潜在风险和问题，采取各项针对措施以减少金融风险爆发的时滞性误差，为金融市场的繁荣发展提供保障。

（2）对金融风险进行有效识别。有效识别并判断各项风险类型、程度和来源，采取相应处理措施。

（3）确定风险预警手段。对识别后的各项金融风险进行综合分析，确定相应的预警模式和指数。

（4）涉及风险预警步骤。通常的风险预警步骤首先要确定好预警指标，对数据进行处理后构建相应的预警模型并对预警结果进行分析。

区域性金融风险不同于系统性金融风险，属于偏中观层面的概念，其存在的类型丰富多样、传导性强。前期对于区域性金融风险不加强防范，极易造成区域性金融风险向全国范围、世界范围的系统性金融风险转换，引发金融危机。区域金融的稳定、安全发展才能保障宏观经济的健康稳定。因此必须加强对区域性金融风险的防范与管控，维护我国整体经济的稳定发展。

金融在促进我国经济高质量发展、促进资源配置中发挥了巨大作用。当前，我国所面临的国际形势复杂，既是难得的发展机遇，也是前所未有的挑战。我国应该坚持新经济发展理念和经济高质量发展方向不动摇。坚定听从党中央的领导，统筹新冠肺炎疫情防控与经济社会发展。金融系统应充分发挥其经济职能，坚持金融"脱虚向实"，服务实体经济。维护我国区域性金融稳定发展，对促进我国经济发展转型有重大意义。

## （二）北京市金融运行及安全现状分析

### 1. 北京市银行业风险评估

（1）当前北京市银行业运行状况。

2021年北京市货币信贷规模合理可控，存贷款总量与经济发展相适应。截至2021年末，北京市银行业金融机构共有本外币存款余额20.0万亿元，相比2020年末增加11659.9亿元，增长率为6.2%。其中，北京市金融机构人民币各项存款余额19.2万亿元，较2020年末增加10894.44亿元，增长率为6.0%；外币存款余额1197.9亿美元，较2020年末增加128.7亿美元，增长率为12.0%。人民币住户存款余额较2020年增加4295.5亿元，增长率为10.0%。

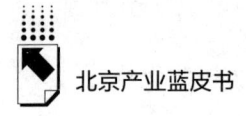

同年，北京市银行业各项贷款额保持增长，信贷投放重点突出，继续发挥着为实体经济提供长期稳定的资金支持功能，有力地支持了疫情下北京的经济恢复和经济高质量发展。截至2021年末，北京市金融机构各项贷款余额约8.6万亿元，相比2020年末增加了5042.28亿元，增长率为6.2%。其中，人民币企（事）业单位贷款余额较上年增加3629.2亿元，贷款余额达6.4万亿元，增长率为6.0%。中长期贷款余额各项贷款增长明显，较2020年末增加3324.1亿元，增长率为9.9%。人民币住户贷款余额增长率较2020年提高1.5个百分点，人民币住户贷款余额达2.2万亿元。2021年末，北京市银行业不良贷款余额为805.57亿元，相比2020年增加了172.47亿元（见表1）。2021年货币信贷和社会融资规模增长效果明显，主要受到新冠肺炎疫情冲击、居民需求减弱和地方政府隐性债务问题得到解决等因素影响，近两年金融机构各项贷款余额与GDP增速基本匹配并略高。

表1 2015~2011年北京市银行金融机构运行状况

单位：亿元，%

| 年份 | 存款余额 | 贷款余额 | 不良贷款余额 | 不良贷款率 |
|---|---|---|---|---|
| 2015 | 128573.00 | 58559.40 | 366.30 | 0.84 |
| 2016 | 138408.90 | 63739.40 | 260.20 | 0.55 |
| 2017 | 144086.00 | 69556.20 | 274.10 | 0.50 |
| 2018 | 157092.20 | 70483.70 | 262.10 | 0.40 |
| 2019 | 171062.30 | 76875.60 | 564.00 | 0.55 |
| 2020 | 181105.56 | 81035.19 | 633.10 | 0.55 |
| 2021 | 192000.00 | 86077.47 | 805.57 | — |

资料来源：《北京市金融运行报告（2021）》。

（2）北京市银行业风险现状。

①资产质量持续稳中向好，不良贷款率保持全国最低水平。2021年，北京市不良贷款余额为805.57亿元，不良贷款率保持全国最低水平。截

至2022年4月，北京市不良贷款率为0.7%，不良贷款余额控制良好。北京市信贷投放始终秉持"增规模、保重点、优结构"的原则，信贷资产质量持续稳中向好。2022年第一季度，北京市信贷供给总量稳步增加，北京银行业各项贷款增量为近十年最高，有效支持首都经济平稳开局。各项贷款新增4606.02亿元，较年初增速同比增长0.24个百分点。贷款结构不断优化，对重点领域的支持力度加大。由于新冠肺炎疫情的影响，出现中小微企业停工停产现象，企业的正常生产活动受到影响，经营收入稳定性下降，不良贷款余额上升是当前区域银行业金融机构面临的风险之一。

②资产的配置风险升高。近年来，随着互联网金融市场的不断完善，传统银行金融机构的盈利空间被挤占。出于营利性目标，许多银行开始向风险高、收益高的项目投资，使得银行金融机构的资产安全性下降，配置风险升高。

③表外业务风险加大。银行除了传统的存贷款业务，还有着众多的表外业务，如贷款承诺、担保、金融衍生工具等。这些表外业务形式多样、结构复杂、规模巨大，使得银行金融机构面临一定的表外业务风险。

2.北京市保险业风险评估

（1）当前北京市保险业运行状况。

截至2020年末，共有45家保险总公司设立在北京市，其中，人身险公司31家，财产险公司14家。从《北京市金融运行报告（2021）》可以发现，北京市保险机构共740家，保险系统人员共213916名。保险机构数量较上年增加25家，保险系统人员数量增加6133名。2020年末北京市保险保费收入实现2302.9亿元，保费收入相比上一年度增加226.4亿元，增长率为10.9%（见表2）。财产险公司累计实现保费收入523亿元，人身险公司累计实现保费收入1780亿元。北京市整体保费收入受到车辆保险改革和疫情的影响，整体增速放缓。同年财产险公司累计赔款289亿元，人身险公司赔付462亿元，增速较上年增长7.4%。

表2　2015~2021年北京市保险金融机构运行状况

| 地区 | 年份 | 保费收入（亿元） | 保险赔付支出（亿元） | 保险机构数量（家） | 保险系统人员数量（名） |
|---|---|---|---|---|---|
| 北京市 | 2015 | 1403.90 | 506.60 | 664 | 143923 |
| | 2016 | 1839.00 | 596.60 | 648 | 157817 |
| | 2017 | 1973.20 | 577.70 | 670 | 197080 |
| | 2018 | 1793.30 | 629.40 | 696 | 208617 |
| | 2019 | 2076.50 | 719.00 | 715 | 207783 |
| | 2020 | 2302.9 | 750.6 | 740 | 213916 |
| | 2021 | 2527.0 | — | — | — |

资料来源：《北京市金融运行报告（2021）》。

（2）北京市保险业风险现状。

①治理机制不完善，防范风险能力弱。部分保险公司在治理与规范经营上缺乏有效性管理，内部管控上缺乏有效的约束机制，关联交易风险比较突出，防范抵御风险的能力较弱。北京市保险机构的赔付金额都呈现逐年上涨趋势，保险公司经营压力较大，同时由于风险存在隐蔽性、滞后性，保险公司缺乏相应有效的风险转移手段，因而对北京市保险公司的企业管理和投资能力提出了更高要求。

②流动性风险突出。保险公司初期在经营时，业务主要集中于中短存续期业务，对于资金流的要求较高，面临较大的流动性风险。近年来，由于监管部门不断加强对金融机构的管理，部分保险公司在进行业务结构调整时，出现了保费流入下降，但退保金不断攀升，满期给付总量仍旧处于高位的现象，使得保险公司面临着巨大的现金流出压力。

③信用风险突出。保险公司一般将保费收入主要投资于债券和非标债权资产，还有一部分投资于城投债等领域，以获取收益。目前债券违约现象经常发生，而70%的保险资金大多投资于债券领域，因而保险公司面临着潜在的信用风险。

### 3. 北京市证券业风险评估

(1) 当前北京市证券业运行状况。

资本市场改革开放稳步推进,多层次协同发力,北京市直接融资提质提效,证券期货基金机构做优做强。截至2020年末,北京市共有17家总部设在辖区内的证券公司,为近五年来首次发生变化,证券机构数量保持稳定。北京市共有36家总部设在辖区内的基金公司,与上年相比增加了17家。北京市共有19家总部设在辖区内的期货公司,近五年来未发生变化。国内共实现股票(A股)融资1594亿元(见表3),与上年相比融资金额减少了2267亿元,通过国内股票市场融资规模波动较大。

表3 2015~2020年北京市证券业运行状况

| 年份 | 证券公司总部数量(家) | 基金公司数量(家) | 期货公司数量(家) | 国内股票(A股)筹资(亿元) |
|---|---|---|---|---|
| 2015 | 18 | 25 | 20 | 1739 |
| 2016 | 18 | 31 | 19 | 1504 |
| 2017 | 18 | 32 | 19 | 1421 |
| 2018 | 18 | 19 | 19 | 2702 |
| 2019 | 18 | 19 | 19 | 3861 |
| 2020 | 17 | 36 | 19 | 1594 |

资料来源:《北京市金融运行报告(2021)》。

(2) 北京市证券业风险现状。

①信用风险较大。随着金融监管的不断加强与去杠杆政策的实施,企业端经营压力增大,违约事件时有发生。而作为证券机构的主要服务对象,企业的经营状况直接关乎证券公司的发展,债券违约、破产倒闭等现象也使得证券公司信用风险增大。

②资产配置风险较高。目前北京市证券公司的经营种类比较单一。单一的经营模式一方面会造成各证券公司之间的同质化竞争与无序竞争,不利于

整个证券行业的发展壮大，另一方面单一的经营模式也会降低证券公司抵御风险的能力，一旦风险事件来临，容易在整个证券行业产生连锁反应，严重时发展成为区域性金融危机。

**（三）北京市区域性金融风险的动态演化**

**1. 地方政府债务规模影响金融杠杆率水平的机制分析**

（1）地方政府债务规模影响金融杠杆率水平的三大主要载体。

地方政府债务对金融杠杆率的影响主要是通过银行贷款、债券以及融资担保等影子银行载体来实现的。

①银行贷款载体。地方政府债务的主要组成部分是银行的信贷债务，其次地方政府会通过地方融资平台来筹措资金。两种方法为地方政府筹集了大部分资金，但同时也都存在一定的局限性。筹集到的资金一般是依靠土地或项目进行抵押，抵押行为本身抬高了银行和金融机构的杠杆率。

②债券载体。政府借助发行一般债券和专项债券来筹措资金。但以下三个方面都无形中增加了金融杠杆率：一是由于地方政府偿债能力异质性较大，存量债务可能需要借助于发行债券来置换；二是政府在债券的还款期限内难以对未来的经济情况进行准确预判；三是二级市场欠发达，流通受阻。

③融资担保等影子银行载体。影子银行中占比最大的部分当属于信托理财业务，主要包含政信合作类信托和房地产信托。政信合作类信托是通过融资平台公司和信托公司合作的方式将筹措的资金用于基础设施建设和民生工程等。地方政府筹措资金的另一方式是影子银行的理财业务，产品标的包含城投债、央行票据等。地方政府对高昂特种设备的需求一般是由融资租赁业务来填补，这些业务使得金融杠杆率提升。

**2. 金融杠杆水平对区域性金融风险的影响机制**

金融杠杆率的不断攀升会引发以下各类风险，导致区域性金融风险爆发。

（1）金融杠杆率攀升引发流动性风险与偿付性风险。

地方政府的融资主要是借助银行机构进行的间接融资，因而当地方政府出现偿债困难时，会使得金融机构面临地方政府无法按期偿还债务而引发的流动性风险。同时地方政府筹集的资金通常投向期限长、收益率低的城市基础设施建设中，会导致资金期限严重错配。

（2）金融杠杆率攀升引发金融失衡风险。

随着金融市场的发展，资本市场、货币市场和银行市场等各子市场逐渐联系起来成为有机整体。在这种背景下，一个子市场出现风险极易传导至其他子市场，影响整体宏观经济。得益于经济的发展完善、居民工资水平的提升，流向股市的资金日益增多，风险集聚现象丛生。

（3）金融杠杆率攀升引发实体经济倒闭风险。

当经济发展形势处于积极乐观时，企业往往会加大贷款力度来扩大企业发展规模，使得杠杆率攀升。而一旦经济发展形势出现消极状态时，企业的资产净值下降，外部资金流入减少，高企的金融杠杆率会使得企业因偿还性风险而面临破产和倒闭的威胁。

（4）金融杠杆率攀升引发社会不稳定风险。

金融杠杆率的不断攀升可能会使得企业面临破产倒闭风险。而某个企业的破产倒闭不仅涉及自身，同时也可能会影响到整个行业，出现大量的企业倒闭和工人失业现象，对社会安定造成威胁，提升了社会关系恶化的可能性。

3. 区域经济冲击与信贷风险催生"金融风险加速器"效应

区域经济受到冲击是值得特别关注的风险因素，经济下行或其他外部原因会造成企业面临高债务风险。企业债务问题与银行乃至整个实体经济系统密不可分。从金融风险点及其联动机制（见图1）上可以看出，当区域经济遭遇冲击或行业面临整顿时，会使得该企业主营业务受到冲击，致使企业利润下降，严重的甚至可能倒闭，使企业的现金流不足，从而引发资金链断裂，致使企业内部资产负债情况恶化。此时产生的影响已经不仅是企业，还包括银行金融系统。我国的债券发行大多是由银行购买，当我

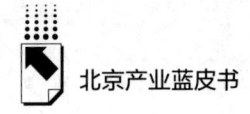

国非金融企业出现债务问题时将会直接影响到银行系统。资金链断裂和资产负债情况恶化使得企业被迫减少投资和生产，将资产出售，进行债务清偿。这会严重打击实体企业的生产能力和投资动力，使得风险溢价上升，出现不良贷款和企业债务风险交替攀升的恶性循环。银行放贷意愿下降，市场流动性的收缩会进一步加剧企业的债务风险，最终导致区域性金融风险上升。

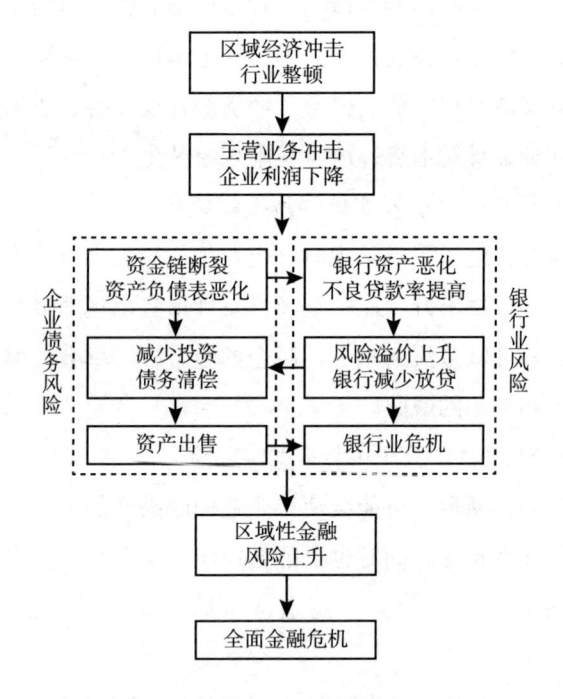

图 1 金融风险点及其联动机制

## 二 北京市经济高质量发展现状

### （一）经济创新发展情况

创新是推动经济发展的不竭动力。通过科技创新、制度创新、知识创新等方式提高全要素生产率,可以有效地推动北京市经济结构转型升级和战略新兴产业发展,向着高质量发展方向迈进。从图2可以看到,北京市技术市场活力旺盛,2008~2021年技术市场交易额和技术交易活跃率呈现稳步增长态势。近些年来,北京市政府持续提升技术合同登记服务效率,通过多种方式激发技术市场交易量。2021年北京市实现技术市场成交额和技术市场交易量"双突破",技术市场成交额首次突破7000亿元大关,交易额达到7005.7亿元。认定登记技术合同总量首次突破9万项,技术市场交易额较上年同比增长了23个百分点。

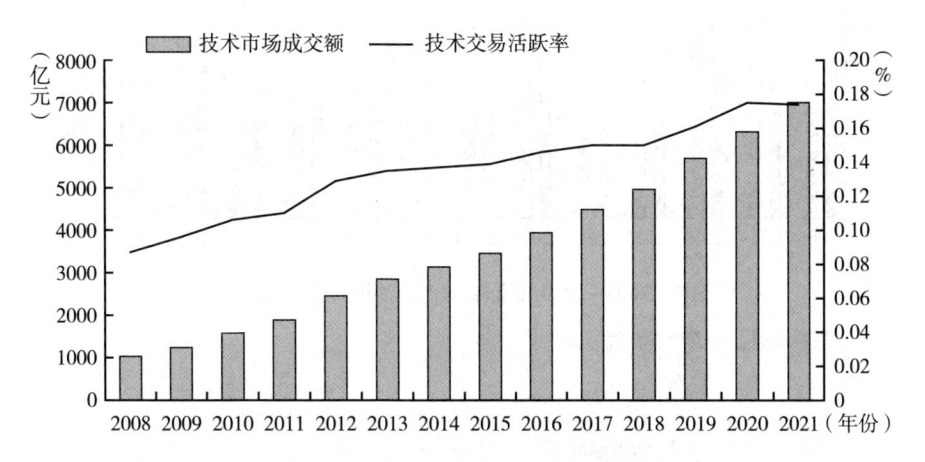

图2 2008~2021年北京市技术市场成交额及技术交易活跃率

资料来源:《北京市统计年鉴》。

## (二)经济协调发展情况

协调发展是经济高质量发展的重要要求。本报告通过当地需求结构、城乡结构、产业结构和政府债务负担来衡量一个地区经济发展的协调程度。从图3中可以看出,北京市需求结构一直处在合理水平,稳定在0.4~0.5。当地城乡结构的高低和产业结构与经济发展具有一致性。城乡结构高说明当地人民能够以低廉的成本,更加便捷地获得各类丰富的社会服务。北京市的城乡结构水平稳定在90%,走在全国前列,表明城镇化水平较高。产业结构是衡量一个地区经济发展水平的重要标志。产业结构的计算方法为第三产业占当地GDP的比重。从图3数据可以看出，2008～2020年北京市产业结构逐年提高，说明第三产业不断发展，并在完善市场关系、解决劳动力就业和提供社会服务等方面发挥了重要作用。

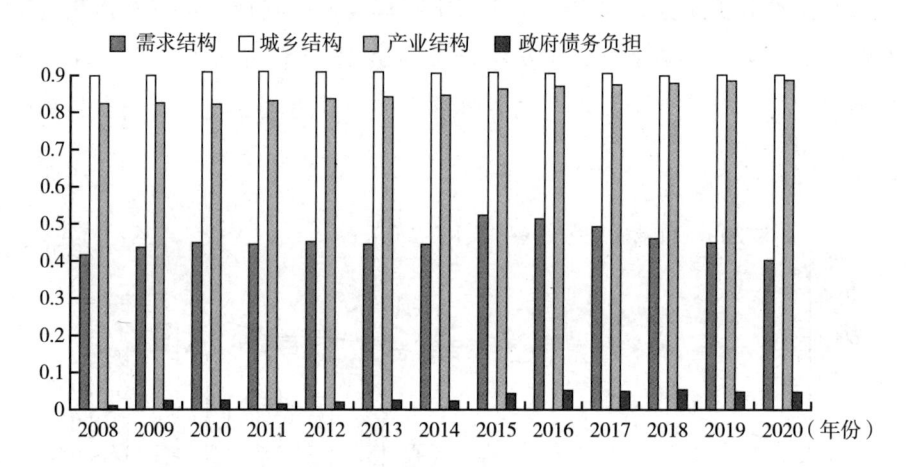

**图3 2008～2020年北京市经济协调发展指标情况**

资料来源：笔者计算整理所得。

### （三）经济绿色发展情况

"十三五"时期，新经济成为北京市产业转型升级的主阵地，经济绿色发展势头较好。能源强度指标可以反映一个地区一段时期内经济发展过程中能源消耗情况。城市绿化覆盖率是反映一个地区生态环境水平与当地居民生活质量的重要指标之一。同样，一个地区的污水处理情况对居民生活意义重大，污水处理率可以反映一个地区污水处理工作和处置设施的配套程度。从图4可以看出，2016～2020年北京市城市绿化与污水处理水平不断提高，呈现高位平稳运行态势。2020年北京市城市绿化覆盖率达到48.96%，较2019年提高0.46%。北京市切实落实"绿色"发展理念，继续落实环境污染防治要求，环境管理能力不断提高。2020年北京市污水处理率达到95.00%，居全国前列。从图5数据可知，北京市万元地区生产总值能耗逐年下降。2020年万元地区生产总值能耗为0.209，较2019年的0.23下降了9.13%，能耗下降效果显著。在2019年以后，北京市陆续颁布、推进、落实的一系列针对"高精尖"新兴产业的助推政策，有效地刺激了相关产业的创新发展，并且建立了较为坚实的先发优势，北京市"高精尖"产业发展进入提质增效新阶段。说明近两年来北京市在优化能源结构，调控能源总体结构和加快淘汰高能耗、低产出的企业方面取得突破性进展，以较低的能源消耗实现了高质量发展。

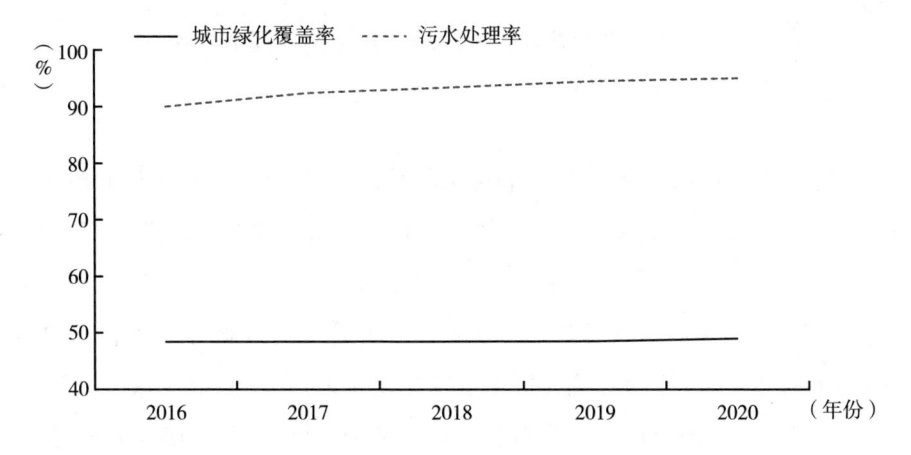

图4 2016~2020年北京市城市绿化覆盖率及污水处理率

资料来源：《北京市统计年鉴》。

## （四）经济开放发展情况

开放发展是实现经济高质量发展的必由之路，必须充分把握国家深化改革开放等政策，适应当前经济发展的新形势，加快构建开放发展新格局以实现经济高质量发展，充分发挥出我国市场、资源的优势，为经济发展注入不竭动力。进出口额是一个地区对外贸易总规模的指标。市场化进程指数可以反映地区产品、要素等经济要素的市场化程度。从图6中可以看出，北京市

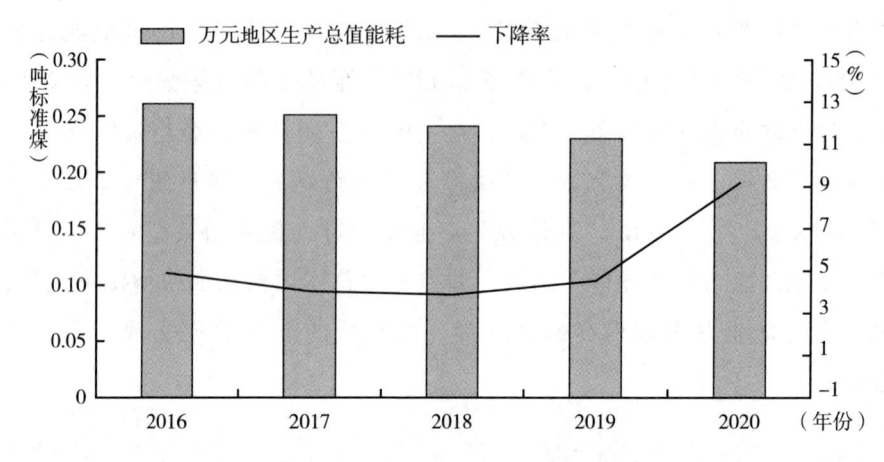

图 5 2016~2020 年北京市万元地区生产总值能耗及其下降率

资料来源：《北京市统计年鉴》。

市场进程"稳字当头"的同时，表现出较强的韧性。经历 2014 年的短暂调整后，北京市市场进程总得分总体快速提高。从图 7 数据可以看出，2016~2021 年北京地区进出口总额保持较好上升趋势，逐年提高，外贸运行稳中有进，呈现高位平稳运行态势。北京市 2021 年全年进口额同比增长 30.4%，进口总量接近 2.5 万亿元，高于同期全国增速 8.9 个百分点。北京市 2021 年全年出口额同比增长 31.2%，进口总量突破 6000 亿元，高于同期全国增速 10 个百分点。2021 年底，北京市印发了《"一带一路"高质量发展行动计划》，提出在未来几年，要以创新、共享、开放、绿色"一带一路"建设为重点，将北京市的经济发展融入"一带一路"总体目标上来。2021 年，北京市对"一带一路"参与国进出口总额达 1.61 万亿元，同比增长 37.3%。

### （五）经济共享发展情况

经济共享发展是落实北京市高质量发展的重要体现，也是新发展理念的具体要求。经济共享发展注重的是解决经济快速发展过程中的不均衡问题，以实现社会福利最大化。从经济现实发展需求看，坚持经济共享发展可以使经济成果更好地分流到人民群众手中，有助于兼顾经济发展和社会

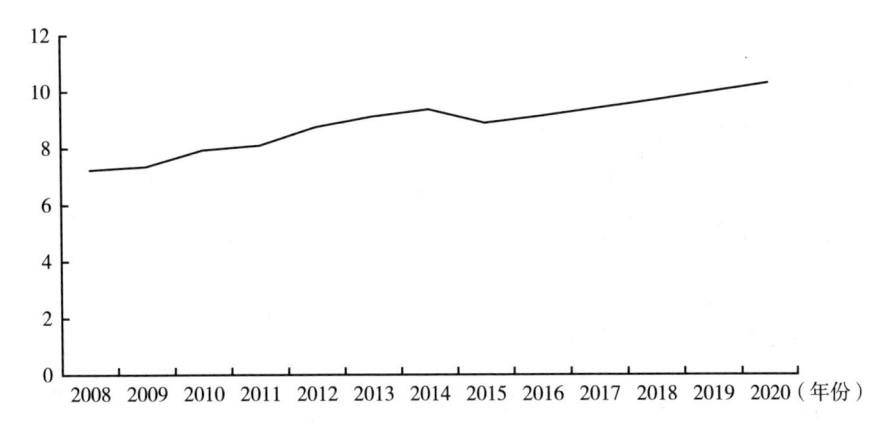

**图6　2008~2020年北京市场进程总得分**

资料来源：笔者计算所得。

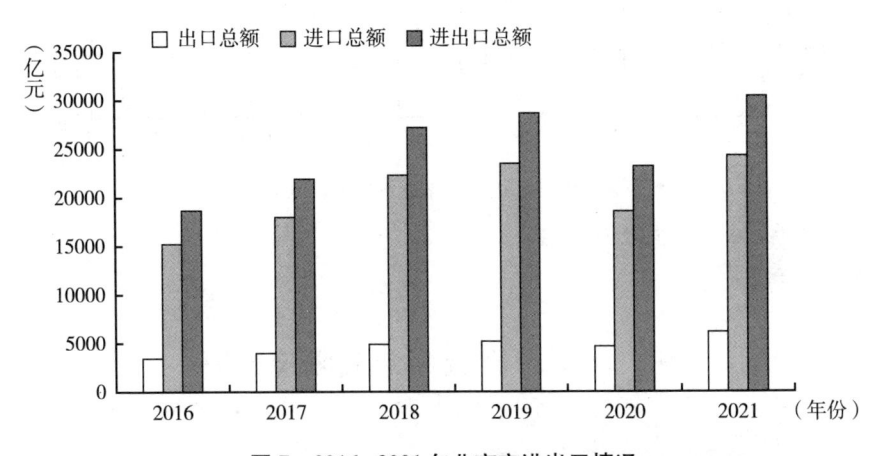

**图7　2016~2021年北京市进出口情况**

资料来源：《北京市统计年鉴》。

公平正义。党的十九大报告指出，要坚持在经济增长的同时实现居民收入同步增长。城乡人均消费支出可以体现居民的生活水平。从图8可以看出，2016~2021年北京市城镇居民人均消费支出和农村居民人均消费支出整体呈上涨态势。城乡消费差距系数逐年下降，已由2016年的2.2076下降至2021年的1.9842，说明北京市城乡消费差距正逐渐缩小，经济发展过程中的不均衡问题得到有效解决。从图9可以看出，在2016~2021年，北京市居民人均可支配收入增长率与北京市GDP增长率走势接近，并且在经历2016~2017年短暂下降调整后，北京市居民人均可支配收入增长率略高于GDP增长率，说明北京市经济增长和居民收入增长同步发展，经济共享发展效果显著。

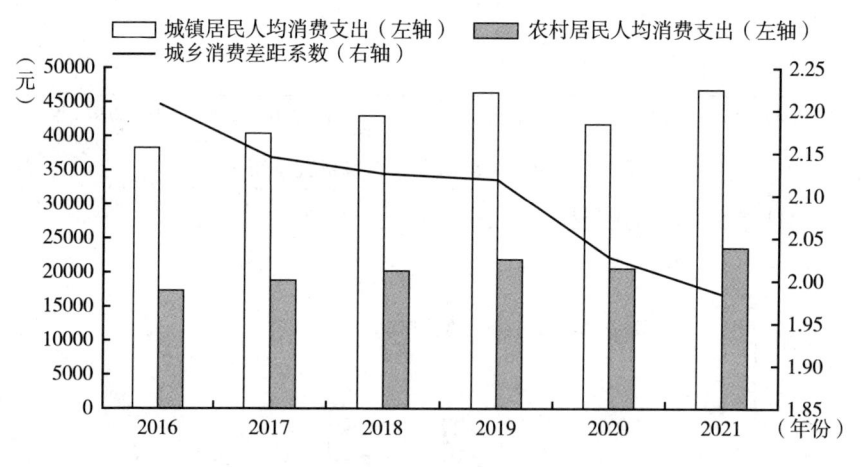

**图8　2016~2021年北京市城乡消费情况**

资料来源：《北京市统计年鉴》。

## 三　北京市区域性金融风险测算

### （一）金融风险指标体系建立

**1. 指标选择**

区域性金融风险具有一定的传导性。区域内不同金融资产在社会经济各部门间流动，金融风险由此形成。区域间的金融系统是一个动态的资金流通链。金融系统包括金融机构、金融中介、金融市场等微观主体。各个经济主体进行互相交易，彼此之间形成联系，一旦有某个参与主体经营出现问题，必然通过这个动态资金流通链传导蔓延，甚至引发全国的金融危机。

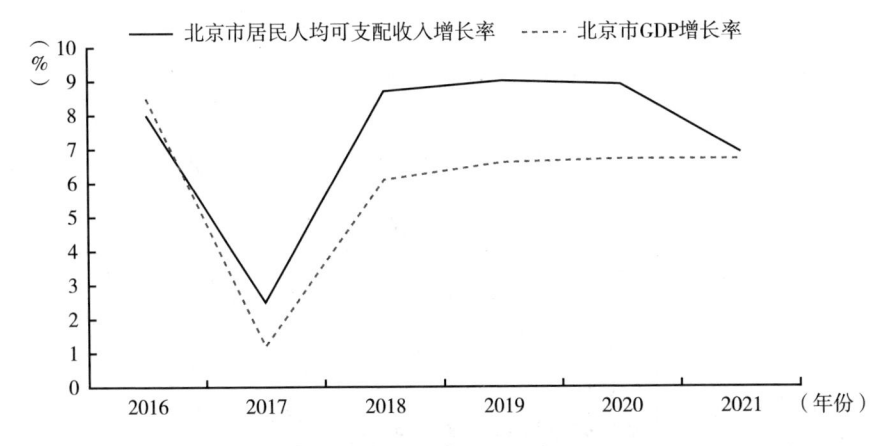

图 9　2016~2021 年北京市居民人均可支配收入增长率及 GDP 增长率

资料来源：《北京市统计年鉴》。

区域性金融风险的传播过程是一个双向传导的过程。如区域内某一个经济主体或者安全隐患在金融系统某一环节出现问题后，如果该问题不能被及时发现并通过合理的方法解决，便会随着传导路径在区域经济体系内部传播，催生"金融加速器"效应，最终形成区域性金融风险。鉴于此，本报告综合考虑北京市区域性金融发展特点，从五大方面来考察区域性金融安全的水平。区域性金融稳定传导机制如图 10 所示。

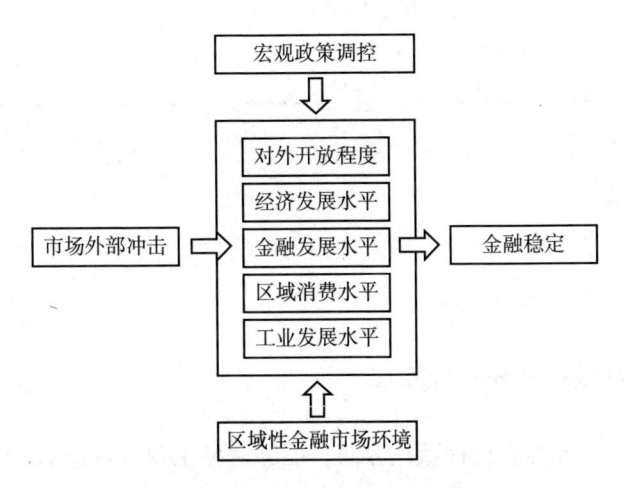

图 10　区域性金融稳定传导机制

本报告结合金融安全的内外部因素，从多个角度综合考虑，建立了包含5个一级指标18个二级指标的区域性金融风险评价体系，具体的分类见表4。

表4 区域性金融风险指标体系

| 一级指标 | 二级指标 | 指向性 |
| --- | --- | --- |
| 区域金融业指标 | 金融机构人民币存款余额（亿元） | + |
|  | 金融机构人民币贷款余额（亿元） | + |
|  | 金融机构外汇存款余额（亿元） | + |
|  | 金融机构外汇贷款余额（亿元） | + |
|  | 上证综合指数增长率（%） | + |
|  | 保费收入增长率（%） | + |
| 区域固定资产投资指标 | 全社会固定资产投资增长率（%） | + |
|  | 房地产开发投资完成总额增长率（%） | + |
| 区域宏观经济增长指标 | 区域GDP增长率（%） | + |
|  | 地方财政收入增长率（%） | + |
|  | 财政社会保障和就业支出增长率（%） | + |
|  | 工业增加值增长率（%） | + |
| 区域消费指标 | 居民消费价格指数 | − |
|  | 社会零售品总额增长率（%） | + |
|  | 商品房销售额增长率（%） | + |
| 区与外部环境指标 | M2供应量同比增长率（%） | + |
|  | 进出口总额增长率（%） | + |
|  | 实际有效汇率指数（%） | − |

**2. 数据来源**

本报告数据主要来源于中国人民银行的官网、《中国统计年鉴》、《北京市统计年鉴》和Wind数据库。

**（二）数据处理与指标赋权**

熵值法是一种客观指标赋权方法，能够避免主观因素影响，使评价结果更具客观合理性。本报告拟采用熵值法对指标赋权。为体现指数的时间趋势，公式加入时间变量。

为保证最终测算结果的科学性和严谨性，对数据进行无量纲化处理，如公式（1）和式（2）所示。首先设有 $a$ 个年份，$m$ 个城市，$n$ 个指标，则 $x_{\tau ij}$ 指第 $\tau$ 年 $i$ 城市的第 $j$ 个指标值。

$$x_{\tau ij}^* = \frac{(x_{\tau ij} - x_{\min})}{(x_{\max} - x_{\min})} \tag{1}$$

$$x_{\tau ij}^* = \frac{(x_{\max} - x_{\tau ij})}{(x_{\max} - x_{\min})} \tag{2}$$

接下来，利用熵值法对各指标赋予权重：首先计算 $i$ 地区第 $j$ 项指标的贡献度，接着计算出该项指标的熵值，最后求出第 $j$ 项指标信息效用值和权重，计算过程如公式（3）~（6）所示。

$$p_{\tau ij} = \frac{x_{\tau ij}^*}{\sum_\tau \sum_i \tau ij} \tag{3}$$

$$E_j = -k \sum_\tau \sum_i p_{\tau ij} \ln p_{\tau ij}, k = \frac{1}{\ln am} \tag{4}$$

$$e_j = 1 - E_j \tag{5}$$

$$w_j = \frac{e_j}{\sum_j^n e_j} \tag{6}$$

计算得出区域金融安全的综合评价指数，如公式（7）。

$$Z_{\tau i} = \sum_{j=1}^n w_j \times x_{\tau ij}^* \tag{7}$$

## （三）区域性金融风险测度结果分析

通过构建区域性金融风险测度指标，识别北京市金融风险状态。本报告利用熵值法对指标赋权，计算出2008~2020年北京金融风险得分（见图11）。

如图11所示，从时间趋势来看，北京市金融风险总体得到改善。自

227

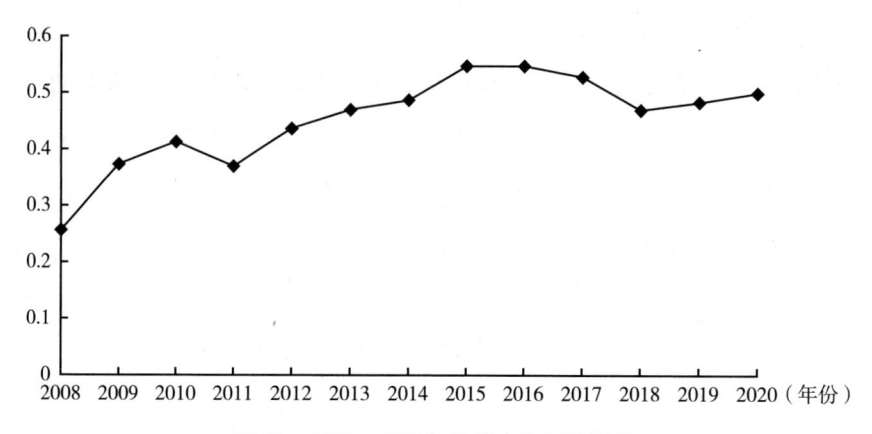

图 11　2008~2020 年北京金融风险得分

注：得分越高表示越安全。

2008年以后，北京市金融风险得分呈现波浪式上升态势。在2011年出现短暂下降，随后逐渐回暖，2016年金融风险得分上升至0.54。但之后经历了2年的金融风险得分连续下降，在2018年金融风险得分回落至0.46，随后两年金融风险得分再次提高，于2020年回升至0.5。北京市金融风险得分稳中有升的态势，说明北京市的金融安全程度不断提高，区域性金融风险得到有效化解，但仍存在较大改进空间。

为更好地考察北京市近些年来金融风险状况，本报告延续北京市金融风险指数构建思路，选取了同为直辖市且金融产业较为发达的上海市作为对比。2008~2020年北京与上海金融风险得分如图12所示。

首先，从时间趋势来看，自2008年以后，两市的金融风险得分稳中有升，金融风险得到明显改善。在2016年之前，上海市金融风险得分落后于北京。2014~2016年，上海市金融风险得分大幅提升，于2016年首次超过北京，在出现短暂的下降后，金融风险得分又得到大幅提升。相比较而言，北京的金融风险得分增长速度较慢，在2016年得分到达高点后，经历了两年的下降，与上海的差距逐渐拉大，于2018年才出现缓慢上升趋势。这些差异表明，与上海市相比，在外部风险加剧的情况下，北京金融风险仍存在较大隐患，应稳步推进金融风险防范工作和地区金融监管，规范金融市场秩序。

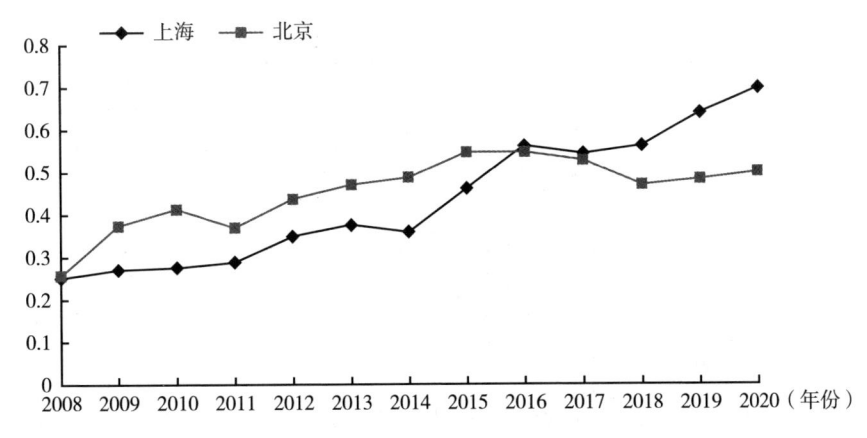

图 12 2008~2020 年北京与上海金融风险得分

注：得分越高表示越安全。

## 四 北京金融安全与经济高质量发展耦合效应分析

经济发展在实现向高质量发展转变的过程中，需要把握好发展与风险两者之间的关系。北京金融安全发展与经济高质量发展相辅相成，在促进资源配置中发挥了巨大作用。本报告通过对北京市金融安全与经济高质量发展水平的测算及其耦合协调关系的研究，探究北京市金融安全与经济高质量发展之间的协同关系和影响效应，有利于促进两者协调发展，对维护北京地区金融稳定发展、构建新发展格局具有重要的现实意义。

### （一）评价指标与模型构建

#### 1. 经济高质量发展综合评价指标体系构建

经济系统的内部特征往往无法通过单一指标得到完整体现，金融安全与经济高质量发展的测算方式应满足多维度的要求。搭建综合评价指标体系可以保证测算结果的科学性和有效性。金融安全延续区域性金融风险评价体系，基于新经济发展理论，从 5 个维度选取了 20 个二级指标，构建了经济高质量发展综合评价指标体系如表 5 所示。

表 5　经济高质量发展综合评价指标体系

| 一级指标 | 二级指标 | 指向性 |
| --- | --- | --- |
| 经济创新发展 | 地区GDP增长率(%) | + |
|  | 研发投入强度(%) | + |
|  | 投资效率 | + |
|  | 技术交易活跃率(%) | + |
| 经济协调发展 | 需求结构 | + |
|  | 城乡结构 | + |
|  | 产业结构 | - |
|  | 政府债务负担 | - |
| 经济绿色发展 | 森林覆盖率(%) | + |
|  | 单位产出的废气 | - |
|  | 单位产出的废水 | - |
|  | 单位GDP能源消耗量 | - |
| 经济开放发展 | 对外贸易依存度 | + |
|  | 外商投资比重 | + |
|  | 金融发展程度 | + |
|  | 市场化进程总得分 | + |
| 经济共享发展 | 劳动者报酬比重 | + |
|  | 居民收入增长弹性 | + |
|  | 消费城乡差距 | - |
|  | 民主性财政支出比重 | + |

资料来源:《北京统计年鉴》。

## 2. 评价方法——耦合协调度模型

金融安全与经济高质量发展密切相关,金融的安全发展与经济高质量发展相互促进。为探究金融安全与经济高质量发展的协调程度,本报告通过构建耦合协调度模型,考察金融安全发展与经济高质量发展两者之间的协同关系。其中(8)式为耦合度模型公式,(9)式为协调度模型公式。$C$ 表示耦合度,$T$ 表示金融安全与经济高质量发展的协调指数,$D$ 表示耦合协调度,$\alpha$ 为金融安全的贡献系数,$\beta$ 为经济高质量发展的贡献系数。因为金融安全和经济高质量发展地位相当,因此假定 $\alpha=\beta=0.5$。

$$C = \left[\frac{Z_1 \times Z_2}{\left[\frac{Z_1+Z_2}{2}\right]}\right]^{\frac{1}{2}} = 2\frac{\sqrt{Z_1 \times Z_2}}{Z_1+Z_2} \quad (8)$$

$$D = \sqrt{C \times T}, T = \alpha Z_1 + \beta Z_2 \quad (9)$$

结合相关研究,划分耦合协调度为10个等级(见表6)。

表6 耦合协调等级划分

| 取值范围 | 耦合协调等级 | 取值范围 | 耦合协调等级 |
| --- | --- | --- | --- |
| 0.000~0.099 | 极度失调 | 0.500~0.599 | 勉强协调 |
| 0.100~0.199 | 严重失调 | 0.600~0.699 | 初级协调 |
| 0.200~0.299 | 中度失调 | 0.700~0.799 | 中级协调 |
| 0.300~0.399 | 轻度失调 | 0.800~0.899 | 良好协调 |
| 0.400~0.499 | 濒临失调 | 0.900~1.000 | 优质协调 |

## (二)北京金融安全与经济高质量发展耦合协调测度结果分析

### 1. 各指标权重计算结果

金融安全与经济高质量发展指标体系及各项指标权重如表7所示。根据熵值法的原理,权重系数越大,说明该项指标对系统内部影响程度越高。从表7中可以看出,在金融安全体系中,金融机构外汇存款余额的权重系数为22.34,是该系统中18个指标中对金融安全体系影响程度最高的;其次是金融机构外汇贷款余额,它的权重为18.60;货币和准货币(M2)供应量同比增长率和金融机构人民币各项存款余额权重分别为10.69和9.80。这些数据表明以上四个方面与北京市金融安全情况高度相关,在维护北京金融安全、降低金融风险的过程中,应充分考虑这四方面所产生的影响。从经济高质量发展体系中可以看出,对外贸易依存度是经济高质量发展体系中影响程度最高的,权重系数为19.25;其次是技术交易活跃率和外商投资比重,权

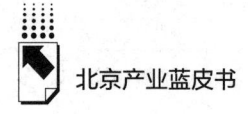

重分别为15.46和14.71，说明以上三个方面对经济高质量发展的影响程度较高，在经济发展过程中应适当考虑这三个方面在经济高质量发展转型过程中所发挥的作用。

2. 耦合协调度计算结果

整体来看，北京市金融安全和经济高质量发展水平呈上升趋势；其中，金融安全综合得分提升最为明显，2008~2020年，金融安全综合得分提高了95%。经济高质量发展综合得分水平在2016年出现拐点。自党的十九大首次提出我国经济发展向高质量发展转变后，北京市经济高质量发展综合

表7 金融安全与经济高质量发展指标体系及各项指标权重

| 系统 | 一级指标 | 二级指标 | 权重系数 w |
| --- | --- | --- | --- |
| 金融安全体系 | 区域金融业指标 | 人民币各项存款余额(亿元) | 9.80 |
| | | 人民币各项贷款余额(亿元) | 8.98 |
| | | 外汇存款余额(亿元) | 22.34 |
| | | 外汇贷款余额(亿元) | 18.60 |
| | | 上证综合指数增长率 | 3.80 |
| | 区域固定资产投资指标 | 保费收入增速 | 1.95 |
| | | 全社会固定资产投资总额(亿元) | 8.24 |
| | 区域宏观经济增长指标 | 房地产开发投资额增速 | 1.65 |
| | | 区域GDP增长率(%) | 0.75 |
| | | 地方财政社会保障和就业支出增长率(%) | 1.13 |
| | | 财政收入增速 | 0.93 |
| | 区域消费指标 | 工业增加值增速(%) | 0.77 |
| | | 社会消费品零售总额增速 | 0.45 |
| | | 商品房销售额增速 | 1.43 |
| | 区域外部环境指标 | 居民消费价格指数 | 0.80 |
| | | 货币和准货币(M2)供应量同比增长率(%) | 10.69 |
| | | 进出口总额增长率 | 1.69 |
| | | 实际有效汇率指数(2010=100) | 6.01 |

续表

| 系统 | 一级指标 | 二级指标 | 权重系数 w |
|---|---|---|---|
| 经济高质量发展体系 | 创新发展 | 地区 GDP 增长率 | 1.22 |
| | | 研发投入强度 | 7.35 |
| | | 投资效率 | 0.12 |
| | | 技术交易活跃率 | 15.46 |
| | 协调发展 | 需求结构 | 2.96 |
| | | 城乡结构 | 3.76 |
| | | 产业结构 | 4.91 |
| | | 政府债务负担 | 1.14 |
| | 绿色发展 | 森林覆盖率(%) | 9.13 |
| | | 单位 GDP 能耗 | 0.57 |
| | | 单位产出的废水 | 0.55 |
| | | 单位产出的废气 | 0.76 |
| | 开放发展 | 对外贸易依存度 | 19.25 |
| | | 外商投资比重 | 14.71 |
| | | 市场化进程总得分 | 1.91 |
| | | 金融发展程度 | 3.64 |
| | 共享发展 | 劳动者报酬比重 | 3.89 |
| | | 居民收入增长弹性 | 5.38 |
| | | 消费城乡差距 | 1.16 |
| | | 民生性财政支出比重 | 2.12 |

得分水平在2017年得到明显提升，2016~2020年，经济高质量发展综合水平提高了10%。这说明在党的经济方针正确指导下，北京地区高质量发展取得了显著成效。

表8是2008~2020年北京市金融安全与经济高质量发展耦合协调度计算结果。从时间趋势来看，2008~2020年北京市金融安全与经济高质量发展耦合协调度基本呈上升趋势，2008年耦合协调度为0.717，协调等级为中级协调。2020年耦合协调度为0.858，协调等级为良好协调，2008~2020年耦合协调度提高了19.7%。

表8 2008~2020年北京市金融安全与经济高质量发展耦合协调度

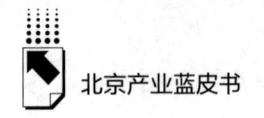

| 地区 | 年份 | 耦合协调度D值 | 协调等级 | 耦合协调程度 |
|---|---|---|---|---|
| 北京 | 2008 | 0.717 | 8 | 中级协调 |
| | 2009 | 0.805 | 9 | 良好协调 |
| | 2010 | 0.813 | 9 | 良好协调 |
| | 2011 | 0.794 | 8 | 中级协调 |
| | 2012 | 0.828 | 9 | 良好协调 |
| | 2013 | 0.844 | 9 | 良好协调 |
| | 2014 | 0.852 | 9 | 良好协调 |
| | 2015 | 0.871 | 9 | 良好协调 |
| | 2016 | 0.853 | 9 | 良好协调 |
| | 2017 | 0.871 | 9 | 良好协调 |
| | 2018 | 0.854 | 9 | 良好协调 |
| | 2019 | 0.864 | 9 | 良好协调 |
| | 2020 | 0.858 | 9 | 良好协调 |

从图13可以看出北京市金融安全与经济高质量发展耦合协调度。2008~2010年，耦合协调水平快速提高，2011年虽经历短暂下降，之后又迎来5年的持续性提高，耦合协调程度也一直保持在良好协调水平。2015年之后，耦合协调度在高位起伏调整。目前国际形势严峻，安全发展是高质量发展过程中的必然要求。随着近些年来经济下行压力浮现，在外部风险加剧和内生性金融风险累积的情况下，北京市政府不断完善金融生态体系，持续推进金融供给侧结构性改革，不断强化金融监管，不仅能够有效降低金融风险，还能提升经济高质量发展水平。

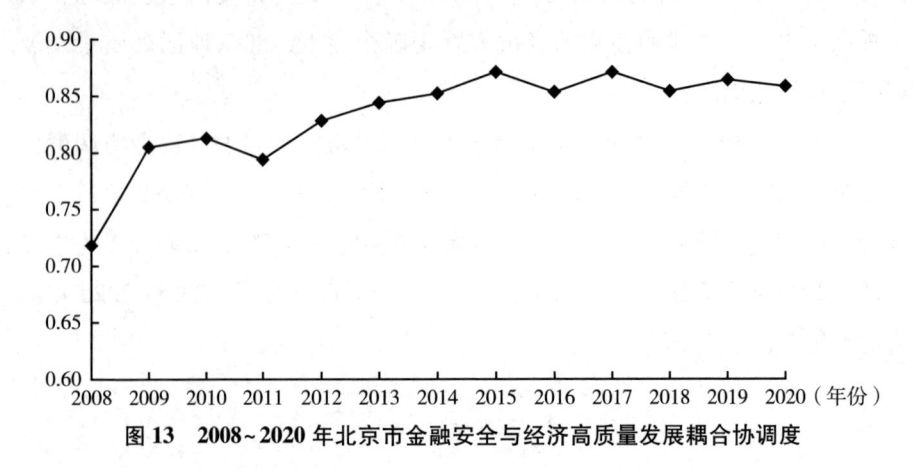

图13 2008~2020年北京市金融安全与经济高质量发展耦合协调度

## 五 防范化解北京区域性金融风险的对策建议

### (一)建设符合北京特点的常态化风险预警机制

建设北京常态化风险预警体系,实现对北京市金融风险的早发现、早预警、早处置。利用当前快速发展的大数据、云计算等技术,结合北京市金融发展规律与特点,制定符合北京特色的预警指标体系,并搭建金融风险监测数据库,定期采集交流相关数据,真正实现对北京市金融发展情况的实时监测,防范金融风险的发生。

### (二)应对区域经济冲击与信贷风险,须因类施策与综合治理并举

结合北京市金融发展情况,制定适合本区域的金融发展的监管准则,要做到因类施策与综合治理并举。在金融风险传导过程分析中,我们发现从区域性金融安全的角度来看,不同行业、不同市场的交叉感染是区域性金融风险预防的重点。由于经济下行、区域经济冲击和信贷风险等对金融风险的交叉与传导有明显的增强效应,各监管机构要及时进行沟通协调,真正做到同一金融业务下各家监管机构监管准则的统一,增强监管的协调性,减少监管真空、监管重复现象,提高金融监管效率,从源头上减少金融机构监管套利行为,不断探索与完善金融监管准则。因此,就需要有针对性地因点施策,采取防范处置措施,加强对金融资源在不同行业、不同机构合理有效分配的能力。

### (三)加强对地方政府债务的管理

#### 1.建立政府债务风险预警机制,完善北京市政府债务评价指标体系

将债务存量、财政收入水平、税收水平与政府债务风险等纳入财政的重点考核范围,有针对性地确定政府新增债务限额,对北京市的各区加强预警管理,一旦发现债务率等指标超出安全水平,立刻追踪警告,做好债务风险

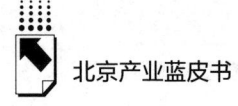

违约责任追究工作。制定出北京市债务危机应急处理预案，维护金融安全。

2.规范政府举债行为，创新政府融资模式

在财政资金方面给予北京市政府一定的支持，鼓励政府创新融资方式，同时加强对政府融资渠道的监督，保证举债程序符合规定。同时可借助社会资本与民间资本的力量来完善发展公共服务和基础设施建设领域，增加政府和社会资本合作的融资规模，盘活社会资本，健全项目管理和考核机制。

### （四）优化经济发展模式，以经济高质量发展化解金融风险

目前，国际形势波云诡谲，低质量、同质化的经济发展模式会导致金融发展趋同化，单一化的金融发展模式加速了金融风险因素的聚集。经济高质量发展是实现区域性金融安全的保障，要做好重大金融风险防范化解工作，应当优化经济发展模式，向新经济发展理念提出的方向努力。在实现高质量发展的过程中需权衡发展与安全两者之间的关系，安全是高质量发展的前提。金融稳定发展在促进北京地区经济高质量发展、防范化解金融风险等方面发挥了巨大作用。

**参考文献**

刘哲希等：《外债规模、政府债务风险与经济增长》，《财经研究》2022年第6期。

沈丽、刘媛、李文君：《中国地方金融风险空间关联网络及区域传染效应：2009~2016》，《管理评论》2019年第8期。

丁述军等：《区域金融风险部门间传染机理与实证分析》，《经济经纬》2019年第3期。

李凯风、李星：《债务风险水平的识别及对区域金融风险的影响——基于熵权TOPSIS法和综合模糊评价法》，《上海金融》2019年第3期。

王擎、刘军、金致雯：《区域性金融风险与区域经济增长的相关性分析》，《改革》2018年第5期。

金碚：《关于"高质量发展"的经济学研究》，《中国工业经济》2018年第4期。

国家发展改革委经济研究所课题组：《推动经济高质量发展研究》，《宏观经济研究》2019年第2期。

刘凤根、廖昭君、张敏：《中国区域金融风险的空间分布及演化特征研究》，《云南财经大学学报》2022年第4期。

# B.12
# 北京产融结合发展研究

李孟刚　高林安　张欣月*

**摘　要：** 近年来，随着大量企业完成了最初的资本积累，开始走上产业升级、战略转型的产融结合之路。产融结合在分散企业投资风险、助推经济发展方式转型升级、缓解融资约束、降低成本等方面发挥了积极的作用。但是部分实体企业利用设立或控股金融机构的方式获取不正当利益，不仅影响经济健康发展，也给金融稳定带来了风险和隐患。因此，产业和金融的适度结合是北京乃至我国经济发展的关键。本报告对我国产融结合背景与模式进行了概括，并对2012~2021年北京市产融结合现状由融到产和由产到融两个模式分别进行了数据收集和对比分析。同时，对产融结合中存在的供应链金融、金融科技创新和监管方面的问题提出了相应的建议。

**关键词：** 产融结合　供应链金融　金融科技　监管

## 一　我国产融结合背景与模式

### （一）我国产融结合发展背景

产融结合就是产业金融一体化，是指产业资本与金融资本在经济运行中

---

\* 李孟刚，北京交通大学经济管理学院教授，博士生导师，研究方向为国家经济安全、产业安全；高林安，北京交通大学经济管理学院博士研究生，研究方向为产业安全；张欣月，北京交通大学金融硕士，研究方向为公司金融。

为了共同的发展战略目标、提高整体经营效益,通过参股、持股、控股和人事参与等方式进行的内在结合或融合。通过观察这两种资本的承载主体,产业资本多指非金融企业拥有及控制的以货币或实体形式表现出的资本;金融资本是指财务公司、银行、证券、信托、融资租赁等金融企业拥有或控制的以货币或虚拟形式表现出的资本,由信用货币、现代银行、股票和衍生证券等构成的金融市场,是西方产业革命成功的一个关键因素。而产业公司进行适当的"金融运作"有利于其更好地聚集和配置资源,防范风险,增强竞争力。广义的产融结合包括产业运用金融工具和服务,而严格意义上的产融结合,是指产业与金融业务的融合,即一个企业同时做产业和金融业务。不过,产融结合如果管理不当,也会出现不少问题和风险,尤其是对于国民经济重要支柱的央企来说,不仅要从自身角度考虑,还要考虑经济发展大局。

我国产融结合迅速发展可能有以下几点原因:一是传统金融机构对实体经济服务不到位。二是中小微企业面临"融资难""融资贵"的问题,存在较大贷款需求。中小微企业在我国经济发展中占据了全国60%的GDP,但与之不匹配的是中小微企业货款余额仅占总货款余额的20%左右,约90%的中小微企业未与银行发生过借贷关系。三是政府在对实体企业进入金融的监管比较宽松,产业集团进入壁垒较低。

产融结合作为国家调整资源在金融部门与产业间配置的一项重要产业政策,传递了经济资源配置失衡信号,对包括创新研发等在内的企业行为具有重要影响,甚至有助于改善我国企业研发结构失衡现状。产融结合在我国的初步实践,最早可以追溯到1987年5月东风汽车工业财务公司的成立。1992年,以首都钢铁公司为母体成立的华夏银行,标志着企业集团进行产融结合的实践正式拉开帷幕。由于我国监管部门对商业银行等金融机构投资控股实业的明文限制,我国产融结合的唯一模式为"由产到融"。2004年的"德隆事件"成为产业资本掏空金融资本的经典案例。2006年,《中央企业投资监督管理办法》的出台,明确规定了央企在境内的产权收购及投资均要上报国资委,并对央企重组划定了"三条红线",严禁企业违规使用银行

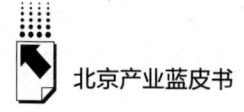

信贷资产投资金融、证券、房地产和保险等项目。产融结合因此进入沉寂期。2008年后，面对中国企业"走出去"的需要，产融结合重新兴起。2009年，中石油先后收购克拉玛依市商业银行和宁波金港信托，随后，8家大型国有企业入股光大银行。

不过伴随着形势发展，中国的金融管制近年来明显转向宽松。目前除券商外，中国已基本放开银行对信托、保险、基金、租赁、资产管理等业务的牌照限制。近年来随着政策层的放开，我国的产融结合中金融投资产业的占比逐渐增加。经过多年的探索和发展，目前我国的产融结合主要集中在如下五种形式：上市公司参股证券公司、企业集团创设财务公司、金融资产管理公司政策性及商业性债转股、商业银行阶段性持有贷款企业股权或实物资产、企业参股新兴商业银行。近年来许多实业企业通过持有金融机构股份而进入金融领域。其他实体企业也开始利用产业链上下游的资源和场景开展供应链金融，例如京东、红星美凯龙和苏宁。与此同时，商业银行设立金融科技子公司，保险公司投资实体企业，体现了金融机构也在加大对实体产业和企业的金融投资和控制。因此，产融结合成为近年来学术界热烈探讨的话题。国内外已有一些实证研究通过比较产融结合前后的企业绩效探讨了产融结合的有效性，或通过分析产融结合对企业投融资的影响探讨其经济后果。

对我国目前产融结合部分政策的发展变化进行梳理（见表1），以更好地理解未来产融结合的发展方向。

表1 我国产融结合部分政策

| 发布时间 | 发布单位 | 政策名称 |
| --- | --- | --- |
| 2021年12月 | 工信部、人民银行、银保监会、证监会 | 《关于加强产融合作推动工业绿色发展的指导意见》 |
| 2019年4月 | 国务院国资委 | 《中央企业负责人经营业绩考核办法》 |
| 2019年2月 | 中共中央办公厅、国务院办公厅 | 《关于加强金融服务民营企业的若干建议》 |

续表

| 发布时间 | 发布单位 | 政策名称 |
|---|---|---|
| 2018年7月 | 中共中央办公厅、国务院办公厅 | 《关于完善国有资本管理的指导意见》 |
| 2017年3月 | 人民银行、工信部、银监会、保监会、证监会 | 《关于金融支持制造强国建设的指导意见》 |
| 2017年1月 | 国务院国资委 | 《中央企业投资监督管理办法》 |
| 2016年7月 | 工信部、人民银行、银监会、保监会、证监会 | 《关于组织申报产融合作试点城市的通知》 |
| 2016年5月 | 国务院 | 《关于深化制造业与互联网融合发展的指导意见》 |
| 2016年4月 | 银监会 | 《关于支持银行业金融机构加大创新力度 开展科创企业投贷联动试点的指导意见》 |
| 2016年3月 | 工信部、人民银行、银监会 | 《加强信息共享促进产融合作行动方案》 |
| 2016年2月 | 工信部、人民银行、银监会、证监会、保监会、发改委、财政部、商务部 | 《关于金融支持工业稳增长调结构增效益的若干意见》 |
| 2015年12月 | 国务院 | 《关于推进农村一二三产业融合发展的指导意见》 |
| 2015年5月 | 国务院 | 《中国制造2025》 |
| 2014年10月 | 国务院 | 《关于加快科技服务业发展的若干意见》 |

## （二）产融结合模式

从世界范围来看，产融结合大体上可以分为"由融到产"和"由产到融"两种模式。"由融到产"的产融结合路径是指金融企业向工商企业持股。金融资本对产业资本有两类渠道可以加以管控：一类是借助证券包销、股票交易等手段达到实际控制，另一类是直接购入公司股份，通过增持公司股份的方式来达到控股的目的。"由产到融"的模式是指工商企业向金融企业持股。金融企业包括财务公司、银行、证券、信托、融资租赁等多种业态。产业资本大举涉猎金融业起步于20世纪90年代末，以中央企业为代表，包括华能、中粮、宝钢等集团。由于规模的持续扩大，企业集团内部所属企业间的结算、存贷款、投融资需求越来越旺盛，以财务公司为主体进行产融结合具有很大的代表性。当下，国内银行不能入股工商企业等相关法规限制，导致金融资本很难为主体来融合产业资本，因此如今以中央企业为代表的规模较大的企业集团的发展模式以产业集团从事金融业务为主，即"由产到融"，这已成为一种符合中国国情的典型模式。

## 二 北京市产融结合总体现状

### （一）北京市产融结合总体规模

2021年北京市"由融到产"模式下产融结合规模分别为证券融资发行99只，融资总额为2264.11亿元（见图1）；债券融资发行950只，融资总额为13070.66亿元；企（事）业单位贷款总额为65277.68亿元；融资租赁企业共计256家。在"由产到融"模式下，2021年北京共有22家上市金融业公司，其前十大股东或实际控制人为实体企业的共计67家。根据北京的上市公司股权参控明细，被参股控股公司的主营金融业务，且该

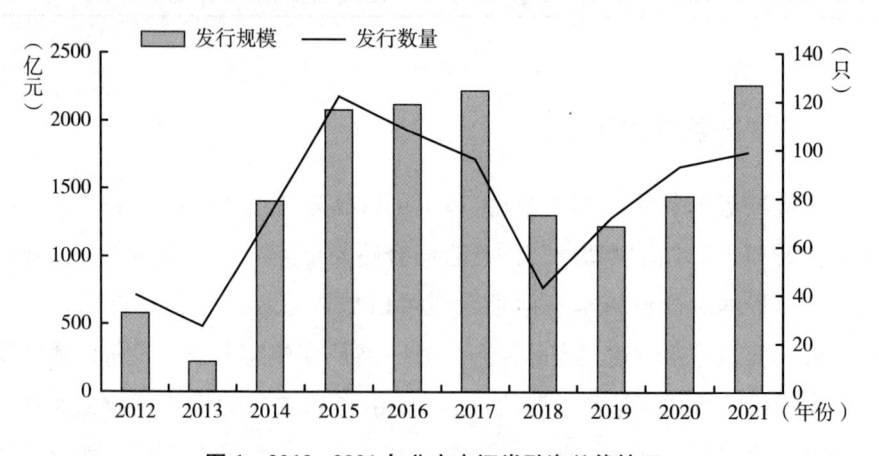

**图1 2012~2021年北京市证券融资总体情况**

资料来源：Wind数据库。

公司非金融业总计759家，上市母公司总计196家。根据北京上市公司交叉持股数据，共有10家非金融业上市公司持股明细中包含金融业的上市公司。

### （二）北京市"由融到产"模式发展现状

北京市"由融到产"模式的产融结合发展主要由证券融资、债券融资、企事业单位贷款和融资租赁构成。由于本节主要研究产融结合下"由融到产"的路径，也就是金融业怎么支持实体产业，因此对数据进行处理，删去金融业的证券融资。

**1. 证券融资**

北京市在2012~2021年共发行773只证券进行融资，融资总额为14858.48亿元，并逐年呈现波浪式变化。2012年，北京市除金融业外，各产业总计发行40只证券进行融资，规模达578.85亿元，在2013年下降到最低值222.62亿元，仅发行27只证券。此后，北京市证券融资规模迎来爆发式增长，由2014年的1404.54亿元增长至2017年的2219.73亿元，但发行数量也从73个增长至2015年的峰值122只后，持续回落，并在2018年达到另一低值。2018~2020年证券发行数量逐年上升，但此时证券发行规模却出现下降态势，并在3年间围绕1300亿元波动。2021年，北京证券融资重回2000亿元大关，并创出历史新高，达到2264.11亿元，总计发行99只证券。具体来说，从数量上，北京市各产业增发股票融资占主要地位，几乎与整体发行数量的变化趋势相同，从2012年的16只逐年增长至2015年的91只的峰值。首发股票数量从2019年开始呈现飞速增长态势，从27只增长至2021年的39只（见图2）。从规模上，增发股票总规模与证券发行规模高度相似，在2016年达到1895.49亿元的峰值后持续回落，并在2021年重新超过1000亿元，达到1191.95亿元。首发股票融资金额也达到了993.55亿元，创下历史新高（见图3）。

分行业看，北京市制造业证券融资以293只证券发行数量和5741.95亿元规模位列第一。排名第二的是信息传输、软件和信息技术服务业，

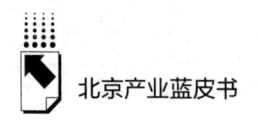

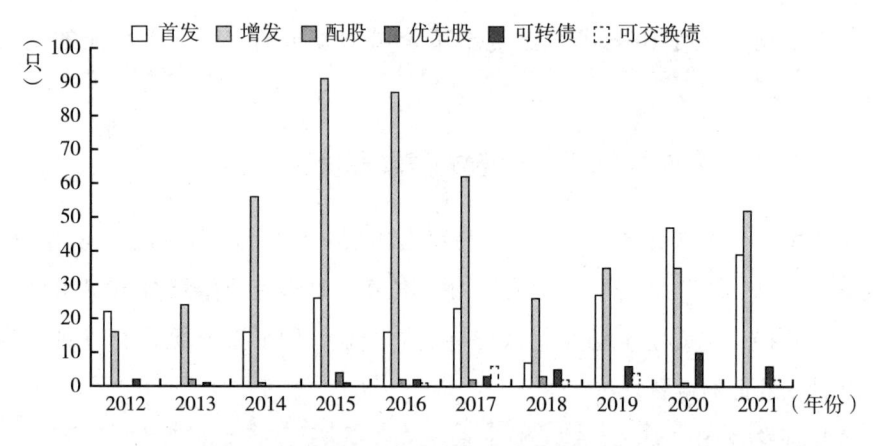

**图 2　2012~2021 年北京市证券融资数量明细**

资料来源：Wind 数据库。

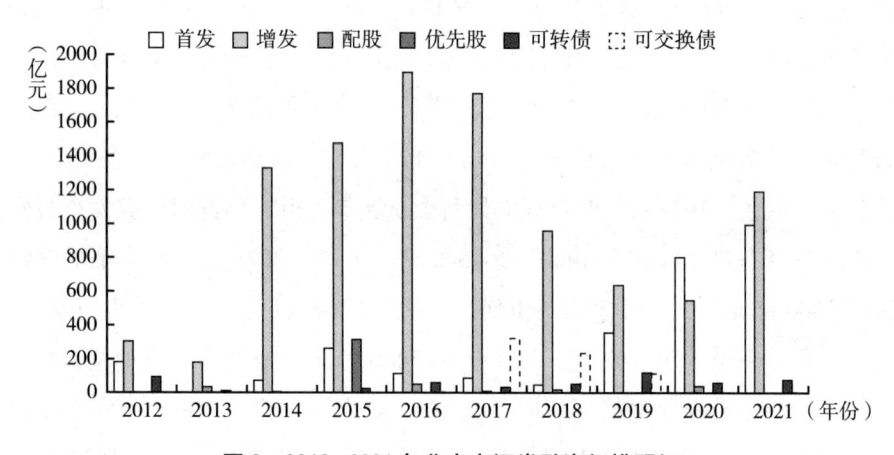

**图 3　2012~2021 年北京市证券融资规模明细**

资料来源：Wind 数据库。

发行数量为 223 只证券，规模为 2777.98 亿元。电力、热力、燃气及水生产和供应业是第三个总规模超过 2000 亿元的行业，金额为 2061.98 亿元，但其仅发行了 37 只证券，落后于建筑业的 41 只证券排名第四，后者发行规模为 1534.76 亿元。其他行业规模均未超过 1000 亿元，发行数量也均未超过50只证券,其中农、林、牧、渔业,居民服务、修理和其他服务业规模最小,均未超过10亿元,仅为9.76亿元和2.60亿元(见图4、图5)。

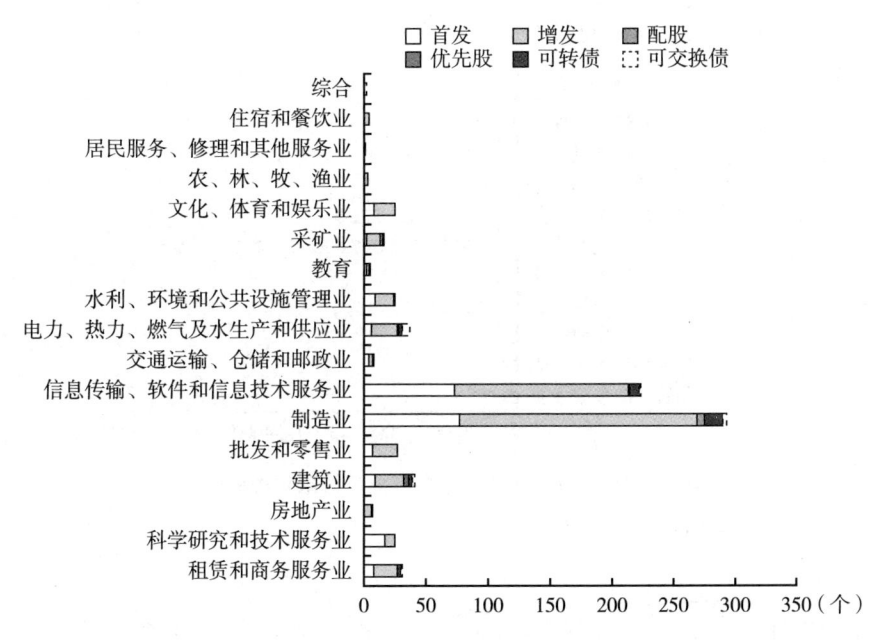

**图4 2012~2021年北京市各行业证券融资数量明细**

资料来源:Wind数据库。

**2.债券融资**

2012~2021年,北京市债券融资(除金融业外)发行数量总体呈现上升趋势,仅2014~2015年有小幅下滑。北京市债券融资发行总额从2012年的751亿元增长至2021年的13070.66亿元,增长超过16倍。其中2017~2019年增长最为迅速,2018年发行总额增长超两倍,从2017年的1324.99亿元增长到2806.21亿元;2019年更是增长超5600亿元,达到8414.70亿元。北京市债券融资发行数量则一直呈现上升趋势,从2012年的17只债券发行数量上升至2021年的950只,增长超过45倍(见图6)。

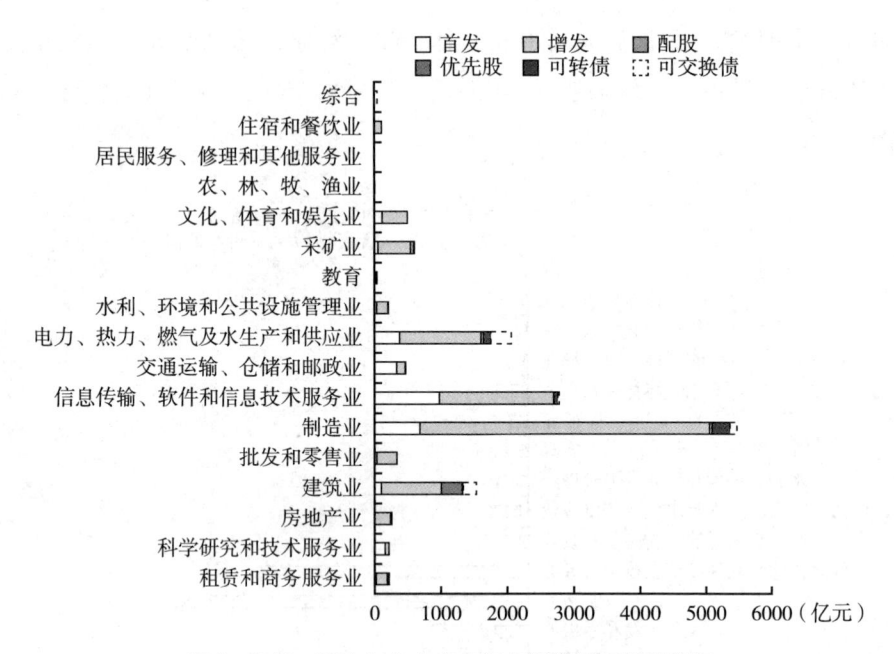

**图 5　2012~2021 年北京市各行业证券融资规模明细**

资料来源：Wind 数据库。

**图 6　2012~2021 年北京市债券融资总体情况**

资料来源：Wind 数据库。

从行业看，电力、热力、燃气及水生产和供应业是唯一一个债券融资规模超过 10000 亿元的行业，达到 10808.83 亿元，共计发行 493 只债券。排名第二的综合类企业则合计发行440只债券募集到7720.95亿元。制造业、建筑业和房地产业通过债券融资均发行超过300只债券，但融资规模略有不同，发行总额分别为5130.21亿元、4917.59亿元和3642.43亿元，分列第三、第四、第五位。采矿业也以90只债券募集到2762.5亿元的融资，成为最后一个发行总额超过2000亿元的行业。这六个发行总额超过2000亿元的行业，占北京市债券融资发行总额的87.28%。发行总额超过1000亿元的行业还包括交通运输、仓储和邮政业，租赁和商务服务业，批发和零售业。其他行业的债券融资发行总额均未超过1000亿元。教育业以4.28亿元的债券融资规模排名最后（见图7、图8）。

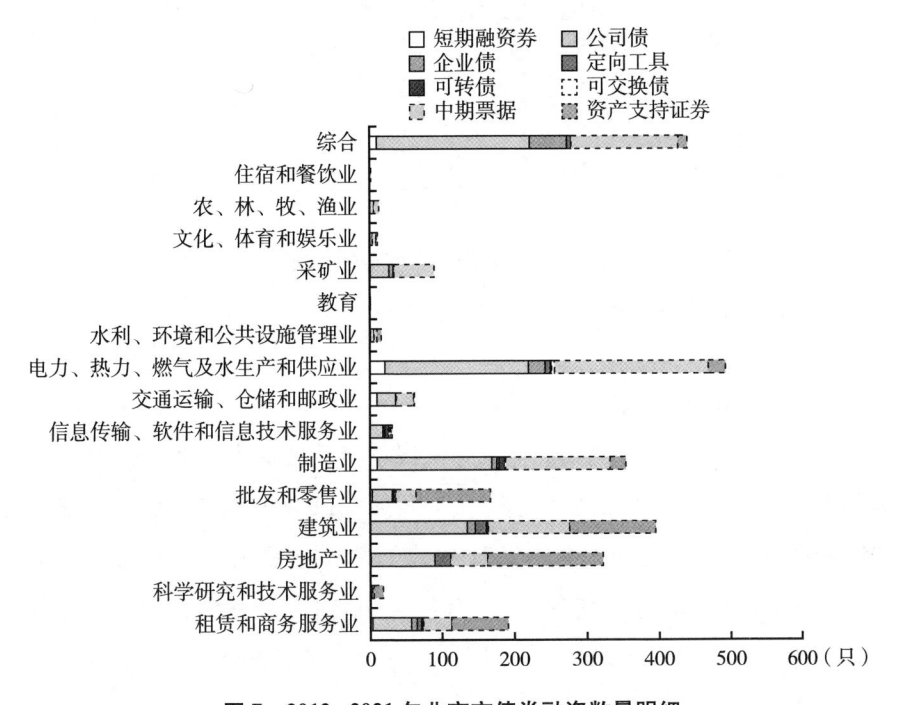

图7 2012~2021年北京市债券融资数量明细

资料来源：Wind数据库。

### 3. 企（事）业单位贷款

北京市企（事）业贷款（原为非金融企业及机关团体贷款）总额从

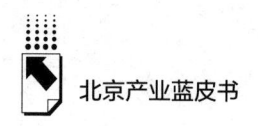

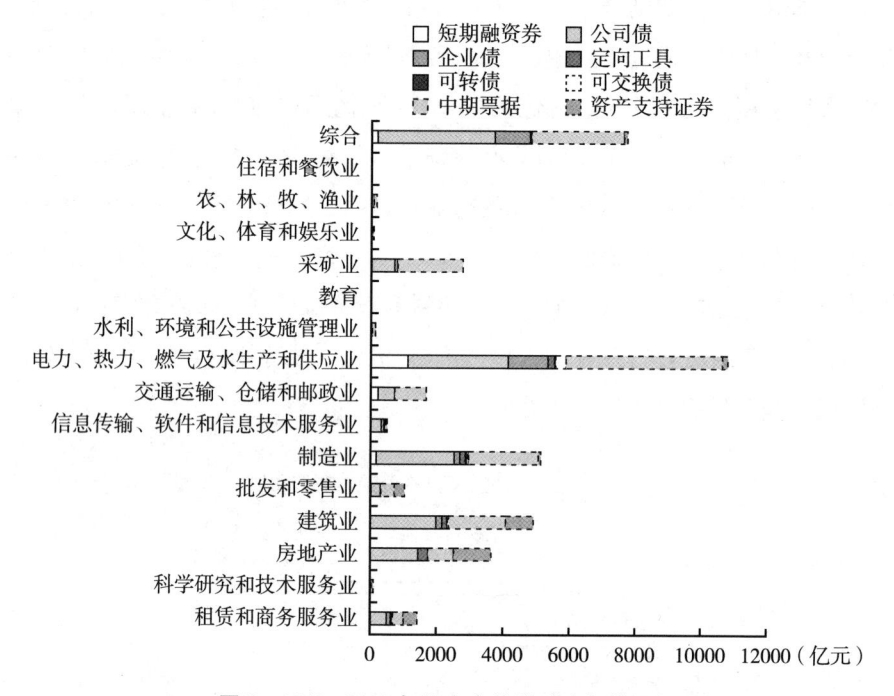

图8 2012~2021年北京市债券融资规模明细

资料来源：Wind数据库。

2015年的43082.46亿元增长至2021年的65277.68亿元，处于逐年增长的阶段，在2021年创下历史新高。其中人民币贷款占据主导地位，约占总额的九成以上，从2015年的90%进一步上升到2021年的99%。而外汇贷款从2015年的652.56亿美元减少到2021年的216.81亿美元（见表2）。由此可见，北京市各产业企业从贷款这一融资手段中获取大量融资，并且来自国内人民币融资的比例近些年继续逐步提升，有效验证了金融业投资实体产业这一产融结合路径。

具体来看，北京市企（事）业贷款由短期贷款、中长期贷款、票据融资、融资租赁和各项垫款构成，其中短期贷款约占贷款总额的40%，中长期贷款约占贷款总额的55%，其他种类合计约占5%。随着贷款总额逐年上升，短期贷款和中长期贷款规模也小幅度上升，并在2019年分别突破

表 2　2015~2021 年北京市企（事）业单位贷款业务情况

| 年份 | 北京市企(事)业单位贷款总额(亿元) | 人民币贷款(亿元) | 外汇贷款(亿美元) |
| --- | --- | --- | --- |
| 2015 | 43082.46 | 38845.01 | 652.56 |
| 2016 | 44330.51 | 41263.45 | 442.13 |
| 2017 | 48820.73 | 46160.32 | 407.15 |
| 2018 | 50042.80 | 48283.81 | 244.92 |
| 2019 | 55530.92 | 52718.43 | 253.97 |
| 2020 | 61810.47 | 59825.13 | 236.68 |
| 2021 | 65277.68 | 64367.51 | 216.81 |

资料来源：Wind 数据库。

20000 亿元和 30000 亿元大关。短期贷款从 2015 年的 16033.35 亿元增长至 2021 年的 22779.82 亿元。票据融资规模在 2017 年达到 1500.93 亿元的低谷后开始大幅上升，并在 2021 年增长至 4285.93 亿元，占企（事）业贷款总额的 6.57%。融资租赁和各项贷款也有着两倍左右的增长，从 2015 年分别为 252.65 亿元和 54.22 亿元，增长至 2021 年的 441.36 亿元和 122.09 亿元（见图 9）。

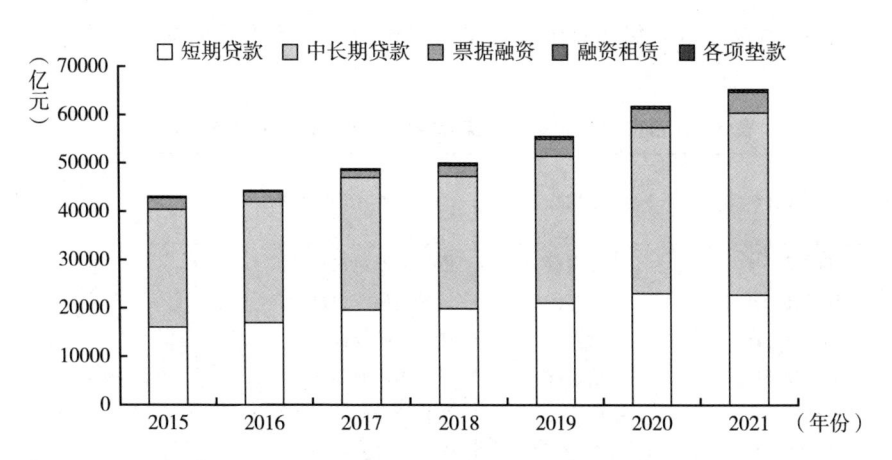

图 9　2015~2021 年北京市企（事）业贷款总额各项明细

资料来源：Wind 数据库。

#### 4.融资租赁

截止到2021年,北京市登记在册的融资租赁企业共计256家,占全国的2.15%,其中金融租赁企业3家,内资租赁企业27家,外资租赁企业226家。截至2013年,北京新增业务投放量为910.77亿元。截至2016年,融资租赁企业注册资本总量为607.7亿元。

### (三)北京市"由产到融"模式发展现状

#### 1.北京市前十大股东为实体企业的金融机构

截至2021年12月31日,筛选出注册地在北京的22家上市金融业公司,将其前十大股东分别列出,剔除"国家队"和金融机构后,仅留下前十大股东或实际控制人为实体企业的共计67家(见表3)。上市金融业公司包含10家商业银行、4家券商、3家保险、1家金融资产管理公司、1家金融信息服务、1家证券经济交易服务、1家控股公司服务、1家其他金融信托与管理服务。有四家实体企业分别持股两家金融业机构,上海健特生命科技有限公司是华夏银行和民生银行的前十大股东,中国泛海控股集团有限公司则参股了民生银行和泛海控股,中国烟草总公司则参股了中信银行和农业银行,中国宝武钢铁集团有限公司是建设银行和新华保险的前十大股东。

表3 北京市前十大股东或实际控制人为实体企业的金融机构

| 证券代码 | 证券简称 | 金融机构类型 | 大股东不属于金融业个数 |
|---|---|---|---|
| 600015.SH | 华夏银行 | 股份制商业银行 | 6 |
| 600016.SH | 民生银行 | 股份制商业银行 | 4 |
| 601818.SH | 光大银行 | 股份制商业银行 | 5 |
| 601998.SH | 中信银行 | 股份制商业银行 | 4 |
| 601066.SH | 中信建投 | 综合类券商 | 3 |
| 601198.SH | 东兴证券 | 综合类券商 | 3 |
| 601881.SH | 中国银河 | 综合类券商 | 2 |
| 601995.SH | 中金公司 | 综合类券商 | 3 |
| 601288.SH | 农业银行 | 大型商业银行 | 2 |

续表

| 证券代码 | 证券简称 | 金融机构类型 | 大股东不属于金融业个数 |
|---|---|---|---|
| 601398.SH | 工商银行 | 大型商业银行 | 0 |
| 601658.SH | 邮储银行 | 大型商业银行 | 3 |
| 601939.SH | 建设银行 | 大型商业银行 | 4 |
| 601988.SH | 中国银行 | 大型商业银行 | 2 |
| 601169.SH | 北京银行 | 城市商业银行 | 4 |
| 601319.SH | 中国人保 | 保险公司(综合性) | 1 |
| 601336.SH | 新华保险 | 保险公司(寿险) | 2 |
| 601628.SH | 中国人寿 | 保险公司(寿险) | 1 |
| 300309.SZ | *ST吉艾 | 金融资产管理公司 | 1 |
| 300803.SZ | 指南针 | 金融信息服务 | 1 |
| 600155.SH | 华创阳安 | 证券经济交易服务 | 10 |
| 000046.SZ | 泛海控股 | 控股公司服务 | 3 |
| 000666.SZ | 经纬纺机 | 其他金融信托与管理服务 | 3 |

资料来源：Wind数据库。

## 2. 北京上市公司股权参控明细

截至2021年12月31日，根据注册地在北京的上市公司股权参控明细的数据，被参股控股公司的主营金融业务，且该公司非金融业，将重复值剔除后符合以上两个条件的被参股公司总计759家，上市母公司总计196家。其中，参控子公司包括参股子公司24家、控股子公司105家、全资子公司237家、间接参股子公司21家、间接控股子公司50家、间接全资子公司178家、被参股控股公司包括子公司8家、孙公司2家、合营企业6家、联营企业122家、相关实体6家。参股子公司、控股子公司、全资子公司、间接参股子公司、间接控股子公司和间接全资子公司的财务数据均需合并到上市母公司的报表中。

分行业看，在需要合并报表的各类子公司中，制造业和信息传输、软件和信息技术服务业排在第1和第2位，公司数量分别为166家和160家。其中，制造业的全资子公司和间接全资子公司合计118家，占据超七成的合并报表公司数量，控股子公司和间接控股子公司合计39家；信息传输、软件和信息技术服务业的全资子公司和间接全资子公司略有下降，为88家。排名第3的是建筑业，共计97家公司。各类子公司数量超过20家的行业还包括房地产业，电力、热力、燃气及水生产和供应业，租赁和商务服务业，数量分别为37家、30家和28家。批发和零售业，科学研究和技术服务业，采矿业，综合，文化、体育和娱乐业则以超过10家各类子公司的数量分列第7~11位。其余4个行业的各类子公司数量均未超过10家（见图10）。

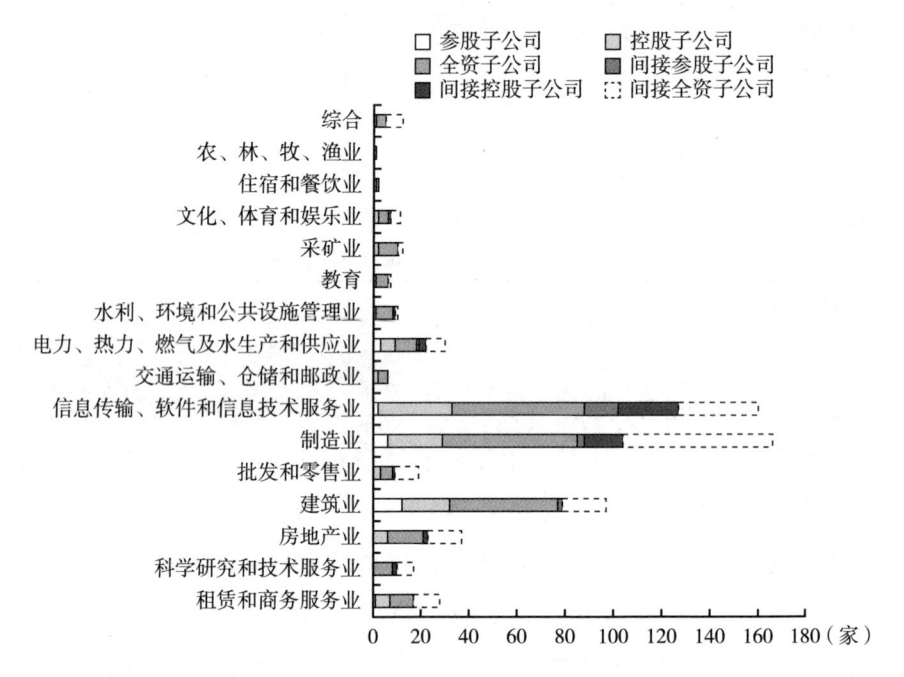

图10　2021年北京上市公司股权参控子公司明细

资料来源：Wind数据库。

在其余的被参股控股公司中，各行业的公司主要以联营企业为主，占比超过八成。制造业以52家联营企业、1家合营企业和1家相关实体企业，共计54家企业遥遥领先。排名第2的是信息传输、软件和信息技术服务业，拥有23家联营企业。采矿业则以22家各类企业数量略逊一筹排名第3，其中包括仅有的8家子公司和2家孙公司。建筑业和电力、热力、燃气及水生产和供应业则以11家各类企业的数量并列排名第4。其余产业的各类公司数量均不及10家，其中综合，教育，住宿和餐饮业，交通运输、仓储和邮政业的各类被参股控股公司数量为零（见图11）。

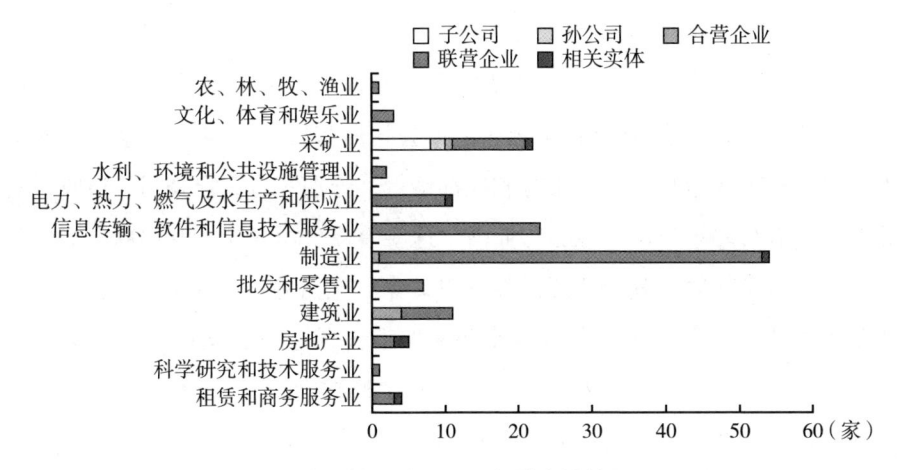

**图11 2021年北京上市公司股权被参控控股公司明细**

资料来源：Wind数据库。

总体来看，制造业仍以220家各类被参股控股公司数量位列第1。其次是信息传输、软件和信息技术服务业，共计183家公司。建筑业则是第3个被参股控股公司数量超过100家的行业，为108家。这3个行业与其他行业产生了数量上的"断层"。房地产业和电力、热力、燃气及水生产和供应业分别以42家和41家公司数量排名第4和第5。排名第6和第7的则是分别以34家和32家被参股控股公司数量的采矿业、租赁和商务服务业。批发和零售业以26家公司数量成为最后一个超过20家的行业。其余8个行业总计拥有73家被参股控股公司。

3. 北京上市公司交叉持股

根据注册地为北京的上市公司交叉持股数据，截至2021年12月31日，共10家非金融业上市公司交叉持股明细中包含行业分类为金融业的上市公司，其中制造业有5家，电力、热力、燃气及水生产和供应业有2家，建筑业2家，房地产业1家。其中京东方A和京东方B同属于京东方科技集团股份有限公司；中国中铁属于中国中铁股份有限公司，中铁工业则属于从中国中铁股份有限公司对所属工业板块战略重组后的中铁高新工业股份有限公司，所以该两家上市公司均属于中国中铁股份有限公司。因此实际控制人共计8家公司（见表4）。

非金融业上市公司主要交叉持股为银行业上市公司，被持有个数共计15个。其中交通银行最受非金融业上市公司所青睐，共获得4家公司的持股，其次是重庆银行、江苏银行和成都银行，分别获得2家公司的持股，其余银行均获得一家持股。除银行业外，这些上市公司喜欢持有券商类上市公司，总计持有5家，其中西部证券获得2家非金融业上市公司的交叉持股。中油资本和五矿资本各自有1家非金融上市公司进行交叉持股（见表5）。由此可见，"由产到融"这一路径主要以大型非金融业企业通过参股、持股商业银行、券商、金融资本公司来实现产融结合。

表4　北京市非金融业上市公司交叉持股明细

| 代码 | 名称 | 行业分类 | 持有金融业股票个数 |
| --- | --- | --- | --- |
| 000725.SZ | 京东方A | 制造业 | 1 |
| 001289.SZ | 龙源电力 | 电力、热力、燃气及水生产和供应业 | 1 |
| 200725.SZ | 京东方B | 制造业 | 1 |
| 600011.SH | 华能国际 | 电力、热力、燃气及水生产和供应业 | 2 |
| 600266.SH | 城建发展 | 房地产业 | 1 |
| 600528.SH | 中铁工业 | 制造业 | 1 |
| 601390.SH | 中国中铁 | 建筑业 | 5 |
| 601668.SH | 中国建筑 | 建筑业 | 7 |
| 601718.SH | 际华集团 | 制造业 | 2 |
| 603025.SH | 大豪科技 | 制造业 | 1 |

资料来源：Wind数据库。

表5 北京市被持有股票的金融业上市公司明细

| 被持有股票的金融业上市公司 | 被持有个数 | 被持有股票的金融业上市公司 | 被持有个数 |
|---|---|---|---|
| 重庆银行 | 2 | 国信证券 | 1 |
| 江苏银行 | 2 | 西部证券 | 2 |
| 交通银行 | 4 | 华西证券 | 1 |
| 成都银行 | 2 | 长城证券 | 1 |
| 上海银行 | 1 | 中油资本 | 1 |
| 南京银行 | 1 | 五矿资本 | 1 |
| 北京银行 | 1 | | |
| 华夏银行 | 1 | | |
| 农业银行 | 1 | | |

资料来源：Wind数据库。

## 三 北京市产融结合存在的问题

### （一）产融结合中开展供应链金融的问题

供应链金融是在传统的贸易融资基础上，基于商品交易的预付款、存货、应收账款等资产进行的融资支持，其本质是利用产业链供应链中现金流、物流、信息流的关系来控制风险并降级投融资成本。从融资方式划分，将供应链金融分为四类，传统模式包括应收账款融资模式、存货融资模式、预付账款融资模式，而新型供应链金融模式是基于大数据的信用融资模式。因此具有竞争力的供应链金融公司应该符合以下特征：行业空间大、提供融资方资金成本低，行业标准化程度高、供应链数据体量较大且维度较广。

这也引申出作为产业链上下游的小供应商企业，大多都为中小微企业，而它们所面临的"融资难""融资贵"已然成为我国经济发展当中的一大痛点,对于中小企业的资金供给无法满足资金需求,尤其是在当前经济增速放缓,银行坏账攀升的情况下,这一问题尤为突出。2017～2020年,中小板制造业的现金循环周期超过了150天,这就意味着大量中小微企业缺乏运营资金,对流动性也构成严重挑战,由此供应链金融应运而生。供应链金融特别是互联网化的供应链金融的出现,成为解决中小微企业融资痛点的有效手段,一方面,供应链金融解决信息不对称的问题,降低银行信贷准入门槛;另一方面,作为创新的金融方式,拓宽了中小微企业的融资渠道,提高了融资效率。

然而,正是由于新型供应链金融模式是基于大数据的信用融资模式,因此在产融结合中开展供应链金融仍然面临着违约风险。核心企业的小供应商用自身的信用和资质去融资的成本较高,而核心企业在给小供应商订单的同时为其增加了信用,小供应商利用应收账款融资等手段可以进一步降低融资风险和成本。但若该核心企业在未来投资时不慎造成了资金链的断裂,则小供应商的贷款也将违约,也就形成"一荣俱荣一损俱损"的局面。因此,在开展供应链金融的同时,参与其中的各方需要审慎对待,防止违约情况的发生。

### (二)产融结合中金融科技创新的问题

金融与产业深度融合的同时,金融与科技进一步结合,推动了金融科技在产业场景中的应用,助推了产融结合的纵深发展。高科技公司与金融机构均制定并实施进入对方市场的目标,以期获得更大收益。而很多国有商业银行发展金融科技,都是从自建平台、自搭场景进行,主要是延续银行系统内自建生态的固有方式。但由于金融科技的数据化、网络化、移动化,因此需要关注的变量更多,也更复杂和隐蔽,这就对银行发展金融科技提出了更高的要求。由此也引发了产融结合中对金融科技创新的思考,如何在符合监管体系下,防止个人隐私信息和商业数据被滥用,如何在传统金融业中实行金融科技的创新就成了需要解决的问题。

### (三)产融结合在监管方面遇到的问题

近些年,非金融实体企业在投资金融领域扩大范围和规模,引发非金融实体企业过度投资,并由此产生了监管方面的问题。由于参与、控股、设立金融机构尤其是成立金融控股公司后,非金融企业的融资约束问题得到解决,较之前更容易获得大量资金的支配权。在这种情况下,实际控制人倾向于把企业做大做强,开始追逐经济规模,部分企业开始过度投资,而这些投资往往偏离主业,甚至与主业完全不相关。过度投资会使企业本身面临更大的市场风险、经营风险和财务风险。而这种问题的出现正是由于对当前金融控股公司监管的法律法规和机制不健全,导致金融控股公司出现无序发展,部分金融控股公司治理欠缺、内部控制薄弱、风险管控能力不强。一些非金融企业通过层层嵌套,隐形控制了多家金融机构,真实股东情况不明,甚至虚假出资,一些机构滥用大股东地位,给金融市场稳健发展带来隐患。由此,产融结合在监管方面产生如下挑战和问题:实体企业和金融全方位地融合如何避免产生更大的系统性风险,利用什么组织结构来控制系统性风险,如何建立包含资金、信息、人员在内的"防火墙",怎样防止超大型信息和交易平台的垄断。这些问题均需金融监管机构和产业企业共同商讨,在确保符合监管体系中的市场能够良好运转的前提下,保持产融结合高效运作。

## 四 北京产融结合发展建议

### (一)加大对供应链金融的扶持力度

近些年,从国家到各行各业都开始将供应链金融当作在产融结合中解决中小微企业融资难融资贵问题的重要战略性工具和手段。与传统金融相比,供应链金融有三点不同。一是管控要素不同。许多商业银行更关注公司的财务报表、担保抵押、产品业绩等因素;而供应链金融则将中小微企业置于整个产业链条,关注的是产业链上下游、业务流程、技术、生产经营,也就是

债项本身的结构构成。二是产品定位不同。传统商业银行在为中小微企业提供融资时，更关注企业本身的资产信用状态，而供应链金融则关注该企业在产业中的地位与经营能力，从而定制化和柔性化地提供金融服务及解决方案。三是组织结构不同。传统借贷主要由借方、贷方和担保方三方构成；而供应链金融包含融资方、金融机构、上下游企业、第三方物流等，共同形成一个网络体系，通过各方协同合作，来把握业务运作中所有的信息和资产的状态，由此来组织金融活动。正是由于以上三个与传统金融的不同点，供应链金融更加切合产业运行，有效鉴别中小微企业质量，并为其提供定制化的金融产品，促进产融结合发展。

从金融的角度来看，供应链金融解决了金融脱离实体经济的难题，提升了金融机构的风控能力，提高了作业效率，节约了业务成本，扩大了业务的范围，从而更好地服务中小微企业。从产业的角度看，供应链金融有效解决产业链上的融资难题，促进整个产业链发展。两者在不断发展的过程当中又不断形成正反馈，产业链的成长带动金融业务的扩大，而金融业务的发展又反哺产业链。同时，对于参与供应链金融的各方主体来说均有益处，并提供了做大做强的空间。对于银行来说拓展了业务范围，提升了风控能力。对于核心企业来说提供了转型升级的方向，提升了在整个产业链供应链中的话语权，促进了整个产业链供应链的健康发展，形成产融结合的良性循环。对于包括物流、电商平台、信息化软件提供商等在内的第三方协作者来说，这种模式提高了客户黏性，贡献了新的利润增长点。

## （二）适当发展金融科技创新在产融结合中的应用

金融在投融资服务的一个核心问题是信息不对称。以京东为首的新型信息技术企业在日常运作中积累了大量传统金融机构没有的信息数据，利用大数据、人工智能等工具进行数据处理，可以有效地识别和降低投融资的风险，这也是这些企业能够进行产融结合的核心竞争力。同时，这些企业能帮助传统金融机构服务不到的以中小微企业为首的弱势群体获得更精准风控模式下的金融服务，满足其投融资的需求。由此可见，发展金融科技创新可以有效减少信息不对称这一不利因素的影响，使有金融需求的社会各阶层和群体能享受到适当、有效的金融服务，并将金融科技与产业经济相融合，助推经济发展方式转型升级，提高产融结合的效率，解决中小微企业融资难融资贵的问题。与此同时，相关部门需明确金融科技公司和传统金融机构今后的业务版图和界限，可以采用金融机构与科技公司进行合资、合营、混合所有制等模式，确保科技公司不会过多地进入金融市场，维持市场稳定。例如国有银行委托或者与科技公司进行风控方面的合作，进行一定程度上的风控外包，但银行需对自有资金有绝对的控制权。银行作为金融行业的重要部分，要提升服务实体经济的能力，就需要从理念上构建开放共赢的金融生态圈，由单一主导者转化为开放协同创新，与其他主体合作构建产融结合生态圈。并且当高科技业务与金融业务之间合作共享资源，需明确什么资源可以共享，建立包含资金、客户信息和商业数据等在内的"防火墙"机制。

### （三）尽快就产融结合出台具体监管细则和立法条款

由央行、银保监会和证监会联合发布的《关于加强非金融企业投资金融机构监管的指导意见》（以下简称《指导意见》），是我国规范产融结合的纲领性文件，也是我国防范系统性金融风险三大审慎监管的基本制度之一。相关部门须按照职责分管，制定具体的实施细则，贯彻落实《指导意见》的要求，切实让非金融企业和金融机构认真从合规投资中受益，同时加快金融控股公司监管立法。对金融控股公司在市场准入、业务范围、关联交易、审慎监管等方面进行规范，实现产融结合健康可持续发展。

**参考文献**

邢天添：《深化产融结合　助力实体经济》，《宏观经济管理》2017年第7期。
胡彦鑫、刘娅茹、杨有振：《产融结合能否提升企业投资效率？——基于上市公司持股金融机构的经验证据》，《经济问题》2019年第3期。
蔺元：《我国上市公司产融结合效果分析——基于参股非上市金融机构视角的实证

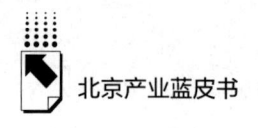

研究》,《南开管理评论》2010年第5期。

黎文靖、李茫茫:《"实体+金融":融资约束、政策迎合还是市场竞争？——基于不同产权性质视角的经验研究》,《金融研究》2017年第8期。

李维安、马超:《"实业+金融"的产融结合模式与企业投资效率——基于中国上市公司控股金融机构的研究》,《金融研究》2014年第11期。

熊朗羽、彭薇、温明振:《产融结合、政府补助与民营企业技术创新投入》,《地方财政研究》2021年第9期。

万良勇、廖明情、胡璟:《产融结合与企业融资约束——基于上市公司参股银行的实证研究》,《南开管理评论》2015年第2期。

周卉、谭跃:《产业政策、产融结合与企业融资约束》,《华东经济管理》2018年第11期。

朱明:《基于产融结合的中央企业金融产业发展战略研究》,博士学位论文,对外经济贸易大学,2015。

王立国、赵琳:《产融结合与民营企业投资效率——基于A股上市公司的经验研究》,《宏观经济研究》2021年第7期。

曾春华、闫明:《产融结合战略与企业现金持有水平——基于企业持股非上市金融机构的经验证据》,《金融论坛》2021年第6期。

唐松、谢雪妍:《企业持股金融机构如何服务实体经济——基于供应链溢出效应的视角》,《中国工业经济》2021年第11期。

钟震、郭立、刘胜男:《"双循环"背景下我国产融结合的新挑战与政策应对》,《西部金融》2020年第8期。

胡彦鑫:《公司参股银行的效能及其风险管理研究》,博士学位论文,山西财经大学,2021。

黄昌富、徐亚琴:《产融结合、投资效率与企业经营绩效——基于制造业上市公司面板数据的实证研究》,《现代财经》2016年第9期。

王昱、夏君诺、王晓娜:《产融结合对企业不同类型研发投资影响研究》,《科研管理》2022年第2期。

# Abstract

In 2021, in the face of the repeated COVID-19 epidemic and the severe external environment, Beijing's economic and social development has withstood the double test, the economy has continued to recover, the advantages of key industries have been further highlighted, and the main goals of economic and social development throughout the year have been successfully achieved. In 2021, Beijing achieved a regional gross domestic product (GDP) of 4.03 trillion yuan, an increase of 8.50% over the previous year at comparable prices, and achieved valuable results, of which the added value of high-tech manufacturing and strategic emerging industries increased by 9.5% and 9.2% respectively throughout the year, and the output of high-tech products such as smart phones, industrial robots, and integrated circuits increased by 18.9%, 13.4% and 9.7% respectively.

2021 is the beginning of the *14th Five-Year Plan* and the beginning of a new journey of comprehensively building a modern socialist country. In order to implement the Beijing-Tianjin-Hebei coordinated development strategy, implement the strategic positioning of the capital city, strengthen the construction of the *Four Centers* function, and improve the level of the *Four Services*, the Beijing Municipal Government has successively issued the *Beijing-Tianjin-Hebei Coordinated Development Plan* in 2021, in accordance with the *Outline of the Beijing-Tianjin-Hebei Coordinated Development Plan*, *Beijing Urban Master Plan (2016-2035)*, *The 14th Five-Year Plan for National Economic and Social Development of Beijing and the Outline of the Long-term Goals for the 2035 Years*, and in 2021, the Beijing Municipal Government has successively issued the *Beijing High-tech Industrial Development Plan for the 14th Five-Year Plan* and *High-tech Industrial Development Plan for the 14th Five-Year Planof Beijing*. Beijing Municipality's *14th Five-Year Planto Optimize the Business Environment*, Beijing

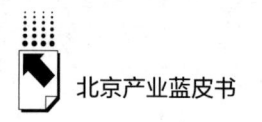

Urban Renewal Special Plan (*Beijing Municipal 14th Five-Year Plan Period Urban Renewal Plan*), *Beijing 14th Five-Year Plan Period Transportation Development and Construction Plan*, *Beijing 14th Five-Year PlanPeriod Energy Development Plan* and other planning schemes. These plans set more specific development goals, main tasks and implementation guarantees for Beijing's industrial development and industrial upgrading.

This report closely follows the forward-looking perspective of Beijing's 14th Five-Year Plan industrial planning, based on combing the overall situation of Beijing's industrial development, analyzing the dynamics of Beijing's industrial adjustment, and providing research support for giving full play to Beijing's existing industrial advantages and making up for industrial shortcomings. This report explores the industrial development momentum of Beijing and its districts through a panoramic review of the changes in Beijing's industrial structure in 2021 and the operation of listed enterprises in Beijing, and uses the index analysis method to conduct an exponential analysis of the innovative development of Beijing's high-tech industries, the expansion and opening up of the service industry, and the development of international science and technology innovation centers, and evaluates and explores the development stage, outstanding strengths and relative weaknesses of Beijing in the above fields. At the same time, this report also conducts case or empirical analysis of a number of industries in Beijing in the form of special topics, provides targeted suggestions for the development of Beijing's digital economy industry, semiconductor industry, cultural industry and real estate industry, and studies the vitality of Beijing's market entities, regional financial security and other major issues affecting the realization of overall goals.

**Keywords:** High-tech Industrial Innovation and Development, The Expansion and Opening up of the Service Industry, International Science and Technology Innovation Center

# Contents

## I  General Report

**B.1**  The Analysis of Beijing Industry Development

*Li Menggang, Chen Yanglong / 001*

**Abstract:** In 2021, the national economy has picked up. In this paper, what is first analyzed is the development status of the three major industries in Beijing in 2021, which finds that the year-on-year growth rate of the secondary industry in Beijing is much higher than that of the tertiary industry. Secondly, from the macro perspectives of GDP growth rate and and the micro perspective of listed companies' 2021 financial reports, the economic development of various districts in Beijing, the operating conditions of listed companies in various industries and the corresponding causes are analyzed. Next, the analysis of the financing situation of Beijing's industry, the establishment of the Beijing Stock Exchange, provided a strong support for the innovation and development of small and medium-sized enterprises. Finally, looking ahead to 2023, Beijing will enter the six highlands of the development of the global digital economy, meet the development opportunity of the new energy automobile industry. And with the continuous construction of Beijing International Science and Technology Innovation Center, Beijing's talents, innovation and finance will also be more closely integrated, promoting Beijing's industry to walk in the forefront of the world.

**Keywords:** Industrial Structure; Industrial Financing; Beijing Stock Exchange

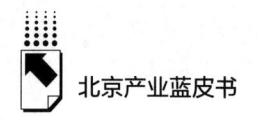

## Ⅱ  Index Evaluation

**B.2**  Research on Innovation Index of Beijing High-Precision
　　　Industry　　　　　*Jia Xiaojun, Li Jingcheng and Lu Ming* / 027

**Abstract:** The 14th Five-Year Plan marks the new stage of China's socialist modernization construction, and is also the key period for Beijing to actively integrate into the new development pattern and establish the "sophisticated" industrial structure. High precision industry is an important carrier to get rid of the extensive processing production mode. It is also of great significance to realize the transformation of the economic development mode in Beijing. Based on the three dimensions of industrial environment, industrial input and industrial output, this report constructs the innovation and development index of high-tech industries, reflecting the innovation capability and development potential of Beijing's high-tech industries. The results show that the innovation ability and development potential of Beijing's "high-tech" industries continue to lead the national level. After 2019, Beijing issued, promoted and implemented a series of boosting policies aimed at high precision and cutting-edge emerging industries, which effectively stimulated the innovation and development of relevant industries, and established a relatively solid first-mover advantage, and the index achieved a significant lead. The development of Beijing's high-tech industries has entered a new stage of improving quality and efficiency.

**Keywords:** The 14th Five-Year Plan Period; High-Tech Industries; Industrial Innovation Development Index

**B.3**  Research on Openness Level Index of Beijing Service
　　　Industry　　　　*Li Menggang, Li Jingcheng and Jiang Yutian* / 042

**Abstract:** In the past few years, the world has experienced tremendous changes in the trade and manufacturing environment, increased geopolitical risks, and declined foreign direct investment. This chapter will focus on the construction of the Beijing Service Industry Openness Level Index, and examine the changes in the opening level of Beijing's service industry since 2021 from a quantitative perspective. The empirical results show that the level of opening up of the service industry in Beijing has risen steadily and continued to develop since 2021, showing great economic resilience, with the stimultaneous implementation of the strategies of "bringing in" and "going out", and the level of opening up of the service industry has developed steadily.

**Keywords:** Beijing Service Industry; the Opening up Expanding Index; Equal Weight Method

**B.4 Research on Development Index of Beijing International Science and Technology Innovation Center**

*Jia Xiaojun, Zhao Yuejiao and Li Jingcheng / 061*

**Abstract:** Beijing has become the center of international scientific and technological innovation, and occupies an important position in the competition of scientific and technological innovation regions in the world. Based on the model of innovation power, competition potential and radiation tension, this report constructs the index of Beijing International Science and Technology Innovation Center in combination with domestic and foreign influencing factors and industrial ecological relations. The index includes 3 primary indicators, 7 secondary indicators and 36 tertiary indicators. The index system reflects the innovation ability of Beijing as an international scientific and technological innovation center in the past decade, the changes in the competitive potential of the city, and the impact on the innovation of surrounding provinces and cities. By analyzing the change trend of the index, the report puts forward suggestions on adhering to the open policy, strengthening the security of scientific research personnel and adhering to the development of key fields.

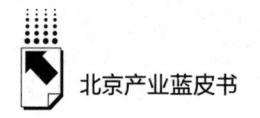

**Keywords:** International Science and Technology Innovation; Development Index; Beijing

## B.5 Research on Beijing Market Viality Index

*Chen Haojie, Wang Mengmeng / 084*

**Abstract:** In 2021, under the guidance of General Secretary Xi Jinping's economic ideology, market entitieshave been given an unprecedented position and role. In December 2021, at the Central Economic Work Conference, General Secretary Xi Jinping emphasized that "Wield its microeconomic policies to continuously stimulate the vitality of market entities". It can be seen that as the cell of economic operation, billions of market entities are the key force for stabilizing the macroeconomic market. In recent years, Beijing has continuously deepened the reform of "deregulation, management, and service, constantly optimized the business environment, improved the social credit system, focused on cultivating market entities and stimulating market vitality and creativity, and achieved remarkable results, providing solid support for stabilizing employment and promoting economic and social innovation and development. According to the statistics from TianYanCha, since 2014, more than 200000 new market entities in Beijing enter the market every year on average, and the total number of registered market entities has increased from nearly 827700 at the end of 2012 to 2324500 at the end of 2021, an increase of 2.8 times.

**Keywords:** Vitality of Market Entities; Registration and Cancellation Ratio; Beijing

Contents

# III  Industry Reports

**B.6**  The Research of Beijing Digital Economic Industry

*Li Menggang, Rui Guangwei / 105*

**Abstract**: As an emerging industry, the digital economy has been an important power for the development of the world economy, and has received great attention from the government in recent years. As the same time, the digital economy industry in Beijing is also an important part of the capital's development plan. This paper analyzes the connotation and development characteristics of the digital economy industry. In addition, Beijing's digital economy industry is analyzed from the followed perspectives: the construction of the government policy system, the development environment, the foundation of the digital economy industry, and the status of the market and industry. The research finds that, it is concluded that the development of digital economy industry in Beijing is generally good, the policy system is relatively complete, and a relatively mature digital economy industry cluster has been formed. this report analyzes the current shortcomings in Beijing, and puts forward corresponding policy suggestions.

**Keywords**: Digital Economic; Regional Economy; Industrial Development

**B.7**  The Analysis of Beijing Semiconductor Industry

*Zhao Yuejiao, Wu Rongzheng / 133*

**Abstract**: As the greatest material of the twentieth century, after more than half a century of development, the semiconductor has become the basis for the development of modern science and technology. At present, the global semiconductor market is still in a fierce competition. Countries around the world have made many deployments in the semiconductor industry, including the acquisition of small semiconductor enterprises and policies for domestic enterprises. In 2021, the development of high-precision industries in Beijing should focus on the level of autonomous breakthroughs and coordinated development, and actively build a innovative highland. The semiconductor industry is an extremely important part of Beijing's development of high-precision industries. After sorting out the data of the semiconductor industry chain, the development model of various countries, and the current situation of the Beijing semiconductor industry and the semiconductor listed company, this article analyzes the strengths and weakness of the development of the Beijing semiconductor industry and raised problems. In response to the issues, this article proposes policy suggestions such as strengthening basic research, attaching importance to the transformation of scientific and technological achievements, improving the integration mechanism of production and education, and promoting development with application.

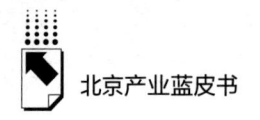

**Keywords:** Semiconductor Industry; Industry Development Model; Policy System

**B.8** The Analysis of Beijing New Vehicle Industry

*Song Guang, Gao Lin'an and Lu Yang* / 163

**Abstract:** In recent years, with the global warming becoming more and more serious, the ecological environmental balance has been increasingly affected. Therefore, developing low-carbon economy has become more and more necessary all over the world. Accordingly, promoting the development of new energy vehicle industry has become more and more important. Vigorously promoting the use of new energy vehicles can not only improve the problems caused by the traditional vehicles to a certain extent. From the perspective of sustainability, it is also of great significance to the rapid development of the entire automobile industry and other related industries. Besides, the long-term goal of "carbon peak and carbon neutral" in China will be gradually realized.

**Keywords:** New Energy Vehicle; Low-Carbon Economy

**B.9** The Analysis and Policy Recommondation
of Beijing Real Estate Industry　　　　*Song Guang* / 178

**Abstract:** In 2021, the regulation policy of real estate industy in Beijing is tightened. The market regulation and control, centralized land supply, school district housing renovation and relevant policies have been launched frequently. Intensive regulation has become the key word of the real estate market. Beijing aims to promote the virtuous cycle and healthy development of real estate industy, while firmly adhering to the bottom line of "no speculation in housing". On the basis of the current situation of Beijing's real estate market, this report investigates the real estate industry development and operations, housing market, shopping center market, office building market, and personal credit market. Moreover, the influencing factors and potential risk factors of the real estate market are analyzed, and the relevant policy suggestion is proposed.

**Keywords:** Real Estate; Regulation Policy; Prosperous Development

## Ⅳ  Special Reports

**B.10** The Analysis and Policy Recommondation
of Beijing Digital Cultural Industry
*Zhao Yuejiao, Xu Yadong and Jiang Yutian* / 193

**Abstract:** This report collates and analyses the development of Beijing's digital culture industry in 2020 and 2021. The analysis finds that digital culture is becoming a new engine to promote the high-quality development of the cultural industry, digital technology is boosting the supply-side reform of the cultural industry, and the digital cultural industry is releasing new vitality under new business, models and technologies. However, under the influence of sudden changes in the domestic and international and the epidemic, the development of Beijing's digital culture industry is facing challenges such as insufficient security, the quality of supply content needs to be improved, and the potential of digital culture consumption still needs to be stimulated and consolidated. In order to promote the high-quality development of Beijing's digital culture industry, this report recommends that Beijing should continue to promote the level of market supervision and build a chain-wide data security responsibility system for "before, during and after"; integrate core socialist values into the whole process of supplying digital culture products, and give full play to the role of benchmark enterprises as models and leaders; and take a number of measures to fully stimulate the new consumption model of the digital cultural industry, rely on digital means, and strive to overcome the difficulties in the development of the offline cultural industry and promote the digital transformation of Beijing's cultural industry.

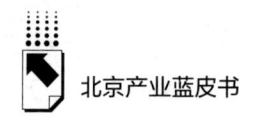

**Keywords:** Cultural Industry; Digital Cultural Industry; Beijing

**B.11** Research on Beijing Regional Financial Development and Risk Early Warning

*Chen Yanglong, Lu Ming and Zhang Xinyue* / 209

**Abstract:** The 10th meeting of the Financial and Economic Commission of the CPC Central Committee pointed out that the relationship between steady economic growth and risk prevention should be properly handled, and high-quality economic development should be used to defuse financial risks. The stable and safe development of regional finance is an important guarantee of macroeconomic health and stability. We should strengthen the prevention and control of regional financial risks and safeguard the stable development of the overall economy of our country. This article first to the regional financial risks and economic analyze the current situation of the development of high quality, build from multiple levels and measuring the index evaluation system, using the entropy weight method to measure the degree of regional financial risk, and using the coupling coordination model, analysis the financial security and economic high quality development of cooperative relations between the two systems. The study found that the degree of financial security in Beijing has been continuously improved, and regional financial risks have been effectively resolved. Compared with Shanghai, in the case of intensified external risks, Beijing's financial risks still have great hidden dangers. The high quality coupling and coordination effect of financial security and economy in Beijing is ideal. According to the research results, this paper proposes to prevent and control the regional financial risks in Beijing from the perspectives of building a normal risk early warning mechanism, unifying financial supervision standards and strengthening the management of local government debt.

**Keywords**: Regional Financial Risks; Coupled Coordination Model; Risk Early Warning

**B.12** Research on Industry and Finance Integration of Beijing  *Li Menggang, Gao Lin'an and Zhang Xinyue* / 238

**Abstract**: In recent years, as a large number of enterprises have completed the initial capital accumulation, they have begun to embark on the road of industrial and financial integration of industrial upgrading and strategic transformation. The integration of industry and finance has played a positive role in diversifying the investment risks of enterprises, boosting the transformation and upgrading of economic development methods, easing financing constraints, and reducing costs. However, some real enterprises obtain illegitimate benefits by establishing or controlling financial institutions, which not only affects the healthy development of the economy, but also brings hidden risks to financial stability. Therefore, the appropriate combination of industry and finance is the key to the economic development of Beijing and even my country. This report summarizes the background and model of the integration of industry and finance in China, and conducts data collection and comparative analysis on the current situation of the integration of industry and finance in Beijing and its main jurisdictions into two modes: from finance to industry and from production to finance. At the same time, it puts forward corresponding suggestions on the problems of supply chain finance, financial technology innovation and supervision in the integration of industry and finance.

**Keywords**: Integration of Industry and Finance; Supply Chain Finance; Fintech; Supervision

# 北京市哲学社会科学研究基地智库报告系列丛书

推动智库成果深度转化

打造首都新型智库拳头产品

为贯彻落实中共中央和北京市委关于繁荣发展哲学社会科学的指示精神,北京市社科规划办和北京市教委自2004年以来,依托首都高校、科研机构的优势学科和研究特色,建设了一批北京市哲学社会科学研究基地。研究基地在优化整合社科资源、资政育人、体制创新、服务首都改革发展等方面发挥了重要作用,为首都新型智库建设进行了积极探索,成为首都新型智库的重要力量。

围绕新时期首都改革发展的重点热点难点问题,北京市社科联、北京市社科规划办、北京市教委与社会科学文献出版社联合推出"北京市哲学社会科学研究基地智库报告系列丛书"。

# 北京市哲学社会科学研究基地智库报告系列丛书
（按照丛书名拼音排列）

·北京产业蓝皮书：北京产业发展报告

·北京人口蓝皮书：北京人口发展研究报告

·城市管理蓝皮书：中国城市管理报告

·法治政府蓝皮书：中国法治政府发展报告

·健康城市蓝皮书：北京健康城市建设研究报告

·京津冀蓝皮书：京津冀发展报告

·平安中国蓝皮书：平安北京建设发展报告

·企业海外发展蓝皮书：中国企业海外发展报告

·首都文化贸易蓝皮书：首都文化贸易发展报告

·中央商务区蓝皮书：中央商务区产业发展报告

社会科学文献出版社

# 皮 书

## 智库成果出版与传播平台

### ❖ 皮书定义 ❖

皮书是对中国与世界发展状况和热点问题进行年度监测，以专业的角度、专家的视野和实证研究方法，针对某一领域或区域现状与发展态势展开分析和预测，具备前沿性、原创性、实证性、连续性、时效性等特点的公开出版物，由一系列权威研究报告组成。

### ❖ 皮书作者 ❖

皮书系列报告作者以国内外一流研究机构、知名高校等重点智库的研究人员为主，多为相关领域一流专家学者，他们的观点代表了当下学界对中国与世界的现实和未来最高水平的解读与分析。截至2021年底，皮书研创机构逾千家，报告作者累计超过10万人。

### ❖ 皮书荣誉 ❖

皮书作为中国社会科学院基础理论研究与应用对策研究融合发展的代表性成果，不仅是哲学社会科学工作者服务中国特色社会主义现代化建设的重要成果，更是助力中国特色新型智库建设、构建中国特色哲学社会科学"三大体系"的重要平台。皮书系列先后被列入"十二五""十三五""十四五"时期国家重点出版物出版专项规划项目；2013~2022年，重点皮书列入中国社会科学院国家哲学社会科学创新工程项目。

# 皮书网

（网址：www.pishu.cn）

发布皮书研创资讯，传播皮书精彩内容
引领皮书出版潮流，打造皮书服务平台

## 栏目设置

**◆ 关于皮书**

何谓皮书、皮书分类、皮书大事记、
皮书荣誉、皮书出版第一人、皮书编辑部

**◆ 最新资讯**

通知公告、新闻动态、媒体聚焦、
网站专题、视频直播、下载专区

**◆ 皮书研创**

皮书规范、皮书选题、皮书出版、
皮书研究、研创团队

**◆ 皮书评奖评价**

指标体系、皮书评价、皮书评奖

**◆ 皮书研究院理事会**

理事会章程、理事单位、个人理事、高级
研究员、理事会秘书处、入会指南

## 所获荣誉

◆ 2008年、2011年、2014年，皮书网均
在全国新闻出版业网站荣誉评选中获得
"最具商业价值网站"称号；

◆ 2012年，获得"出版业网站百强"称号。

## 网库合一

2014年，皮书网与皮书数据库端口合
一，实现资源共享，搭建智库成果融合创
新平台。

皮书网　　"皮书说"　　皮书微博
　　　　　微信公众号

**权威报告·连续出版·独家资源**

# 皮书数据库
## ANNUAL REPORT(YEARBOOK) DATABASE

### 分析解读当下中国发展变迁的高端智库平台

**所获荣誉**
- 2020年,入选全国新闻出版深度融合发展创新案例
- 2019年,入选国家新闻出版署数字出版精品遴选推荐计划
- 2016年,入选"十三五"国家重点电子出版物出版规划骨干工程
- 2013年,荣获"中国出版政府奖·网络出版物奖"提名奖
- 连续多年荣获中国数字出版博览会"数字出版·优秀品牌"奖

皮书数据库　　"社科数托邦"微信公众号

**成为会员**

登录网址www.pishu.com.cn访问皮书数据库网站或下载皮书数据库APP,通过手机号码验证或邮箱验证即可成为皮书数据库会员。

**会员福利**
- 已注册用户购书后可免费获赠100元皮书数据库充值卡。刮开充值卡涂层获取充值密码,登录并进入"会员中心"—"在线充值"—"充值卡充值",充值成功即可购买和查看数据库内容。
- 会员福利最终解释权归社会科学文献出版社所有。

数据库服务热线:400-008-6695
数据库服务QQ:2475522410
数据库服务邮箱:database@ssap.cn
图书销售热线:010-59367070/7028
图书服务QQ:1265056568
图书服务邮箱:duzhe@ssap.cn

社会科学文献出版社　皮书系列
SOCIAL SCIENCES ACADEMIC PRESS (CHINA)
卡号:768847385827
密码:

# S 基本子库
# SUB DATABASE

## 中国社会发展数据库（下设12个专题子库）

紧扣人口、政治、外交、法律、教育、医疗卫生、资源环境等12个社会发展领域的前沿和热点，全面整合专业著作、智库报告、学术资讯、调研数据等类型资源，帮助用户追踪中国社会发展动态、研究社会发展战略与政策、了解社会热点问题、分析社会发展趋势。

## 中国经济发展数据库（下设12专题子库）

内容涵盖宏观经济、产业经济、工业经济、农业经济、财政金融、房地产经济、城市经济、商业贸易等12个重点经济领域，为把握经济运行态势、洞察经济发展规律、研判经济发展趋势、进行经济调控决策提供参考和依据。

## 中国行业发展数据库（下设17个专题子库）

以中国国民经济行业分类为依据，覆盖金融业、旅游业、交通运输业、能源矿产业、制造业等100多个行业，跟踪分析国民经济相关行业市场运行状况和政策导向，汇集行业发展前沿资讯，为投资、从业及各种经济决策提供理论支撑和实践指导。

## 中国区域发展数据库（下设4个专题子库）

对中国特定区域内的经济、社会、文化等领域现状与发展情况进行深度分析和预测，涉及省级行政区、城市群、城市、农村等不同维度，研究层级至县及县以下行政区，为学者研究地方经济社会宏观态势、经验模式、发展案例提供支撑，为地方政府决策提供参考。

## 中国文化传媒数据库（下设18个专题子库）

内容覆盖文化产业、新闻传播、电影娱乐、文学艺术、群众文化、图书情报等18个重点研究领域，聚焦文化传媒领域发展前沿、热点话题、行业实践，服务用户的教学科研、文化投资、企业规划等需要。

## 世界经济与国际关系数据库（下设6个专题子库）

整合世界经济、国际政治、世界文化与科技、全球性问题、国际组织与国际法、区域研究6大领域研究成果，对世界经济形势、国际形势进行连续性深度分析，对年度热点问题进行专题解读，为研判全球发展趋势提供事实和数据支持。

# 法律声明

"皮书系列"（含蓝皮书、绿皮书、黄皮书）之品牌由社会科学文献出版社最早使用并持续至今，现已被中国图书行业所熟知。"皮书系列"的相关商标已在国家商标管理部门商标局注册，包括但不限于LOGO（ ）、皮书、Pishu、经济蓝皮书、社会蓝皮书等。"皮书系列"图书的注册商标专用权及封面设计、版式设计的著作权均为社会科学文献出版社所有。未经社会科学文献出版社书面授权许可，任何使用与"皮书系列"图书注册商标、封面设计、版式设计相同或者近似的文字、图形或其组合的行为均系侵权行为。

经作者授权，本书的专有出版权及信息网络传播权等为社会科学文献出版社享有。未经社会科学文献出版社书面授权许可，任何就本书内容的复制、发行或以数字形式进行网络传播的行为均系侵权行为。

社会科学文献出版社将通过法律途径追究上述侵权行为的法律责任，维护自身合法权益。

欢迎社会各界人士对侵犯社会科学文献出版社上述权利的侵权行为进行举报。电话：010-59367121，电子邮箱：fawubu@ssap.cn。

社会科学文献出版社